위대한 결정

PROFILES IN AUDACITY

Great Decisions and How They Were Made

by Alan Axelrod

This Korean edition was published by slodymedia in 2016 by arrangement with Sterling Publishing Co., Inc. through KCC(Korea Copyright Center Inc.), Seoul.

이 책은 (주)한국저작권센터(KCC)를 통한
저작권자와의 독점계약으로 슬로디미디어 에서 출간되었습니다. 저작권법에 의해
한국 내에서 보호를 받는 저작물이므로 무단전재와 복제를 금합니다.

세상을 바꾼 34인의 고뇌 속 선택들!

위대한 결정

Great Decision and How They Were Made

앨런 액셀로드 | 강봉재 옮김

슬로디미디어

일러두기
본문 중 위 첨자로 삽입된 내용은 옮긴이의 주입니다.

PROFILES
contents 위대한 결정 IN
AUDACITY

위험을 무릅쓴 결정 The Decision to Risk Everything

실패할 가능성이 성공을 부른다

내일을 위한 결정 The Decision to Hope

희망을 향해 한 걸음

들어가는 글

루비콘 요소

의지는 인간의 보편적인 정신 능력이다.
우리는 각자의 의지에 따라 날마다, 순간마다 선택을 한다.
카이사르를 비롯한 역사상의 모든 위대한 리더들과 마찬가지로
우리는 저마다 의지라는 능력을 가지고 있다. 그러나 또 한 가지 분명한 사실은
이 세상의 카이사르와 같은 리더들의 의지에는
남다른 그 무언가가 있다는 것이다.

지금의 북 이탈리아 라벤나 근교에 위치한 루비콘 강은 그다지 시선을 끌지 못한다. 기원 전 49년 율리우스 카이사르[BC 100~BC 44]가 그 북쪽 제방 위에 섰을 때에도 마찬가지였다. 폭이 좁고 별로 깊지 않은 그 강은 가뭄의 기미만 보여도 금세 바닥을 드러냈다. 그렇다 보니 군대의 진격에는 전혀 장애물이 안 되는 강이었다. 조그만 다리를 하나 건너는 일과 같다고나 할까. 하지만 일찍이 카이사르의 전기를 썼던 두 작가 중 하나인 플루타르코스[46~120]에 따르면 그 위대한 장군 카이사르는 루비콘 강이 시야에 들어오자 상념에 잠겼다. 마음의 갈피를 잡지 못한 그는 진격 속도를 늦추더니 마침내 정지 명령을 내렸다. 작은 강둑 위에 선 카이사르는 두 가지 대안 사이에서 이러지도 저러지도 못한 채, 오랫동안 입을 굳게 다물고 마음속

으로 사태를 저울질했다.

루비콘 강을 사이에 두고 북이탈리아는 카이사르가 통치하는 거대한 속주屬州인 알프스 이남의 갈리아와 원로원이 통치하는 로마로 나뉘었다. 당시 로마는 그나이우스 폼페이우스 마그누스$^{BC\ 106\sim BC\ 48}$가 지배했다.

한때 카이사르의 맹우盟友였던 폼페이우스는 이제 그의 최대 정적이 되어 있었다. 그는 법을 자기 마음대로 주물렀다. 가령 '반역죄 처벌법$_{\text{Lex Cornelia Majestatis}}$'은 모든 로마 장군에 대해 자신이 관할하는 속주 밖으로 군대를 이동하는 것을 엄격히 금하고 있었다. 즉 카이사르와 그가 이끄는 6천 명의 병사들이 루비콘 강을 건널 경우 폼페이우스와 로마 원로원의 지휘를 받는 거대 군단$_{\text{소수의 기병을 포함해 5천여 명 규모로}}$ $_{\text{이루어진 보병부대}}$이 그들을 결코 가만 놔두지 않을 것이었다.

루비콘 강을 건넌다는 것은 승산 없는 내전을 일으킨다는 뜻이었다. 그것도 나라를 비극으로 몰고 갈 게 확실한 내전이었다. 하지만 강을 건널 수 없는 이유가 이처럼 분명했다면, 북쪽 강둑을 박차고 루비콘 강을 건너야 할 이유 역시 마찬가지로 분명했다. 행동을 개시하지 않는다면 악정을 일삼는 로마가 강요하는 평화를 영원히 묵인하는 셈이었다. 당분간은 안전하겠지만 조만간 파국이 도래할 것이다. 정치가 바로 서지 못한 나라는 오래가지 못하는 법이다.

카이사르는 기원전 100년경 다 쓰러져가는 귀족 가문에서 태어났다. 그는 집안을 다시 일으키고 자신의 재능과 이름을 만천하에 떨쳐 명예와 부를 거머쥐겠다는 야심에 사로잡혔다. 하지만 그는 로마의 사태가 더욱 악화일로로 치닫고 있다는 사실 또한 간파했다.

당시 로마의 위정자들은 소위 에퀴테스equites, 라틴어로는 기사騎士를 뜻한다. 원래는 말을 타고 군무에 종사하는 사람을 의미했으나, 점차 일정한 재산과 자격을 구비한 사람이 이 계층에 들게 되었다라 불리는 탐욕스런 큰손들과 내통하는 등 부패하고 무능하기가 이를 데 없었다. 이들은 군수 계약을 비롯해 정부의 각종계약 체결과 의사 결정 과정에 엄청난 영향력을 행사하며 막대한 이익을 챙겼다. 이 와중에 막강한 로마 군단의 병력이 되어 무제한의 노동력을 제공한 로마 시민과 신하들, 그리고 소작농들은 거의 대부분 불합리한 경제 제도로 인해 끼니조차 잇기 힘들었다. 그들은 억압받으며 재산을 빼앗겼다. 로마 제국은 줄을 잇는 혁명 봉기와 이를 진압하기 위한 무자비한 무력 대응의 악순환으로 하루도 조용할 날이 없었다. 게다가 국경 여기저기서 이민족들이 들고 일어나는 마당에, 로마는 과연 얼마나 더 버틸 수 있을까?

카이사르는 폼페이우스와 마르쿠스 리치니우스 크라수스BC115 ~BC 53와 더불어 비상한 책략, 불굴의 용기, 천재적 용병술, 그리고 유리한 결혼을 통해 로마와 그 속주들을 다스리는 3집정관 중 하나가 되었다. 그에게 할당된 근거지는 알프스 산맥, 아펜니노 산맥, 아드리아 해로 둘러싸인 알프스 이남의 갈리아 속주였다. 여기서 카이사르는 공화정의 북서쪽 경계 너머의 지역을 정복할 욕심으로 용병을 채용했다. 기원전 50년 무렵 그는 갈리아 전 지역, 즉 라인 강의 서쪽 제방까지 이르는 현재의 프랑스령을 이미 장악한 상태였다. 한편 크라수스는 3년 후 파르티아 족에게 완패해 시리아를 잃고 집정관직에서 축출당했다. 그 결과 카이사르와 폼페이우스는 서로 칼을 겨누게 되었다.

두 사람이 최후의 대결을 벌이기까지는 그리 오래 걸리지 않았다. 속주의 총독 자리를 사임하고 집정관에 취임하기로 되어 있던 카이사르에게 폼페이우스가 법을 들먹이면서 총독직 사임과 집정관 취임까지의 공백기 동안 군대를 지휘해서는 안 된다고 못을 박은 것이다. 그럴 경우 카이사르는 폼페이우스를 비롯한 다른 반대 세력의 공격에 완전히 노출되는 셈이었다. 카이사르는 집정관 취임을 즉시 허락하거나 군대를 지휘할 수 있게 해달라고 원로원을 상대로 로비를 벌이지만, 총독직에서 물러날 날이 점점 더 가까워지자 마음이 조금해져서 감언이설과 로비로만 일관할 수가 없었다. 그는 폼페이우스 역시 자신과 마찬가지로 더 이상 군대를 지휘하지 못하게 하라고 원로원에 단호히 요구했다. 카이사르의 무례한 요구에 기분이 몹시 상한 원로원 의원들은 자신들이 지정한 날짜에 그가 무릎을 꿇지 않으면 로마의 적으로 간주할 것이라고 으름장을 놓았다.

바로 이것이 율리우스 카이사르가 루비콘 강의 북쪽 제방에 다르게 된 사연이다. 강을 건넌다면 카이사르와 그의 부하들에 대한 로마의 분노는 극에 달할 것이고 공화정은 내전에 휩싸일 것이다. 그렇다고 북쪽 제방에 그대로 죽치고 있어봐야 별 뾰족한 수도 없었다. 오히려 카이사르 자신이 권좌에서 쫓겨나기 십상이었다. 설령 로마를 수중에 넣지 못하는 한이 있더라도, 로마를 구할 수 있는 최선의 길은 루비콘 강을 건너는 것뿐이었다.

플루타르코스에 따르면 카이사르는 강둑에 서서 측근들과 더불어 난국을 헤쳐 나가기 위한 방안을 논의했다. 그는 자신이 강을 건넌다면 허다한 사람들이 고통을 당하지 않을까 고민했다. 하지만 그는 강을 건너는 결정을 내림으로써 명성을 떨칠 수도 있지 않을까 상상하기도 했다.

초창기의 다른 전기 작가인 수에토니우스[69~140]는 카이사르가 병사들에게 이렇게 말했다고 전한다.

"후퇴 가능성은 아직 남아 있다. 하지만 우리가 일단 저 작은 다리를 건넌다면 끝장을 봐야 한다."

수에토니우스의 이야기는 이렇게 계속된다. 카이사르는 마음의 갈피를 잡지 못한 채 이리저리 오갔다. 그때 불현듯 외관이 꽤 장대하며 기품이 있어 보이는 한 사람이 카이사르의 시야에 들어왔다. 그 사람은 목동의 피리로 연주를 시작했는데 그 피리 소리가 병사들의 심금을 울렸다. 나팔수를 비롯한 많은 병사들이 진지를 박차고 피리 부는 남자에게 우르르 몰려들었고, 순간 남자가 군악대 중 한 사람에게서 나팔을 획 낚아채 강가로 내달렸다. 그러더니 귀청이 찢어질 정도로 나팔을 세게 불었다. 진격명령의 신호탄이었을까. 곧이어 그는 보란 듯이 강을 건넜다.

정신이 퍼뜩 든 카이사르는 이렇게 소리쳤다.

"병사들이여, 이는 필시 신들이 우리에게 보내는 신호일 것이다. 이제 우리는 신들이 손짓하는 곳으로 가서 표리부동한 적들을 섬멸하자. 주사위는 던져졌다!Alea iacta est!"

주사위는 던져졌다!

그 외침과 함께 카이사르는 루비콘 강을 건넜다. 이제 로마의 변방에서부터 치열한 내전이 시작될 것이고, 카이사르는 장차 로마제국 전역에서 전대미문의 권력을 거머쥐게 될 터였다. 부패의 수렁에서 허우적거리는 로마의 운명은 오래전부터 예견된 것이었다. 백성들을 도탄에 빠뜨린 실정失政을 종식시키는 길을 택함으로써 카이사르는 로마인들에게, 나아가 그리스 · 로마 문명에 대제국을 선사했고 이는 역사 이상의 값진 유산으로 남게 되었다. 이 유산은 전세계 문화와 정치에 오늘날까지도 영향을 주면서 훌륭한 전범이 되고 있다. 카이사르가 루비콘 강을 건너기로 한 것은 어느 모로 보나 위대한 결정이었다.

19세기 스코틀랜드의 수필가이자 철학자이며 역사가였던 토마스 칼라일1975~1881은 "역사란 위인들의 전기 그 이상도 이하도 아니"라고 말한 바 있다. 빅토리아 여왕 시대에는 칼라일의 이러한 생각을 대변하듯 이른바 '역사의 위인론'이 당대를 풍미했다. 그러나 20세기 들어 평등주의가 기세를 떨치면서 '역사란 영향력 있는 소수의 행동이 빚어낸 결과가 아니라 대중운동과 커다란 사회적 영향력의 총체'라는 해석에 그 자리를 내주게 되었다.

물론, 카이사르로 하여금 루비콘 강을 건너게 만들었던 당시의 사회적 불안, 즉 계층을 망라한 모든 백성들이 경제적으로 수탈당하고 정치적으로 억압받는 상황에 초점을 맞춘다면, 그러한 불안이야말로 로마에서 일어난 큰 내전의 직접적 원인이며, 궁극적으로는 그 내전이 촉발한 역사적 · 문화적 · 영적 변화의 '진정한' 원인이었다고 말할 수 있다.

하지만 엄연한 사실이 하나 남아 있다. 그것은 강이 있었고, 율리우스 카이사르라는 사람이 그 강을 건너기로 결심했다는 사실이다. 삶을 변화시키고 신기원을 이루는 역사를 사회적 힘의 산물로 간주하는 것이 타당하다면, 그러한 역사를 한 개인의 의지와 위대한 결단의 소산으로 간주하는 것 역시 그에 못지않게 타당하다.

카이사르의 의지가 새 역사의 강력한 원동력이 되었음은 물론이다. 하지만 의지는 인간의 보편적인 정신 능력이다. 우리는 각자의 의지에 따라 날마다, 순간마다 선택을 한다. 카이사르를 비롯한 역사상의 모든 위대한 리더들과 마찬가지로 우리는 저마다 의지라는 능력을 가지고 있다. 그러나 또 한 가지 분명한 사실은 이 세상의 카이사르와 같은 리더들의 의지에는 남다른 그 무언가가 있다는 것이다.

그것을 일컬어 '루비콘 요소Rubicon Factor'라 하자.

루비콘 요소란 리더십의 자질이다. 루비콘 요소를 가진 사람은 어떤 결정을 앞에 두었을 때 그 결정의 본질을 꿰뚫어 본다. 그는 고도의 위험을 감수하는 결정을 내리며, 무엇보다도 자신이 내린 결정에 따라 행동에 착수한다. 한마디로 루비콘 요소는 우리로 하여금 장애와 난관을 돌파하게 하되, 초지일관 그렇게 할 수 있도록 우리를 몰아치는 힘이다.

이러한 자질의 본질은 무엇인가? 그 자질은 누구에게나 있는 것인가, 아니면 비범한 소수의 전유물인가? 리더들은 그러한 자질은 타고 나는가, 아니면 후천적으로 습득하고 계발하고 터득하는가? 이 책은 이러한 질문들에 대한 답이다. 이를 위해 정치, 군사, 문화, 과학, 인권, 박애, 경제 등의 영역에서 역사상 가장 위대한 리더들과 한 시대를 풍미했던 사람들이 내린 가장 용기 있는 결정들을 면밀히 살펴볼 것이다.

그 대답들 가운데 한 가지를 미리 살펴보면 이렇다. 루비콘 요소는 유전적으로 타고나는 것이기도 하지만 분명 후천적으로 터득하고 계발하고 적용하며 훈련할 수 있는 것이다. 이 책에서 소개하는 이야기들은 흥미진진한 역사인 동시에 교훈과 영감을 배우기에 더없이 매력적인 사례이다.

가령, 카이사르가 루비콘 강을 건넌 사건에서 우리는 무엇을 배울 수 있는가? 카이사르의 전기를 쓴 최초의 두 작가인 그리스의 플루타르코스와 로마의 수에토니우스에게는 이렇다 할 실마리를 찾을 수 없다. 다만 플루타르코스에 따르면 카이사르가 루비콘 강을 눈앞에 두고 몹시 고뇌한 끝에 마침내 어떤 열정에 이끌린 듯, 앞뒤 가리지 않고 운명에 자신을 내맡기듯 "주사위는 던져졌다"라고 외쳤음을 알 수 있다. 사실 "주사위는 던져졌다The die is cast"로 알려진 이 유명한 말은 "주사위가 던져지게 하라Let the die be cast", 말하자면 "주사위를 굴려라Roll the dice"라고 해야 보다 나은 번역이 아닐까 싶다.

한편 수에토니우스는 카이사르의 전기에 다른 요소를 삽입했다. 바로 목동의 피리를 연주하고 병사에게서 나팔을 낚아채 진격명령을 내린 낯선 사람의 등장이다. 그 사람은 과연 실존인물이었을까? 어쩌면 작가의 상상력의 산물로, 수에토니우스 자신도 그리고 분명 플루타르코스도 만족할 만한 설명을 할 수 없었던 대목, 이를테면 카이사르가 위대한 결정을 내리게 된 과정에 대해 나름대로 이유를 제시하려는 시도였는지도 모른다.

그런데 진짜 문제는 두 전기 작가가 그들 스스로 제공한 단서를 별로 활용하지 않았다는 데 있다. 수에토니우스와 플루타르코스는 카이사르가 경솔하게 행동하지 않았다는 공통된 의견을 보인다. 즉 루비콘 강을 건널 경우 예상되는 결과에 대해 실은 카이사르가 믿을 만한 측근들과 장시간 논의하며 심사숙고했다는 것이다. 행동을 개시하는 순간 내전이라는 엄청난 사태가 일어나리라는 점을 카이사르는 분명 간파하고 있었다. 그러나 아무런 행동을 취하지 않을 경우에도 내전 못지않은 참담한 결과가 일어날 것으로 카이사르는 내다보았다. 두 손 놓고 있다 보면 평화는 유지되겠지만, 그것은 폼페이우스가 바라는 식의 평화가 될 터였다.

전쟁은 설령 승리하더라도 언제나 피를 부른다. 패배의 고통 또한 쓰라리다. 전쟁은 승리 아니면 패배를 가져오지만, 항복은 오로지 패배만을 의미했다. 주사위를 던져라. 그러면 승리할 수도 있고 패배할 수도 있다. 주사위를 가만히 손에 쥐고 있어라. 그러면 승리는 먼 나라의 이야기가 된다.

루비콘 요소는, 몸을 사려서 얻는 안전은 환상이라고 폭로하면서, 실패의 두려움에도 불구하고 행동할 수 있는 용기를 불러일으킨다. 나머지 병사들은 알프스 너머 먼 곳에 주둔해놓은 채 6천 명에 불과한 병사들을 이끌고 루비콘 강을 건너 폼페이우스와 전 로마 군단을 향해 도전장을 내민다는 것은 주제 넘는 행위, 나아가 광기로까지 비칠 수 있었다. 하지만 플루타르코스와 수에토니우스가 넌지시 비치는 정황으로 판단하건대 카이사르는 상당히 합리적인 결정을 내린 것으로 보인다.

물론 합리적인 결정이 반드시 안전을 보장하는 것은 아니다. 주어진 상황에서 가장 합리적인 행동 방향을 정하더라도 엄청난 모험과 크나큰 위험이 따를 수 있다. 한편으로는 모험의 합리성을 인지하면서도 또 한편으로는 그 모든 위험에도 불구하고 합리적으로 행동할 수 있는 용기, 이것이 바로 루비콘 요소의 핵심이다.

역사 속의 위대한 결정들에는 두 가지 특징이 있다. 첫째, 그것은 커다란 위험이 수반되는 여러 대안 중 하나를 선택하는 일이다. 둘째, 그것은 반드시 내려야 하며, 피할 수 없는 결정이다. 해리 트루먼 전 대통령은 예전에 "대통령이 어떤 목표를 이루고자 한다면 결정을 내려야 한다. 그리고 대통령이 우유부단하면 온갖 문제가 발생한다."고 말했다. 트루먼은 대통령이 현명한 결정을 내린다면 그것은 "국가를 위해 다행한"일이고, 어리석은 결정을 내린다면 "국가를 위해 매우 불행한"일이 되겠지만, "그럼에도 불구하고 전혀 결정을 내리지 않는 것보다는 백배, 천배 나은 것"이라고 믿었다.

이 책은 역사 속의 위대한 결정들과 그러한 결정을 내린 사람들을 찾아 나서는 여행이다. 그 여행길 틈틈이 루비콘 요소를 발견하는 것, 즉 결정을 가능케 하고 그 결정에 따른 행동을 촉구하는 통찰과 결단력의 원천을 발견하는 것이 이 여행의 목적이다. 그리고 이 여행이 안겨줄 뜻밖의 선물은 역사 속에서 찾은 값진 지식, 즉 당신의 내일을 위한 위대한 결정을 내리는 데 꼭 필요한 앎을 얻게 되는 것이다.

chapter
one

모험을 향한 결정

'지금'이 아니면 언제?

사람들이 날더러 '넌 못해!' 라고 말할 때가 나는 제일 좋다.
그보다 더 신나는 일은 없다.
나는 성공할 수 없을 것이라는 말을 평생 들어왔기 때문이다.

-테드 터너와 지구촌 뉴스-

Profiles
in
Audacity

크리스토퍼 콜럼버스와 신세계

신세계를 향해 배를 띄워라

설령 콜럼버스가 성격적 결함이 있는 사람이었다 할지라도
미지의 세계를 찾아 항해를 떠나겠다고 결심한 것은
개인적으로 대단한 일일 뿐 아니라 역사적으로도 의미가 매우 크다.
비록 신세계를 찾아 항해에 나선 첫 번째 인물은 아니었지만,
그의 항해는 '의미심장한 첫 항해'였다.

Christopher Columbus

　　얼마 전까지만 해도 크리스토퍼 콜럼버스[1451~1506]는 미국의 대다수 학교에서 아메리카 대륙을 발견한 영웅으로 널리 추앙받았다. 한편 아메리카 원주민들의 인권 운동이 최고조에 달했던 1960년대에는 아메리카 인디언들을 노예로 부리자고 주장함으로써 거의 4백 년 동안 지속된 백인과 인디언 간의 투쟁을 부추긴 장본인이라는 비난도 끊이지 않았다. 1493년에 있었던 백인과 인디언 사이의 최초의 싸움은 콜럼버스가 '히스파뇰라[Hispaniola]'라고 이름 붙인 섬에 사는 타이노 인디언과 그가 스페인으로 돌아가면서 남겨둔 주둔병 사이에서 일어났다. 엎친 데 덮친 격으로, 신세계를 찾아 나선 최

초의 유럽인은 콜럼버스가 아니었다는 증거들이 학계에 속속 등장하면서 그의 명성은 바래기 시작했다. 비야르니 헤르욜프손이라는 노르웨이인이 986년 뉴펀들랜드를 발견했지만 해안에 발을 내딛지는 않았고, 그로부터 10여 년 뒤인 서기 1000년경 또 다른 노르웨이인이자 바이킹 선장인 레이프 에릭손이 뉴펀들랜드의 일부를 발견해 '빈란드Vinland'라는 이름을 붙였다고 한다. 그리고 1007년 에릭손의 형제 토르핀 칼세프니가 빈란드에 정착해 아내 구드리드와의 사이에서 아들을 낳고 '소노로'라고 이름을 지었다. 최초의 유럽계 아메리카인 아이였다.

그렇다면 사람들은 왜 탐험가 콜럼버스를 기억하는 것일까?

오늘도 여전히 콜럼버스를 숭상하는 사람들은 정치적으로 올바른 '수정주의' 역사가들이 그의 명성에 먹칠을 했다고 종종 불만을 토로한다. 하지만 사실 콜럼버스가 인도의 일부라고 여겼던 일본까지 항해했다고 믿었던 탓에 이름을 잘못 붙인 인디언들을 노예로 부릴 것을 스페인 정부에 제안했을 때, 그를 후원했던 이사벨라 여왕과 페르디난트 부처는 경악을 금치 못하면서 그의 제안을 거절했다. 콜럼버스와 동시대를 살았던 프란체스코 수도회의 탁발 수도사 바르톨로메 드 라스카사스는 콜럼버스를 비롯한 초창기 스페인 탐험가들의 잔인함에 혀를 내둘렀고, 그들의 만행에 이의를 제기하기 위해 자신이 목격한 것들을 책으로 쓰기도 했다.

콜럼버스가 스스로를 정복자로 인식했으며 심지어 동시대의 몇몇 뛰어난 사람들조차 받아들이기 힘든 방식으로 행동했다는 것은 부인할 수 없는 사실이다. 또한 그가 신세계를 발견해 그곳에 발을 내디딘 최초의 유럽인이 아니었다는 것도 부인할 수 없다. 그러나 또 한 가지 부인할 수 없는 사실은 설령 콜럼버스가 성격적 결함이 있는 사람이었다 할지라도 미지의 세계를 찾아 항해를 떠나겠다고 결심한 것은 개인적으로 대단한 일일 뿐 아니라 역사적으로도 그 의미가 매우 크다는 것이다. 비록 신세계를 찾아 항해에 나선 첫 번째 인물은 아니었지만, 그의 항해는 '의미심장한 첫 항해'였다. 이미 바이킹들도 여러 차례 항해에 나섰지만 유럽과 신세계에 거의 아무런 영향을 주지 못한 반면, 콜럼버스의 네 번의 항해는 탐험과 정착의 시대의 시작을 알리면서 그 결과가 좋든 나쁘든, 서구 사회에 새로운 문명을 창출하였다.

이 모든 것이 낯익은 항구에서 닻을 올려 미지의 세계를 찾아 떠나기로 결심한 한 인물과 함께 시작된 것이다.

스페인의 국왕 부부에게는 '크리스토발 콜론Christobal Colon'으로, 역사가들 사이에서는 '크리스토퍼 콜럼버스'라는 이름으로 불렸지만, 1451년 이탈리아 제노바에서 직조공의 아들로 태어났을 당시 그의 이름은 '크리스토포로 콜롬보Christoforo Colombo'였다. 콜롬보는 어른이 될 때까지 글을 읽고 쓸 줄을 몰랐다.

아마도 젊은 시절의 콜롬보는 아버지 밑에서 하는 도제 생활을 벗어나기 위해 책보다는 바다를 택했던 것 같다. 그런지 훗날 주장하기로는 젊은 시절에 아이슬란드까지 항해를 다녀왔었다고 한다. 만약 이 말이 사실이라면 그곳에서 아마도 행운아 레이프와 그가 이름 붙인 땅 빈란드에 대한 이야기를 들었을 가능성이 크다. 어쩌면 1492년의 아메리카 발견은 콜럼버스가 제노바로 돌아온 1479

년 이전 어느 시점에 아이슬란드와 같은 엉뚱한 곳에서 그 싹을 틔우고 있었는지도 모른다. 제노바로 돌아온 콜럼버스는 다시 포르투갈로 항해를 떠났고 그곳에서 귀족의 딸인 펠리파 페레스트렐로에 모니츠와 결혼했다. 이듬해 그의 젊은 아내는 아들 디에고를 낳다가 죽고 만다. 이 무렵 콜럼버스는 이미 상상의 나래 속에서 가족의 곁을 떠나 먼 곳으로 항해를 하고 있었다. 그는 독학으로 글 읽기를 터득했고, 서쪽으로 가는 항로가 희미하게 남아 있는 원고를 하나 발견했다. 교과서에 실려 있는 신화 같은 이야기는 콜럼버스가 지구가 둥글다고 생각하게 된 과정과 자신이 직접 항해를 통해 그 사실을 입증하겠다고 결심하기까지의 과정을 이야기해준다. 그러나 사실 15세기 말엽 정도면 웬만한 사람들은 지구가 둥글다는 사실을 다 알고 있을 때였다. 배움의 기회가 전혀 없는 사람들만이 여전히 지구가 평평하다고 생각하고 있을 뿐이었다. 지구가 둥글다는 생각은 키레네 출신의 그리스 수학자 에라토스테네스가 지구의 둘레를 놀라울 만큼 정확히 계산한 이래 적어도 1700년 동안이나 사람들 사이에 퍼져 있는 상황이었다. 하지만 콜럼버스가 에라토스테네스의 이야기를 들었을 가능성은 희박해 보이며, 대신 지구의 거리를 측정하기 위해 마르코 폴로가 쓴 글과 그리스의 천문학자 프톨레마이오스의 연구에 의존했을 가능성이 크다. 마르코폴로는 일본이 중국에서 동쪽으로 1500마일이나 떨어진 곳에 있다고 기록했으며, 프톨레마이오스는 유라시아 대륙의 크기를 실제보다 크게 어림한 반면 지구의 둘레는 실제보다 엄청나게 작게 측정했다. 콜럼버스는 피렌체의 파올로 달 포초 토스카넬리가 그들의 계산상의 실수를 지적한 글을 읽은 뒤 거리 측정이 분명 잘못되었다는 확신을 가졌다. 그는 또한 피에르 다일리가 쓴 『세계의 형상』이라는 책에 나오는 "스페인의 끝에서 인도의 초입까지는 그리 먼 거리가 아니며, 스페인에서 인도까지는 순풍이 불면 뱃길로 며칠이면 족하다."라는 놀라운 구절에 밑줄을 그어가며 탐독했다.

하지만 어떤 일을 할 수도 있겠다는 확신이 반드시 그 일을 하겠다고 결정하는 충분한 이유가 되지는 못한다. 분명 콜럼버스에게 압력을 가하는 또 다른 긍정적 요소들이 있었을 것이다. 지금까지 대대로 전해 내려오는 그를 둘러싼 여러 오해 중 논란의 여지가 없는 한 가지 진실이 있다면, 콜럼버스의 항해의 주된 목적은 신세계 발견이 아니라 아시아로 가는 지름길을 개척하려는 것이었다는 사실이다. 아시아는 금은 물론이려니와, 냉장이나 진공포장을 할 수 없던 시절에 음식을 보존하고 심지어는 상한 음식까지도 입맛을 돋우게 하는 더없이 귀중한 향신료가 풍부한 곳이었다. 지구가 둥글다면 서쪽으로 항해해 동쪽에 다다를 수 있을 것이었다. 그렇다면 왜 바닷길인가? 육로로 가기 위해서는 대규모의 캐러밴이 필요했지만 배로 가면 훨씬 더 수월하고 비용이나 시간도 훨씬 절약되었기 때문이었다. 어떤 나라든 이 항로를 먼저 장악하기만 하면 부를 거머쥐는 것은 시간문제였다. 그리고 이 항로를 개척해 국가에 넘기는 개인 역시 마찬가지였다.

실로 구미가 당기는 내용이 아닐 수 없으며, 주저 없이 결정을 내리게 하기에 충분한 동기였다. 하지만 이게 전부는 아니었다. 중세 유럽은 자원 고갈이라는 큰 문제를 안고 있었다. 경제적 기회가 균

등하게 분배되지 않던 봉건제 사회에서는 특권층 사이에서조차 장자 장속권이 최우선이었다. 즉 재물, 토지 직위를 비롯한 아버지의 전 재산이 오로지 장자에게만 상속되고 나머지 자식들은 찬밥 신세가 된다는 뜻이었다. 문화적으로나 경제적으로나 사실상 탈진 상태에 빠진 유럽 내부에서는 어서 배를 띄워야 한다는 절박한 목소리가 높아만 갔다. 콜럼버스는 아시아에 가서 금을 확보하고 향신료를 선점하며, 항해 도중 지금까지 알려지지 않았던 영토가 발견되면 어느 것이든 자신의 소유권을 주장할 생각이었다. '옛 세계'의 또 다른 곳으로 항해를 하던 중에 '신세계'를 발견해 유럽에 알릴 수만 있다면 이보다 더 좋은 일은 없을 것이다.

중세인들은 행동뿐만 아니라 사고에도 많은 억압과 제약을 받았다. 적어도 현대인의 관점에서 볼 때는 그렇다. 자신이 가지고 있던 자료들을 이용해 유럽에서 아시아까지의 거리를 최대한 정확히 측정했다는 콜럼버스의 확신도 부분적으로는 그의 지적인 고집의 소산이었다. 그는 자신의 측정 결과에 오차가 없기를 바랐지만, 그의 확신은 중세적 추론이 몸에 배어 있는 결과이기도 했다. 중세는 연역적 사고가 지배적이어서, 관찰을 통해 추론하는 것이 아니라 이미 추론한 것을 관찰하는 식이었다. 사람들에게서 인정받던 대부분의 권위자들도 아시아가 유럽에서 그리 멀리 떨어져 있지 않다는 결론을 내렸다. 이런 상황에서 아시아로의 항해는 연역적 추론을 통해 이미 드러난 사실을 실제로 입증하는 것에 지나지 않는 일이었다.

그런 까닭에 콜럼버스는 1484년 포르투갈의 국왕 요한 2세를 알현해 일본행 항해를 후원해달라고 자신 있게 말할 수 있었다. 하지만 왕은 콜럼버스의 제안을 거절했다. 일본으로 가는 지름길에 흥미가 없어서가 아니라 사실상 그에게 콜럼버스보다 훨씬 더 참신한 생각이 있었기 때문이다. 왕은 아무리 명망 있는 프톨레마이오스라 해도 그의 계산에 최소한 두 가지 요소로 인한 오류가 있다고 생각하면서 그의 계산법을 문제 삼았다. 그리고 설령 프톨레마이오스의 계산이 맞는다 할지라도 당시의 배가 감당하기에는 지나치게 먼 항해 거리라고 판단했다. 게다가 요한 2세는 이미 자신이 직접 향해 자금을 대는 뱃사람들을 고용해 아프리카 해안을 돌아 아시아로 향하는 기존의 동쪽 항로 탐험을 추진하고 있었다.

하지만 콜럼버스 역시 이미 항해하기로 결심을 굳힌 터라 뜻을 굽히지 않았다. 그가 다음으로 찾아간 사람은 메디나 시도니아의 대공 돈 엔리케 데 구즈만이었다. 그는 콜럼버스의 제안에 코웃음을 쳤다. 적잖이 실망한 콜럼버스는 다시 메디나 셀리의 백작이자 스페인의 귀족인 돈 루이스 데 라 세르다에게 접근해 1486년 5월 1일을 전후해 카스티유의 이사벨라 1세 여왕과 청중들을 불러모아도 좋다고 큰소리를 치면서 도움을 호소했다.

콜럼버스는 자신의 결정을 실행에 옮기는 것이야말로 스페인 군주들의 마음을 움직여 그들 스스로 결정을 내리게 하는 것임을 잘 알고 있었다. 그는 자신의 제안이 분명 세상의 이목을 집중시키고 있다고 믿었지만, 어느 시점에 가서는 사태가 자신에게 유리한 방향으로 흐르도록 한 가지 요소를 덧붙여야 했다. 당시 스페인은 왕국의 사활이 걸린 투쟁에 휩싸여 있었다. 오랫동안 스페인의 대부분 지역을 점령해온 이슬람교도들인 무어 족을 상대로 지리멸렬한 종교전쟁을 치러야 했던 것이다. 게다가 이사벨라와 페르디난트는 가톨릭교도인 스페인 사람들과 함께 이베리아 반도를 공유하고 있는 또 다른 민족, 즉 유대인들을 상대로도 종교전쟁을 선포하려던 참이었다. 그리하여 콜럼버스는 이사벨라 여왕을 만나 스페인이 이슬람교도의 땅을 지나지 않고 아시아로 진출하는 방안을 제안하고, 그 과정에서 어떤 지역을 확보하든 그것을 신성한 로마 가톨릭 교회의 영향력을 확대하는 기회로 삼아야 한다고 역설했다.

콜럼버스는 항해의 당위성에 대해 문화적이며 경제적인 이유 외에 종교적인 비전을 추가한 셈이었다. 가톨릭으로 개종하지 않은 스페인 거주 유대인들을 대거 추방한다는 왕의 칙령이 공포된 1492년 4월 29일, 콜럼버스의 첫 번째 항해에 대한 최종 승인이 떨어진 것은 단순히 우연의 일치였을까? 실제로 8월 2일, 30만이라는 엄청난 숫자의 유대인들이 승선하는 바람에 콜럼버스는 대규모 항구 대신 카디즈 만의 초입에 위치한 보잘것없고 음습한 항구 팔로스 데 라 프론테라에서 출항해야 했다. 게다가 출발도 8월 3일 오전 8시로 지연될 수밖에 없었다. 뿐만 아니라 콜럼버스의 항해 자금 일부가 강제 추방된 유대인들에게시 몰수한 재산의 수익금으로 충당된 것도 그저 우연의 일치였을까?

스페인의 여왕을 처음으로 알현한 후 떠난 항해는 상당히 머나먼 여정이었다. 콜럼버스의 출항을 놓고 스페인의 군주들이 반년 가까이 동요하며 심사숙고 하는 동안 이 뱃사람은 아들 디에고를 데리고 문턱이 닳도록 여러 궁정을 돌아다녀야 했다. 또한 당시 궁정에서 한창 잘나가던 루이스 데 산탄겔을 비롯해 영향력 있는 인사들과 친분을 쌓느라 여념이 없었다. 1492년 초 이사벨라와 페르난트가 장고 끝에 콜럼버스의 제안을 거절하려 하자 이 사실을 안 루이스가 자신의 재산을 얼마간 내놓으면서 국왕 부부를 설득해 결국에는 콜럼버스에게 항해 자금을 지원하게 만들었다.

지구의 반대편과 그 너머를 향해 닻을 올리겠다는 결정은 말 그대로 당시로서는 상상할 수 있는 가장 극단적인 행동을 취하겠다는 결정이었다. 돌이켜보면 그러한 결정을 사실상 불가피한 것으로 만든 것은 도저히 거부할 수 없는 몇 가지 요소들이었다.

지리학의 대가들에 대한 중세인 콜럼버스의 전적인 신뢰, 어쩌면 아이슬란드의 전설을 듣고 불을 지폈을지도 모르는 그의 상상력, 콜럼버스 개인의 재산과 힘, 무기력증에 빠진 사회에서 생명의 불꽃을 되살리라는 압력, 그리고 종교적 사명감과 의무감에 대한 호소 등이 그것이다.

그러나 결정이 내려지는 순간에는 모든 것이 무의미하다. 위에서 말한 몇 가지 요소들이 강력하기는 했지만 콜럼버스에게는 자신에게 다가오는 위험을 간파할 수 있는 뱃사람 특유의 노련한 감각이 있었기에 분명 그보다 훨씬 더한 미지의 위험들을 상상할 수 있었다. 어쩌면 그가 결정을 내리는 데 일조한 마지막 요소는 수치로 계산하거나 말로 다 표현할 수 없을지도 모른다. 그것은 누군가로 하여금 모험의 여정을 떠나도록 몰아대는 힘, 바로 그것이다.

진리는 권위가 아닌
현실 속에 있다

갈릴레오는 책이 아닌 세계를 자신의 주요 텍스트로 삼았다.
그는 기존의 진리를 세계에 적용하기보다
세계로부터 진리를 도출하는 방식을 추구했다.

Galileo Galilei

갈릴레오1564~1642 이야기는 과학에 별로 관심이 없는 사람도 알고
있을 만큼 친숙하고 유명하다. 갈릴레오 갈릴레이는 폴란드의 천문
학자 코페르니쿠스의 혁명적인 제안을 뒷받침하는 책을 펴냈다. 코
페르니쿠스는 우리가 알고 있는 우주, 즉 태양계의 중심은 지구가
아니라 태양이며, 정지해 있는 태양 주위를 지구가 선회한다는 진
화론적 사고를 펼쳤다. 이러한 관점은 당시 성경과 로마 가톨릭 교
회의 가르침과 배치되는 것이었다. 결국 갈릴레오는 가톨릭 종교
재판소와 정면으로 충돌했고 투옥과 고문의 위협에 시달리다 못해
코페르니쿠스에 대한 자신의 지지를 철회한 뒤, 지구는 사실상 정
지해 있으며 모든 피조 세계의 중심이라는 놀라운 "고백"을 하기에

이른다. 이야기는 우리가 잘 아는 것처럼, 갈릴레오가 겉으로는 참회하는 척했지만 무릎을 펴고 일어서면서 나지막한 목소리로 "그래도 지구는 돈다Eppur si muove"라고 중얼거렸다는 것으로 끝을 맺는다.

입에서 입으로 전해져 내려온 이 이야기도 나름대로 어떤 점에서는 사실에 근거하고 있다. 우선 갈릴레오는 저서 『대화』를 펴내면서 당시 가톨릭 교회가 받아들였던 지구중심설천동설에 반대되는 '태양을 중심으로 돌아가는 우주' 이론지동설을 전개했다. 이것이 빌미가 되어 갈릴레오는 로마로 소환되어 종교재판소의 심문을 받아야 했다. 구체적인 징계로까지 이어지지는 않았지만, 갈릴레오는 이미 그보다 앞선 1600년에 지오다노 브루노가 다른 여러 이설異說들과 함께 지구가 태양의 주위를 돈다는 주장을 펼쳐서 화형에 처해진 사실을 잘 알고 있었다.

하지만 이 이야기가 간과하고 있는 사실은 갈릴레오가 독실한 가톨릭 신자였다는 점이다. 그의 신앙은 과학을 향한 열정으로도 대신할 수 없는 믿음이었다. 어쩌면 코페르니쿠스에 대한 지지를 철회해야겠다는 생각은 종교재판에 대한 두려움뿐만 아니라 일정 부분 그의 신실한 믿음에서 비롯된 것이었는지도 모른다. 어느 결에 그가 남긴 말로 간주되고 있는 "그래도 지구는 돈다"만 해도 일흔의 고령에 만성질환을 앓고 있던 갈릴레오가 위험을 무릅쓰고 이렇게 무례한 태도로 종교재판에 맞섰을 가능성은 매우 희박해 보인다.

하지만 이러한 첨언과 부연 설명에도 이야기는 여전히 어설프기만 하다. 실재에 대한 극단적 견해를 옹호하겠다는 갈릴레오의 결심은 훨씬 더 단호하면서도 복잡한 것이었다. 이는 지적 성찰뿐 아니라 영적이며 신학적인 투쟁이 수반되는 일이었다. 그의 결정은 어쩌면 아버지로부터 물려받은 정신적 유산에 뿌리를 두었는지도 모른다. 음악가였던 아버지 빈센초 갈릴레이 역시 생전에 책을 한 권 집필했는데, 내용이 너무 과격해 그의 스승이 3년 동안이나 출간을 저지시킬 정도였다. 마침내 1581년에 출간된 『고전음악과 현대음악의 대화』에서 빈센초는 당시 거의 신성시된 엄격한 수학적 원리에 따라 악기를 조율하는 것에 반대하며, 어느 악기든 그 자체의 물리적 특성에 맞게 조율하면 소리의 아름다움을 최대한 살려낼 수 있다고 주장했다.

빈센초는 수학보다는 실제 소리에 더 많은 흥미를 느꼈던 것이다. 이처럼 미학을 초월한 그의 의미심장한 진술은 아들 갈릴레오에게 지대한 영향을 끼쳤다. 수학적으로 결정된 음정에 맞게 조율하려면 일반에게 받아들여진 권위에 복종해야 하지만, 실제의 아름다움을 최고로 성취하기 위해 조율하려면 권위를 배척하고 실험을 수용해야 했다. 빈센초는 이렇게 쓰고 있다.

"어떤 주장을 입증하고자 할 때 이을 뒷받침할 논거를 예증하는 대신 영향력 있는 권위사에게만 매달리는 사람은 어리석기 짝이 없다. 나는 그와 반대로 상대에 대한 어떠한 아첨도 없이 자유롭게 질문하고 답하며, 나아가 진리를 추구하는 사람이 되기를 소망한다. 어떤 식으로든 알랑거리지 않고 자유롭게 질문하고 답변할 수 있었으면 좋겠고, 나아가 진리를 추구하는 사람이 되었으면 한다."

대다수 사람들에게 갈릴레오가 어떤 인물이었느냐고 물으면 천문학자였다고 답할 것이다. 그러나 과학사적으로 볼 때 갈릴레오가 이룩한 최대 업적은 획기적인, 일련의 천문학적 관찰이 아니라 과학 자체의 기본 절차, 곧 실증적 방법론을 확립한 것이다.

자신의 아버지와 마찬가지로 갈릴레오는 진리를 결정할 때 권위라는 전례前例에 의존하기를 거부했다. 중세의 전형적 사상가들은 대개 위대한 책으로 인정된 기준으로부터 가능한 한 모든 것을 배운 뒤 그것을 세계에 적용했던 반면, 갈릴레오는 책이 아닌, 세계를 자신의 주요 텍스트로 삼았다. 그는 기존의 진리를 세계에 적용하기보다는 세계로부터 진리를 도출하는 방식을 추구했다. 한마디로 연역적 추론이 아닌 귀납적 추론이었다. 즉 갈릴레오에게 중요한 것은 경험과 실험이었다. 이런 점에서 갈릴레오는 초기 르네상스의 위대한 사상가 중 하나였다.

갈릴레오는 실험을 향한 뜨거운 열정에 사로잡혔다. 이는 스스로 직접 관찰하고 생각한 것을 바탕으로 현실에 대한 인식과 해석을 재평가하고 수정하려는 욕망이었다. 이때 가장 중요한 것은 정확한 관찰이었다. 1585년경 그는 아주 적은 양도 한 치의 오차 없이 정확하게 무게를 측정할 수 있는 정수靜水 저울hydrostatic balance. 비중을 알기 위해 물 속의 물질의 무게를 재는 저울을 발명했다. 그는 사람들이 의심 없이 받아들이던 가장 기본적인 가정들에 대해서도 의문을 제기했다. 가령 아리스토텔레스는 물체의 낙하 속도가 질량에 비례한다고 주장했다. 즉 무게가 5킬로그램인 물체의 낙하 속도는 1킬로그램인 물체보다 다섯 배나 빠르다는 것이다. 비록 아리스토텔레스가 중세 사상가들 사이에서 숭배 대상이 되어 그 사상 체계가 절대 진리로 받아들여지는 유일한 고대 철학자는 아니었지만, 그의 주장은 분명 강력한 상식으로 통하고 있었다. 그러나 갈릴레오는 터무니없는 주장이라고 생각했다.

　갈릴레오는 사람들에게 500그램짜리 공과 5킬로그램짜리 공을 탑에서 동시에 떨어뜨리는 상상을 해보라고 권했다. 높이가 1미터도 채 안 되는 탑 꼭대기에서, 한번은 커다란 공을 낙하시키고 또 한 번은 작은 공을 낙하시키는 상황을 머릿속으로 그려본다. 첫 번째 상상이 그리 어렵지 않다며, 이번에는 그 두 물체가 하나로 묶여 떨어지는 상상을 해보라고 제안했다. 아리스토텔레스의 주장처럼 하나로 묶인 두 물체의 낙하속도는 과연 두 배로 빨라질까? 상상을 통한 단순한 실험에 만족할 수 없었던 갈릴레오는 1589년경 피사의 사탑 8층 꼭대기에 올라가 무게가 서로 다른 포탄 두 개를 동시에 낙하시켰고, 공기 저항에 의한 간섭을 감안해, 두 포탄이 거의 동시에 땅에 떨어진다는 결론을 내렸다.

　그의 도전을 비껴갈 수 있는 것은 아무 것도 없었다. 얼음을 예로 들어보자. 아리스토텔레스를 비롯해 거의 대부분의 사람들은 분명 얼음이 물보다 더 무거운데도 물 위에 뜨는 것은 바닥이 평평한 얼음이 액체 상태인 물의 유동하는 표면을 뚫고 들어가지 못하기 때문이라고 생각했다. 갈릴레오는 이러한 통념의 허점을 지적했다. 가령 얼음 조각 하나를 물에 던지면 곧 수면 위로 떠오르는데, 이는 오히려 얼음이 유동체 표면 아래에서 위로 뚫고 나오는데 전혀 어려움이 없기 때문에 가능하다는 것이다. 갈릴레오는 얼음이 물에 뜨는 것은 물보다 밀도가 낮기 때문이며, 따라서 얼음은 물보다 더 무겁지 않고 가볍다고 주장했다. 이러한 통찰을 계기로 갈릴레오는 『물 위에 떠 있거나 그 안에서 움직이는 물체에 대한 담론』 이라는 책을 펴냈다.

실험을 향한 그의 열정은 늘 변함이 없었다. 무엇보다도 갈릴레오는 진리를 결정하는 데 있어서는 관찰과 경험이 그 어떤 권위보다 우선한다는 확신을 가지고 있었다. 이러한 열정과 확신 속에서 갈릴레오는 네덜란드의 최신 발명품인 망원경이 선을 보이자마자 바로 입수했다. 그리고 망원경을 여러 차례 개량한 후 그것을 이용해 천체 연구에 몰두했다. 그의 관찰에 따르면 달 표면에서는 지구와 유사하게 산과 골짜기, 분화구가 관찰되었고 불완전한 지형도 무수히 많았다. 천체가 완벽하다고 믿었던 신학자들과 아리스토텔레스 추종자들은 이러한 관찰에 충격을 받은 나머지 도저히 그 사실을 받아들일 수 없었다. 이런 상황에서 태양의 흑점에 관한 갈릴레오의 관찰 결과는 불난 집에 부채질하는 격이었다. 당시만 해도 사람들은 태양이 달보다 훨씬 더 완벽한 천체라고 생각했기 때문이다.

태양의 흑점은 특히 갈릴레오의 흥미를 돋우었다. 면밀히 관찰한 결과, 정지해 있는 줄 알았던 흑점들이 움직이고 있었기 때문이다. 갈릴레오는 이러한 결과를 토대로 두 가지 결론을 이끌어냈다. 첫째, 개별 흑점들은 독립적으로 움직이는 게 아니라 태양의 표면과 함께 움직인다. 이는 태양이 정지해 있지 않고 자전한다는 사실에 대한 또 하나의 근거가 되는 결론이었다. 즉 흑점이 태양의 자전에 따라 함께 움직인다는 것이다. 이는 교회뿐 아니라 아리스토텔레스의 가르침과도 배치되는 견해였다. 둘째, 시간이 흐름에 따라 흑점들이 태양 적도를 기준으로 상승과 하강을 반복하는 것에 주목한 갈릴레오는 훨씬 더 의미심장한 결론을 도출했다. 태양 흑점의 진로가 실제로는 늘 일정하지만, 1년에 걸쳐 태양의 주위를 도는 지구의 공전 현상 때문에 마치 상하 운동을 하는 것처럼 보일 뿐이라는 이야기다. 지구와 태양 둘 다 축軸이 기울어져 있기 때문에, 우리 관점에서 보면 태양의 흑점이 상하로 움직이는 것처럼 보인다고 갈릴레오는 주장했다.

사실, 갈릴레오는 지구가 우주의 중심이 아니라고 추론한 최초의 과학자도 아니었고, 지구가 태양을 돌고 있다는 의견을 처음으로 제시한 사람도 아니었다. 고대 그리스의 피타고라스, 플라톤, 아리스타르코스, 아르키메데스 등도 지구가 태양 주위를 돌고 있다고 믿었으며, 가깝게는 갈릴레오보다 한 세기 앞서 살았던 코페르니쿠스 역시 복잡한 수학적 증명을 통해 태양중심설을 주장했다. 태양 흑점 현상에 주목하기 전에 갈릴레오가 코페르니쿠스의 관점에 끌리게 된 것은 그것이 2세기 그리스 천문학자인 프톨레마이오스가 제창했던 지구중심설보다 더 간단하면서도 포괄적으로 행성의 움직임을 설명했기 때문이다. 갈릴레오가 보기에 실제 행성 움직임의 관찰에 바탕을 둔 설명으로는 프톨레마이오스보다 코페르니쿠스가 훨씬 더 타당했다. 갈릴레오의 태양 흑점 관찰은, 서로 무관한 것처럼 보이는 다른 관찰들이 그랬듯이, 결과적으로 실험과 관찰 모든 면에서 코페르니쿠스의 주장을 뒷받침했다.

갈릴레오는 조수潮水의 주기적 운동에 대해 자전과 공전이라는 지구의 두 가지 운동 때문에 바닷물이 밀려 나가는 것이라고 결론지었다. 이는 나중에 틀린 이론으로 밝혀졌다.

갈릴레오는 독불장군 식의 외로운 천재가 아니었다. 탁월한 교수였고, 국제적으로 명성을 얻은 '자연주의 철학자'이자 수학자였으며, 부잣집 자제들에게 인기 있는 개인 교사였고, 한창 잘 나가는 망원경 및 항해 도구 제작자였다. 큰 부자는 아니었지만 그런대로 꽤 넉넉한 형편이었고, 독실한 가톨릭 신자였다. 그의 친구들 중에는 고위 성직자들이 여럿 있었는데, 그중 마페오 바르베리니 추기경은 훗날 교황 우르바노 8세가 되었다. 그렇다고 갈릴레오에게 교회의 가르침을 거스르는 우주관을 지지하려는 별난 열망이 있었던 것도 아니다. 하지만 시간이 흐르면서 코페르니쿠스의 우주관으로 전향하지 않을 수 없는 증거들이 속속 쏟아져 나오자, 갈릴레오는 더 이상 외면할 수 없음을 깨달았다. 수학적 추론, 행성 관찰, 태양 흑점 현상, 조수의 간만, 이 모든 것이 갈릴레오에게는 지구가 태양 주위를 돌고 있다고 이야기해주고 있었다.

이제 갈릴레오가 직면한 것은 아리스토텔레스와 프톨레마이오스의 천동설이냐, 코페르니쿠스의 지동설이냐의 문제가 아니었다. 그는, 죽음의 위협을 감수하면서까지 코페르니쿠스의 주장을 입증하는 자신의 증거를 세상에 알릴 것인지, 아니면 그대로 침묵할 것인지 양단간에 결정을 내려야 했다. 몹시도 지루하고 고통스러운 결정이었다. 1613년 갈릴레오는 자신의 제자 베네데토 카스텔리에게 쓴 편지에서 코페르니쿠스의 이론과 성경적 견해 사이의 간극을 해소하는 문제에 대해 언급했다. 갈릴레오의 흠을 잡기에 여념이 없던 반대파들은 이 편지를 압수해 부리나케 사본을 만들어 종교재판소의 관리들에게 보냈다. 이에 갈릴레오는 자신에 대한 변호의 일환으로 대공비大公妃 크리스티나에게 편지를 썼다. 이 편지에서 그는 신학의 영역을 침범하지 않고서도 얼마든지 과학적인 관찰과 가설이 가능하다고 주장함으로써, 카스텔리에게 보낸 편지에서 언급했던 자신의 논의를 한층 확장시켰다. 지적 계시와 영적 계시의 대립이라는 심각한 위기 상황에 몰린 갈릴레오는 자신의 연구와 교회의 가르침이 공존할 수 있는 방안을 모색하고 있었다. 하지만 이는 헛된 소망이었다. 1차 반종교개혁16~17세기 프로테스탄트의 확장에 대항해 일어난 가톨릭 교회 내부의 자기 개혁 운동 운동이 한창이던 당시 가톨릭 교단은 어떠한 이단도 용납할 분위기가 아니었기 때문이다. 1616년 종교재판소는 코페르니쿠스의 천문학에 대해 '거짓되며 성경에 반하는 것' 이라고 낙인 찍는 칙령을 공표했으며, 갈릴레오에게는 코페르니쿠스의 이론을 더 이상 지지하거나 가르치지 말라고 경고했다.

독실한 가톨릭 신자였던 갈릴레오는 교회의 권면을 받아들이려 노력했다. 하지만 1618년 초에 다시금 혜성의 본질에 대한 논쟁에 관여하면서 간접적으로나마 지동설을 주장하는 자신의 의견을 밝혔다. 이 논쟁의 주요 내용은 1623년 『황금계량자』라는 제목의 책으로 출간되었다. 과학적 빙법론에 대한 주해서인 이 책에서 갈릴레오는 우주를 일컬어 "끊임없이 우리의 시선을 기다리고 있는… 위대한 책"이라고 했다. 특히 마페오 바르베리니 추기경이 이 책에 큰 감화를 받았는데, 그는 마침 책이 출간될 시점에 교황 우르바노 8세로 지명되었다. 책에 대한 교황의 승인과 더불어 갈릴레오는 신망을 되찾았으며, 이에 용기를 얻어 지구의 운동을 입증하는 자신의 조수潮水 이론에 대해 교황과 의견을 나눌 수 있었다. 놀라운 사실은,

우르바노 교황이 갈릴레오에게 코페르니쿠스 이론이 전적으로 가설이라는 전제하에서라면 라면코페르니쿠스의 이론을 포함한 우주론을 보다 포괄적으로 다루는 새 책을 써도 좋다고 허락한 것이다.

마침내 갈릴레오는 오랜 딜레마에서 벗어나는 듯했다. 한편으로는 신앙을 견지하면서 또 한편으로는 관찰과 수학적 계산에 의한 증거에 무게를 두는 지성의 목소리를 따름으로써 초래된 딜레마였다. 교황의 신망을 계기로 이제 자신의 이론을 공론화할 때가 되었다고 판단한 갈릴레오는「프톨레마이오스와 코페르니쿠스의 두 주요 체계에 관한 담론」이라 명명한 연구에 서서히, 그러나 때로는 발작적으로 매진하게 된다. 그리고 1630년 마침내 연구가 마무리되자 종교재판소로 연구 결과를 보내 검증을 의뢰했다. 하지만 심각한 전염병이 퍼지면서 피렌체와 로마 사이의 연락이 두절되는 바람에 그는 피렌체에서 검열을 해줄 것을 다시 요청했다. 요청이 받아들여져 로마의 검열관이 비평과 평가 유보 사항을 피렌체로 보내왔다. 그사이 갈릴레오는 자신의 연구가 본질적으로 가설에 불과하다는 것을 강조하는 서문을 책에 추가했다. 이는 피렌체에 있는 검열관들의 비판을 피하기에 안성맞춤이었다. 그리하여 종교재판소의 승인과 함께 갈릴레오의 연구 결과를 묶은 책『대화』가 1632년 피렌체에서 출간되었다.

『대화』는 재치가 넘치는 책이었다. 식자識者들의 라틴어가 아닌 일상의 이탈리아어로 쓰여서, 많이 배우지는 않았어도 글을 읽고 쓸 줄 아는 대중들이라면 얼마든지 접근하기가 쉬웠다.

책은 사실상 갈릴레오임을 쉽게 눈치 챌 수 있는 살비아티, 포옹력 있는 평신도로 그려진 사그레도, 그리고 아리스토텔레스의 열렬한 추종자인 심플리치오, 이렇게 세 사람이 나누는 대화 형식을 취하고 있다. 주요 내용은 코페르니쿠스의 지동설 지지자들과 아리스토텔레스의 지구 중심 우주론, 즉 천동설 옹호자들이 모여 벌이는 논쟁이다. 책의 모든 내용이 한낱 가설에 지나지 않는다는 갈릴레오의 주장에도 불구하고 코페르니쿠스의 학설이 너무나도 쉽게 승리를 거두는 것은 그리 놀랄 일이 아니다. 게다가 심플리치오는 단순하기 짝이 없는 인물로 묘사되고 있다. 더욱 가관인 것은 갈릴레오가 이 단순한 심플리치오에게 마지막 대사의 기회를 넘겨준 것이다. 그리하여 심플리치오는, 최후의 한마디로, 전능한 하느님이 자연의 법칙과는 무관하게 자신의 뜻대로 우주 만물을 창조할 수도 있었지만 그러지 않고 지금 우리에게 보이는 모습처럼 창조했다고 선언하는데, 이는 교황 우르바노 8세가 천명한 바 있는 입장이었다. 그러니 교황으로서는 이 대목에서 갈릴레오가 자신의 관대함과 아량을 악용해 자신을 조롱하고 배신했다고 느끼는 게 당연했다. 이런 이유로 교황은 종교재판소 측에 갈릴레오의 책을 검열하고 갈릴레오를 로마로 소환해 재판에 회부할 것을 공식적으로 위임했다. 그리고 이러한 일련의 조치에 대한 결과가 바로 갈릴레오의 그 유명한 철회였다.

물론 지니알라딘의 요술 램프에 나오는 요정는 이미 병 밖으로 나온 상태였다. 책은 벌써 출간되어 널리 퍼졌다. 갈릴레오로 하여금 아리스토텔레스와 교회의 입장에 대해 서둘러 반대하면서, 매우 조심스럽지만 단호하게 움직이도록 만들었던 그 증거들은 대중들을 매혹했다. 그의 입장 철회에도 불구하고, 이제 지구는 우주의 중심에 가만히 정지해 있을 수가 없었다. 모든 게 갈릴레오 때문이었다.

종교재판소는 갈릴레오에게 비교적 가벼운 징계인 가택연금을 선고했다. 점점 기력이 쇠해가는 노인에게는 반가운 소식이었다. 말년의 갈릴레오는 피렌체 언덕의 아르세티 근교에 있는 쾌적한 장원莊園에 정착했다. 그리고 그곳에 칩거하면서 『두 부류의 새로운 과학에 관한 담론』을 완성했다. 갈릴레오가 이미 오래전부터 집필을 시작했던 이 책은 물체의 낙하 법칙을 비롯해 물체의 운동에 관한 연구를 총망라하고 있다. 갈릴레오는 1642년 1월 8일 78세의 나이로 세상을 떠났다.

찰리 굿나잇과 최초의 카우보이

누구도 가지 않은
길이 나의 길

텍사스 벨크냅을 출발한 찰리 굿나잇과 올리버 러빙은
뉴멕시코 포트 섬머를 목적지로 삼았다.
그들이 척박한 땅을 지나면서 나중에 올 사람들을 위해 표시해둔 길에는
'굿나잇-러빙 길'이라는 이름이 붙여졌으며,
곧 미국 남서부에서 교통량이 가장 많은 길 중 하나가 되었다.

Charles Goodnight

　남북전쟁이 발발하자 텍사스 주는 주지사인 샘 휴스턴의 뜻과 달리 연방에서 탈퇴했고, 성인 남자들과 소년들은 전투에 참가했다. 전쟁이 끝나고 패잔병이 되어 귀환했을 때 그들의 고향은 대부분 사라지거나 파괴되었다. 집들은 무너져 내렸고, 저당 잡힌 재산은 회수가 불가능했으며, 투자금은 물거품처럼 사라졌다. 텍사스에 남은 것이라곤 가축뿐이었다.

　전쟁이 일어나기 전 텍사스에는 롱혼longhorn, 미국 남서부의 뿔이 긴 소 수십만 마리가 있었다. 대부분의 가축들은 사람이 돌보지 않으면 그 숫자가 줄거나 죽게 마련이지만, 남북전쟁 기간 중에 아무렇게나 내

버려져 있던 롱혼 떼는 텍사스 초원 전역에 흩어져 풀을 뜯고 번식하면서 살아남았다. 남부연합의 제대군인들이 텍사스로 돌아왔을 때 그들의 눈앞에 펼쳐진 것은 찢어질 듯한 가난과 어마어마한 롱혼 떼뿐이었다. 롱혼 떼는 그사이 수백만 마리로 불어나 있었고 대부분이 주인 없이 떠돌아다니는 것들이었다. 누구든 롱혼을 밧줄로 묶어 우리에 잡아 가둔 뒤 소인燒印을 찍으면 롱혼의 주인이 될 수 있었다. 롱혼에 소인을 찍어라, 그러면 당신의 소유가 되리니. 황폐한 텍사스의 재산이 그렇게 살아서 돌아다니고 있었다.

하지만 롱혼 떼를 관리하는 일, 즉 초원에서 롱혼 떼를 몰아 한군데로 모은 뒤 소인을 찍는 일은 몹시 고되고 위험했다. 게다가 이 일이 끝난 뒤에는 롱혼을 시장에 내다 파는 일이 남아 있었다. 수백만 마리의 소떼들이 텍사스의 목초지를 누비고 다녔지만 그 소를 팔아 목돈을 거머쥐기란 쉽지 않은 일이었다. 그들은 배고픈 사람들이 있는 곳, 하지만 아직 입에 딱 맞는 쇠고기를 찾지 못한 지역으로 소떼를 몰고 갈 방안을 찾아야 했다. 바로 그 때 찰리 굿나잇 1836~1929이 등장했다.

찰리 굿나잇은 1836년 일리노이 주 매쿠핀 카운티에 있는 가족 농장에서 태어났다. 그가 겨우 다섯 살이었을 때 아버지가 폐렴으로 세상을 떠났고 어머니는 이웃의 농부 히람 도허티와 재혼했다. 찰리는 어머니와 양아버지와 함께 1845년 남서부로 800마일을 여행해 내슈빌 근교의 텍사스 주 밀람 카운티에 정착했다. 그때까지 약 여섯 달 동안 찰리는 그가 받을 수 있는 정규교육을 모두 받았다. 여행 내내 꼬마 찰리는 블레이즈라는 이름의 얼굴이 흰 암말을 안장도 없이 타고 다녔다.

장거리 여행을 통해 어린 찰리는 점점 강인해졌으며 가족과 함께 브라조스 산 기슭에 정착한 후 카도 제이크라는 나이 든 인디언에게서 짐승을 사냥하고 추적하는 법을 배웠다. 열한 살이 되던 해에 근처의 대목장에 고용되었고, 열다섯 살에 포트 설리번 경주 회사의 기수로 취직했다. 하지만 사람들 앞에 나서서 쇼를 연출하는 일에 흥미를 느끼지 못한 찰리는 또다시 과부가 된 어머니와 동생들이 있는 곳으로 돌아왔다. 그리고 어머니가 감리교 목사 아담 시크와 재혼하던 1853년까지 온갖 농장 일과 목장 일을 도맡아 했다. 3년 뒤 찰리는 의붓형제 존 웨슬리 웨스 시크와 공동으로 목축업을 시작했다. 1857년 두 사람은 기르던 롱혼 400여 마리를 이끌고 브라조스 강 상류를 거쳐 팔로 핀토 카운티의 키치 골짜기로 갔다. 블랙 스프링즈라 불리는 이곳에 당도한 형제는 부모님을 위해 멋진 통나무집을 지었다.

웨스 시크는 곧 결혼해서 정착했고 찰리가 소를 이끌고 시장으로 데려가거나 화물을 나르는 사이 소 떼들을 돌보는 막중한 책임을 맡았다. 이 기간에 찰리는 횡야에서의 생존이 얼마나 힘든 것인지 몸소 깨달았다. 그리고 한때 켄터키에 살았다는 올리버 러빙이라는 사람을 만났는데 그 역시 찰리처럼 목축업을 하고 있었다.

1850년대의 10여 년간 텍사스에는 정착민들이 점차 늘어나면서 지역 인디언들과의 마찰이 빈번해졌고 싸움도 점점 추악해졌다. 당시 대부분의 이웃들처럼 찰리 굿나잇도 텍사스 무장 순찰대원이 되었고 코만치 족과의 싸움에서 주로 정찰병으로 활약했다. 남북전쟁이 터지자 굿나잇이 소속된 무장 순찰대는 변경 연대에 배속되었다. 그는 대다수 텍사스 젊은이들과 달리 동부의 큰 전투에 참가하지는 않았지만 대부분의 시간을 호전적인 인디언들이나 국경 지대의 무법자들을 수색하는 데 보냈다. 캐나다의 하천들과 콜로라도와 브라조스 상류 사이에 펼쳐진 초원 위로 말을 타고 달리면서 찰리 굿나잇은 완만하게 굴곡이 진 대초원과 라노 에스타카도의 친숙한 풍경들을 마음 깊이 아로새겼다.

굿나잇은 1864년 무장 순찰대원의 임무를 마치고 팔로 핀토 카운티로 돌아왔다. 웨스 시크와 함께 키우던 가축이 어느새 수백 마리에서 5천여 마리로 크게 불어나 있었다. 텍사스로 귀향한 다른 젊은이들처럼 동업자 굿나잇과 시크도 길 잃은 소 떼에 소인을 찍어 가축의 수를 더욱 늘렸다. 하지만 아직 소를 사겠다고 나서는 사람은 거의 없었다.

텍사스 가축 시장의 거래가 활발하지 않다는 사실에 실망한 몇몇 목장 경영자들은 캔자스 철도의 종점까지 소 떼를 몰고 가 동부로 향하는 화물열차에 실어 보냈다. 그렇지만 열차 운임으로 적지 않은 비용을 지불해야 했기 때문에 그다지 큰 이익은 나지 않았다. 찰리 굿나잇은 다른 방법을 찾아봐야겠다고 생각했다. 동부에 쇠고기 시장이 있다는 것은 누구나 아는 사실이었는데 찰리는 바로 그것이 문제라고 판단했다. 너나할 것 없이 모두 동부로 쇠고기를 납품하다 보니 공급 물량이 많아지면서 가격은 떨어질 수밖에 없었다.

찰리의 가족들은 이미 기업가 정신을 발휘하여 새로운 기회를 잡기 위해 일리노이 주를 떠나 텍사스로 오지 않았던가. 그런데 이제

와서 다시 동부로 돌아갈 까닭이 있겠는가. 찰리는 자문했다. 1840년대의 서부가 이미 기회의 땅이었다면 1860년대에는 더 많은 기회가 기다리고 있을 것이다. 찰리는 콜로라도에서 금은 채광이 호기를 누리면서 콜로라도와 뉴멕시코에서 인디언들과의 전쟁이 치열하게 전개되고 있다는 것을 알고 있었다. 채광과 전쟁 모두 집중적으로 인력이 필요한 일이었다. 그리고 사람은 먹어야 살지 않겠는가. 대부분의 목축업자들이 인구가 밀집되어 있는 동부로 소를 보내고 있을 때 굿나잇은 정착민들이 별로 없지만 갑작스레 호황을 누리고 있는 서부로 눈을 돌렸다. 서부에서도 곧 쇠고기 수요가 폭발적으로 늘어날 것이라고 판단한 것이다. 게다가 적어도 다른 업자들이 이 사실을 깨닫기 전까지는 경쟁 상대가 거의 없이 사업을 할 수 있을 것이다. 굿나잇은 도박을 해보기로 결심했다.

문제는 어떻게 소 떼를 서부로 옮기느냐였다. 화물열차가 일상화되어 있던 동부와 달리 대규모 소 떼를 서부로 보낸 적은 지금까지 한 번도 없었다. 이미 서부를 훤히 꿰뚫고 있던 굿나잇은 집에만 틀어박혀 있는 웨스 시크같은 작자가 아닌 진짜 동업자가 필요했다. 그 순간 올리버 러빙이 떠올랐다. 올리버 러빙이라면 가축을 이끌고 서부로 다닌 경험이 그 누구보다 풍부할 것이다.

그는 즉시 러빙과 계약을 체결했다. 1866년 두 사람은 황야의 길을 통해 운반할 롱혼 2천 마리를 모아들인 뒤 '카우보이' 열여덟 명을 고용했다. 그리고 대륙 횡단 우편 경로를 따라 콘초 강의 수원水原을 향해 길을 나섰다. 콘초 강에 이르러서는 사막을 가로질러 가게 될 앞으로의 여정에 대비해 소 떼들을 풀어 충분히 물을 마시게 하면서 잠시 휴식을 취했다.

텍사스 벨크냅을 출발한 찰리 굿나잇과 올리버 러빙은 뉴멕시코 포트 섬머를 목적지로 삼았다. 소들이 물을 마시는 동안 헤아려보니 2천 마리 가운데 약 4백 마리는 길 위에서, 3백 마리는 갈증으로, 그리고 백 마리는 짓밟혀 죽은 것으로 나타났다. 반수 가까운 소들을 잃긴 했지만 포트 섬머의 육군 병참 장교들이 기골이 장대한 롱혼을 보더니 파운드 당 8센트씩 쳐서 구입해주었다. 여기서 12,000달러를 거머쥔 두 사람은 곧장 텍사스로 돌아가 페코스 강 상류로 몰고 갈 소 떼를 다시 구입했다. 그들이 척박한 땅을 지나면서 나중에 올 사람들을 위해 표시해둔 길에는 '굿나잇-러빙 길'이라는 이름이 붙여졌으며, 곧 미국 남서부에서 교통량이 가장 많은 길 중 하나가 되었다.

스무 명 남짓한 사람들이 수백 마리, 나아가 굶주리고 갈증에 시달리면서도 힘이 넘치는 소 떼 수천 마리를 모는 것은 그야말로 버거운 일이었다. 소 떼들은 툭하면 놀라서 우르르 달아났고, 이런저런 부상을 입기도 했으며, 그들의 여정에는 늘 인디언들의 적대적인 시선이 뒤따랐다. 올리버 러빙은 1867년 굿나잇과 함께 떠난 세 번째 서부 여행에서 인디언 전사들의 공격을 받아 치명상을 입었다. 무엇보다도 쉬지 않고 소 떼들을 몰면서 먹이를 주고 물을 마시게 하는 일은 여간 고역이 아니었다. 그것이 바로 카우보이의 일이었다. 그 카우보이들에게 제때 식사를 제공해 굶어 죽지 않게 하는 것은 굿나잇의 담당이었는데, 이를 위해서는 뭔가 새로운 아이디어가 필요했다. 굿나잇은 군대에서 쓰다 남은 짐마차를 개조해 선반과 서랍이 많이 달린 상자를 장착하고 '취사 상자'라는 이름을 붙였다. 각종 요리 기구가 가지런히 정리되어 있었고 상자 뚜껑에는 경첩을 달아 뚜껑을 닫으면 그 위에서 식사를 해도 좋을 만큼 큰 테이블로 변신했다. 그리고 이틀치 식수를 저장할 물통을 마차에 장착한 뒤 물통 옆에는 갈고리, 상자, 받침대, 그리고 가장 중요한 커피 분쇄기도 설치했다. 또한 평원에서는 물만큼이나 나무가 귀하기 때문에 마차 아래에 장작과 불쏘시개를 저장할 수 있도록 무명천으로 그물을 만들어 달았다. 마지막으로 침낭과 개인 소지품, 식료품 등을 운반할 또 다른 상자를 장착했다. 이렇게 해서 황야 여행의 핵심이라 할 '취사 마차'가 탄생했다.

그러자 취사 마차를 이용해 생업을 이어가는 사람들이 하나둘씩 생겨나기 시작했다. 그들은 소 떼들을 몰아 소인을 찍고 쇠고기를 공급해 적절한 이윤을 남길 수 있는 곳이라면 수백 마일 아니 그 이상이라도 달려갔다. 찰리 굿나잇 이전에도 텍사스에는 많은 목장 경영자들이 있었다. 그들 역시 목장 일을 도울 일손을 채용했지만 대부분 흔하디흔한 농장 일꾼들이었다. 그 일꾼들을 카우보이로 변신시킨 사람이 바로 찰리 굿나잇이었다. 카우보이는 미국 역사상 가장 많은 사랑을 받으며 크게 이름을 떨친 일꾼들이었다. 건조하고 차가운 사회경제학적 용어로 표현하자면 카우보이는 전형적인 극빈층이었다. 굿나잇은 가족과 친구는 물론 한때 소유했을지도 모를 자그마한 재산까지 모두 박탈당한, 남부연합의 퇴역 군인들을 채용했다. 싸구려 소설이나 서부 영화와 TV 프로그램이 대대로 그려낸 전형적인 이미지와 달리 대다수 카우보이들은 톰 믹스나 존 웨인 근처에도 가지 못했다. 그들은 달리 직업을 구할 방도가 없어서 카우보이가 된 것이다. 멕시코인, 인디언 그리고 아프리카계 미국인들은 가난한 백인들과 더불어 사회경제적인 사다리의 최하위를 차지했다. 그리고 서부의 황야 길을 이용한 가축 산업이 전성기를 이루던 20여 년 동안, 사방에 철로가 깔리면서 육로를 통한 장거리 수송이 옛날이야기가 되기 이전 시절에 카우보이로 생계를 유지했다. 그들 개인적으로는 학대받고 착취당했을지 몰라도 대중들은 그들을 미국을 순회하는 기사로 여겼다. 도시의 독재자, 정치가 그리고 경찰들이 놓은 치사한 덫이 없는 전원에서 그들은 어느 누구에게도 신세를 지지 않는 고결하고 용맹한 기사였다.

찰리 굿나잇이 일구어낸 산업이 이제는 신화적인 인물을 만들어 냈다. 현실과 상상력이 적절하게 결합된 그 인물은 기업 경영과 정치처럼 고도로 복잡한 영역에 이르기까지 미국인들의 다양한 삶 전반에 심오한 영향을 끼치고 있다. 물론 1866년 찰리 굿나잇이 누구도 밟지 않은 길, 기회이기는 하나 커다란 위험이 따르는 길을 가야겠다고 결심했을 당시에는 전혀 예상하지 못한 일이었다.

세월이 흐르면서 찰리 굿나잇은 재산을 모으기도 하고 번 것보다 더 많은 것을 잃기도 했지만 결국에는 엄청난 부자가 되었다. 그는 굿나잇 대학을 설립해 1898년부터 1917년까지 운영하면서 지역의 목장에서 일하는 아이들에게 그 자신이 그렇게도 받고 싶어 했던 교육의 기회를 제공했다. 그는 축산 분야를 선도하는 연구원이나 다름없었다. 그의 목장에서 기른 물소는 거의 멸종되다시피 한 야생 동물을 되살리는 데 크게 기여했다. 밀과 농작물 잡종을 대상으로 당양한 실험을 하는 그에게 사람들은 '목장의 버뱅크Burbank, 미국의 원예개량가'라는 이름을 붙여주었다. 뉴멕시코의 푸에블로 족에 대한 그의 지지는 워싱턴에서 절실히 필요했던 인디언 정책 개혁에 영향을 끼치기도 했다. 말년에는 멕시코의 광산에 투자하면서 서부에 대한 자신의 비전을 담은 영화를 만들었다. 찰리 굿나잇은 그 자신이 처음으로 길을 연 황야의 목축업의 흥망성쇠를 모두 지켜볼 만큼 장수를 누리다가 애리조나주 피닉스의 겨울 별장에서 향년 93세로 세상을 떠났다.

토 머 스 에 디 슨 과 전 깃 불

나는 가능성을
발견했습니다

빛이 오래가지는 못했지만 거기서 나는 가능성을 발견했습니다.
강렬한 빛 덩어리를 분할할 수 있다면
각 가정에서 쓸 수 있겠다는 생각이 드는군요.

Thomas Alva Edison

1879년, 즉 토머스 에디슨1847~1931의 가장 유명한 발명품인 백열
전등이 세상에 선보인 이래로 사람들은 '멘로 파크에디슨의 실험실이 있었던 뉴
저지 주의 도시의 마법사'가 어떻게 어둠을 몰아내고 영원한 난제로 여겨
지던 낮과 밤의 분리라는 문제를 해결했는지에 대해 노래해왔다. 에
디슨은 사람들이 자신을 '마법사'라고 부르는 것에 크게 개의치 않
았다. 어쨌거나 꼭 필요한 투자를 유치하는 데 기여하는 등 사업에
는 도움이 되는 이미지였기 때문이다. 하지만 에디슨은 자신에 대
한 세간의 평을 무턱대고 신뢰할 만큼 어리석지 않았다. 그는 자신
이 발명한 백열전등이 어둠과 대적하기 위해 쓴 시가 아니며, 성경
에서 말하는 기적은 더더욱 아니라는 것을 너무도 잘 알고 있었다.

에디슨이 보기에 이 발명품은 영감을 받은 천재가 이룩한 획기적인 도약이라기보다는 단지 자신이 조심스럽게 정의를 내린 문제에 대한 해결책에 제대로 한 걸음 다가선 것에 불과했다.

사실 토머스 에디슨이 처음으로 전기 조명 장치를 발명한 것은 아니었다. 에디슨이 태어나기 40년 전인 1806년 이미 영국의 저명한 과학자 험프리 데이비 경이 영국 왕립협회에서 휘황찬란한 전등 시연회를 선보였다. 그는 황산 배터리 단자와 철사로 연결된 목탄 막대기 두 개로 이루어진 장치를 엉성하게 끼워 맞췄다. 두 막대기 사이가 점점 좁혀지자 그 사이에 스파크가 일어나면서 지글지글, 쉿쉿 하는 소리와 함께 아크 방전_{기체 방전의 한 종류, 양과 음의 단자에 고압 전위차를 가할 경우 발생하는 밝은 전기 불꽃}이 일어났다. 그러나 데이비의 아크 램프는 세상을 밝히지 못했다. 실용적인 면에서나 상업적인 면에서 가치가 없었기 때문이다. 배터리는 부피가 크고 위험한 데다 수명까지 짧았으며, 목탄 막대기는 너무도 빨리 불에 타 없어졌다.

세월이 흐르면서 많은 사람들이 데이비의 뒤를 이을 발명품에 매달렸고, 1860년대와 1870년대에 작동 가능한 전기 발전기가 출현하자 다양한 아크 램프들이 특허를 받았다. 하지만 역시 상업적인 가치가 별로 없는 발명품이었다. 1870년대 후반에서 1880년대 초반까지 사용되긴 했지만 시력을 잃게 할 정도로 지나치게 밝아 탐조등이나 가로등으로 쓰이거나, 간혹 공장, 백화점, 기차역 같은 커다란 실내 공간을 밝히는 데 그쳤다. 밤마다 어둠을 밝혀줄 빛이 가장 필요한 집이나 공간이 협소한 곳에서는 별로 쓸모가 없었다. 아크 램프는 빛의 강약을 조절하고 제어할 방법이 없었으며, 속이 꽉

찬 탄소 막대기가 테이비의 목탄에 비하면 커다란 진보라고 할 수는 있어도 여전히 너무 빠르게 소모되는 바람에 관리하는 데 많은 노동력과 비용이 들었다. 그럼에도 불구하고 많은 발명가들은 전등의 미래가 밝다고 생각하는 것 같았다. 토머스 에디슨도 그런 사람들 가운데 하나였다. 창조적 천재라고 하면 흔히들 외부와 차단된 채 홀로 뛰어난 업적을 일궈내는 사람이라고 생각한다. 하지만 에디슨은 이런 낭만적인 이미지와는 거리가 멀었다. 오히려 그는 눈을 크게 뜨고 다른 사람들이 어떤 식으로 일을 처리하고 문제를 제기하는지에 지대한 관심을 보였다. 1878년 어느 날, 에디슨은 코네티컷에 있는 윌리엄 윌리스의 작업장을 찾아갔다. 본업으로 놋쇠와 구리를 주조하면서 부업으로 틈틈이 발명을 하던 윌리엄은 전업 발명가 모세 파머의 도움을 받아 아크 램프에 대해 연구하고 있었다. 이를 지켜본 에디슨은 윌리스와 파머의 접근법이 그다지 새롭지 않다고 생각했다. 오히려 에디슨의 눈을 사로잡은 것은 한 줄로 늘어선 램프 여덟 개에 한꺼번에 전력을 공급하는 발전 시스템이었다. 에디슨은 충분히 눈여겨볼 가치가 있는 시스템이라고 생각했다. 이제까지 그만큼 강력하고 효율적인 발전기를 개발한 사람이 없었기 때문이다.

여기서 영감을 얻은 에디슨은 행동에 착수해야겠다고 생각했다. 윌리스의 작업장을 방문하고 한 달 뒤 그를 찾아온 한 잡지사 기자에게 에디슨은 이렇게 설명했다.

"난생처음 모든 것이 실제로 작동되는 것을 목격했습니다. 모든 것이 제 눈앞에 펼쳐졌지요. 빛이 오래가지는 못했지만 거기서 나는 가능성을 발견했습니다. 이제까지의 작업들은 실용적인 가치가 전혀 없다는 걸 깨달았습니다. 강렬한 빛 덩어리를 분할할 수 있다면 각 가정에서 쓸 수 있겠다는 생각이 드는군요."

인류의 독창적인 기술 중 하나를 창조할 수 있도록 영감을 불어넣은 그 순간을 에디슨은 위와 같이 다섯 문장으로 요약했다. 그것은 바로 '빛을 분할'하기로 결정한 순간이었다. 그렇다면 에디슨의 눈앞에 펼쳐진 것이란 무엇이었을까? 그것은 단 한 대의 발전기로부터 전원을 공급받아 불을 밝힌 여덟 개의 아크 램프였다.

그러나 에디슨이 전등 문제에 대한 해결책을 찾았다는 뜻은 아니었다. 그것은 그 다음 두 문장에서 확인할 수 있다. "빛이 오래가지는 못했지만 거기서 나는 가능성을 발견했습니다. 이제까지의 작업들은 실용적인 가치가 전혀 없다는 걸 깨달았습니다." 이 두 문장은 첫 번째 문장과 모순되는 부분이 있다. 첫 번째 문장만 따로 떼어 놓고 보면 월리스와 파머가 해결책을 찾아내 실제로 전등을 발명했다는 것처럼 들린다. 하지만 다음 문장에서 에디슨이 지적하듯 그들은 뜻을 이루지 못하였다.

난생처음 모든 것이 실제로 작동되는 것을 목격한 바로 그 순간 에디슨은 가능성을 발견했다고 털어놓았다. 월리스와 파머가 여덟 개의 아크 램프에 한꺼번에 전력을 공급하는 방법을 생각하긴 했지만 그것으로 모든 문제가 해결되었다고는 볼 수 없었다. 그것들은 여전히 아크 램프에 불과했다. "강렬한 빛 덩어리를 분할할 수 있다면 각 가정에서 쓸 수 있겠다는 생각이 드는군요." 여기에도 천재의 번뜩이는 재치, 전광석화처럼 떠오른 대가의 영감 같은 것은 없다. 부분적으로 해결된 문제에 대해 마치 블록을 쌓듯 꼼꼼하게 분석하며 확인하는 과정이 있을 뿐이다.

1. 발전기 하나로 램프 여러 개에 전력을 공급할 수 있다. 이것이 야말로 실용성을 획기적으로 개선한 것이다.
2. 하지만 램프는 여전히 아크 램프일 뿐이다. 따라서 내게는 이를 혁신적으로 개선해 이익을 남길 여지가 아직 남아 있다.
3. 아직까지 각 가정에 공급 가능하도록 빛 덩어리를 분할하는 시도는 없었다.

새로운 발전기라는 부분적인 해결책에 자극을 받은 에디슨은 월리스와 파머의 업적을 넘어서 그들이 아직 이루지 못한 것으로 시선을 돌렸다. 그는 월리스와 파머의 실패에서 자신만의 독창적인 발명품을 만들어낼 여지가 충분하다고 판단했다.

에디슨이 마지막 문장에서 사용한 단어에 다시 한 번 주목해보자. 평범하고 사무적이지만 '빛'이라는 주제에 적용되는 순간 시적인 감흥을 불러일으키는 그 단어가 우리의 시선을 사로잡는다. '토지 분할' '분할 상환' 등 경제 용어에서 익히 볼 수 있는 단어가 순식간에 마법의 단어로 변신하는 듯하다. 만질 수도 없고 잡을 수도 없는 빛처럼 전혀 실체가 없는 존재를 과연 어떻게 '분할'하겠다고 말할 수 있을까? 천재 말고 이런 생각을 할 수 있는 사람은 과연 누가 있을까? 아마 창의적인 사업가라면 분명 가능할 것이다.

발전기 한 대로 아크 램프 여덟 개에 불을 밝힌 것을 목도한 에디슨은 자신의 눈에 보이는 것이 에너지의 한 형태인 전기이며 이것 역시 여느 상품처럼 소매로 판매할 수 있을 것이라는 데 착안했다. 에디슨은 전기를 소매 상품처럼 활용하려면 빛 그 자체를 동일한 방식으로 활용하는 법, 즉 소비재로 판매할 수 있도록 분할하는 법을 배워야겠다고 생각했다. 이제 해야 할 일이 분명해졌다. 에디슨은 즉시 멘로 파크의 작업장으로 돌아와 빛을 분할하는 길고도 지루한 과제 즉 전구를 발명하는 과정에 착수했다.

라 이 트 형 제 의 꿈

자전거포의 형제,
하늘을 날다

그들은 어떤 일이든 운의 탓으로 돌리는 법이 없었다.
그들은 쉬지 않고 연구하고 실험했다.
데이터를 모으는 한편 다른 이들의 데이터에
이의를 제기하는 법을 터득했다.

Wilbur Wright Orville Wright

1903년 12월 17일 오전 10시 35분 경, 공기보다 무거운 비행기에 오른 오빌 라이트[1871~1948]는 세계 최초로 동력 비행에 성공했다. 하늘을 날겠다는 그의 결심은 그로부터 25년 전으로 거슬러 올라간다. 오빌 라이트가 일곱 살, 그의 형 윌버 라이트[1867~1912]가 열한 살일 때 품었던 형제의 결심이 비로소 25년 뒤 결실을 맺은 것이다. 1878년 형제의 아버지 밀턴 라이트는 두 아들들에게 선물을 하나 주었다. 그것은 알퐁스 페노라는 프랑스의 젊은 항공 실험자가 디자인한 모형 헬리콥터였다. 모라비아 교회의 주교였던 밀턴 라이트는 독실한 신앙 못지않게 교육용 장난감의 가치에 대한 강한 신념이 있었다. 1912년, 형제가 관련된 여러 특허 소송 가운데 있었던 어떤 증언에서도 오빌은 그 모형 헬리콥터에 대해 언급했다. 오빌은 "우리가 비행에 관심을 갖게 된 것은 어렸을 때 아버지가 우리에게 작은 선물을 주셨을 때"였다고 설명했다. 오빌과 윌버는 곧 그 장난감에 흠뻑 빠졌고 그 장난감 헬리콥터를 본떠 여러 개를 더 만들었는데 모두 하늘을 나는 데 성공했다고 한다. 내친 김에 훨씬 더 큰 모형 헬리콥터를 만드는 데 착수했지만 그것은 제대로 움직이지 않았다. 두 꼬마는 자신들이 타고 하늘을 날 수 있을 만큼 크고 튼튼한 헬리콥터도 만들고 싶었지만 당시로서는 이룰 수 없는 꿈이었다. 그리고 어른이 된 형제는 하늘을 나는 것과는 전혀 상관없이 보이는 일을 함께 시작한다. 오하이오 주 데이튼의 고향 마을에 자전거 가게를 낸 것이다. 19세기가 저물어갈 무렵 자전거는 운송기술의 최첨단을 달리고 있었다. 스피드와 균형이 생명인 자전거는 어쩌면 땅을 벗어나지 않으면서 하늘을 나는 것과 같은 기분을 느끼게 해주었는지도 모른다. 아무튼 형제는 하늘을 날겠다는 꿈을 단 한 번도 접은 적이 없었다. 1890년 글라이더 비행 실험자인 독일의 오토 리리엔탈이 세운 업적에 관한 뉴스가 나올 때마다 형제는 빠짐없이 귀를 기울였다. 그리고 1896년 그들은 오토 리리엔탈이 글라이더 비행 도중 사망했다는 소식을 접했다.

윌버는 훗날 「몇 가지 항공 실험」이라는 에세이에서 "오토 리리엔탈이 죽었다는 짧은 부고는 어릴 때부터 간직해온 나의 자그마한 관심사에 불을 지폈다"고 회상했다. 그때부터 윌버와 오빌 라이트는 유인 비행에 대해 진지하게 생각하기 시작했다. 자전거 가게가 한산할 때면 두 젊은이는 오직 비행에 대해서만 생각했다. 1899년

봄, 오빌과 윌버는 조류학에 관한 책을 읽었다. 그 책에는 항공학 관련 박사학위 논문도 들어 있었다. 책을 읽고 난 형제는 새를 본떠서 더 큰 규모로 무언가를 제작한다면 인간이 사용할 수 있을 것이라는 결론을 내렸다. 새는 근육의 힘을 이용하지 않고서도 공중에서 날개를 자신을 지탱할 수 있는데, 인간은 어째서 그렇게 할 수 없는지, 형제는 그 까닭을 궁금해했다. 6월이 되자 윌버는 당시 항공학 연구의 중심인 스미스소니언 협회에 편지를 보내 항공학과 관련하여 스미스소니언 협회에서 발간하는 논물들의 복사본과 영어로 쓰인 다른 논문들에 대한 목록을 보내달라고 요청했다. 비행에 관한 기존의 모든 지식을 두루 섭렵하려는 의도였다. 자료가 도착하자 두 젊은이는 게걸스럽게 탐독했다. 항공 실험자들의 실패 사례를 연구하던 형제는 여러 흥미로운 사례들을 발견했다.

형제는 매우 짧은 기간에 항공학에 관한 기존의 모든 문헌을 섭렵했다. 윌버는 교재를 면도날처럼 샅샅이 훑었다. 윌버는 1901년 시카고에 모인 엔지니어들을 상대로 연설하면서 유인 비행의 문제를 세 가지 요건으로 간단하게 정리했다. 그 세 가지란 첫째는 양력揚力을 제공해주는 날개, 둘째는 양력을 일으킬 수 있도록 날개 위로 충분한 공기 흐름이 일어나게끔 비행기를 빠르게 전진시켜주는 동력 장치엔진, 마지막으로 비행기를 통제하는 수단이었다. 놀라운 것은, 윌버 라이트가 유인 비행에 필요한 요건을 이처럼 간단명료한 목록으로 정리한 최초의 실험자였다는 사실이다. 이보다 더욱 놀라운 것은, 처음의 두 요건과 관련된 문제들은 이미 어느 정도 해결되었다는 것을 처음으로 깨달은 사람도 윌버 라이트였다는 사실이다.

윌버는 날개를 설계하고 비행에 필요한 엔진의 동력을 계산하기 위한 방정식과 데이터를 여러 책에서 확보할 수 있었다. 윌버가 또 한 가지 알게 된 것은 마지막 요건인 통제 수단에 대해서는 이제까지 어느 누구도 문제를 제기하지 않았다는 사실이었다. 통제 수단은 평형 상태를 유지하는 데 꼭 필요한 장치였으며 평형 상태를 어떻게 유지하느냐가 곧 비행 그 자체의 문제였다. 오토 리리엔탈이 목숨을 잃은 것 역시 통제 수단이 없었기 때문이다.

날개와 동력의 문제는 해결 단계로 접어들었다고 라이트 형제는 판단했다. 어쩌면 형제가 내린 가장 중요한 결정은 이제껏 미해결 상태로 남아 있던 유일한 문제인 통제 수단을 해결하겠다고 작정한 것이었는지도 모른다.

최대의 혁신과 발명을 필요로 하는 영역인 통제 수단이 그들의 최대 관심사가 되었다. 지식이나 이론이 아닌 직관에 의해 도달한 결론이었다. 형제는 그 문제가 자전거를 타는 사람이라면 누구나 풀어야 할 숙제라고 생각했다. 그리고 그들이 알기로는 이론이나 계산 또는 관찰보다는 직접 몸으로 경험해봄으로써 해결 할 수 있는 문제였다. 자전거를 탄다는 것은 곧 자전거를 '통제'하는 것이며, 이는 평행 상태를 유지하는 것이다. 그리고 통제하고 평형 상태를 유지할 수 있는 가장 효과적인 방법은 그저 자전거를 타보는 수밖에 없다. 기계를 통제하는 법을 배우는 유일한 길 역시 직접 하늘을 나는 데 있다고 판단했다. 그것은 분명 위험한 제안이었다. 윌버는 1901년 시카고에 모인 엔지니어들 앞에서 이렇게 말했다.

"여러분이 원하는 게 오직 최대의 안전이라면 차라리 울타리에 걸터앉아 하늘을 나는 새를 쳐다보는 편이 나을 것입니다. 하지만 여러 분이 정말로 하늘을 나는 법을 배우고 싶다면 직접 기계 위에 올라 낮아 시도해보면서 비행 요령을 터득해야 할 것입니다."

이제 라이트 형제는 생사를 가늠하는 결정, 인생 최대의 위험이 따르는 결정을 내려야 할 시점에 이르렀다. 통제 수단이 없는 비행은 목숨을 내놓고 해야 하는 일이었지만, 어떻게든 통제 수단을 만들기 위해서는 직접 비행기를 모는 수 밖에 없었다. 형제는 하늘을 날 것이지만, 그렇다고 스스로 목숨을 끊지는 않을 것이다.

오토 리리엔탈의 죽음은 라이트 형제에게 지워지지 않는 인상을 남겼다. 그는 일종의 행글라이더 비행을 했는데 유일한 통제 수단이라고는 조종사가 몸의 무게 중심을 수시로 바꾸는 것뿐이었다. 월버는 '리리엔탈의 장치'는 평형 유지 장치로 부적절했다는 결론을 내렸다. 단순히 리리엔탈의 비행이 실패로 끝났기 때문이 아니라 그간 새들을 관찰한 결과에 바탕을 둔 결론이었다. 월버의 관찰에 따르면 새들은 무게 중심을 바꾸는 방식보다 훨씬 적극적이며 강력한 방식을 이용해 평형 상태를 회복했다. 월버 라이트는 새들이 단순히 체중 이동뿐 아니라 한 쪽 날개 끝의 앞쪽 언저리를 위로 올리고 동시에 다른 쪽 날개는 밑으로 내리면서 평형 상태를 유지한다는 결론을 내렸다.

실로 번뜩이는 통찰이었다. 하지만 인공 날개로 과연 새들을 흉내 낼 수 있을까?

1899년 7월 어느 날 자전거 가게에서 일을 하던 중 월버 라이트는 해답을 얻었다. 자전거 튜브들 담아 두곤 하던 직사각형 상자가 그의 눈에 띄었다. 상자 끝의 손잡이 끈을 해져서 너덜너덜했다. 그는 빈 상자를 들고 비틀어 보았다. 바로 그때 머리를 스치는 생각이 있었다. 날개를 만들자. 원하는 모양으로 비틀어 날개를 만들자.

아직까지는 선뜻 죽음을 무릅쓸 단계는 아니었다. 윌버와 오빌은 우선 대나무, 종이, 철사를 이용해 조그만 모형 날개를 만들었다. 일단 날개가 꼴을 갖추자 형제는 5피트짜리 날개가 달린 복엽 비행기동체의 아래 위로 두 개의 앞날개가 있는 비행기 모양의 연을 만들었다. 날개는 연 날리는 사람이 얼레에 부착된 줄을 이용해 움직일 수 있도록 고안했다. 1899년 8월, 라이트 형제는 연을 날리는 데 성공했고 무엇보다도 연의 날개를 자유자재로 조종하는 데 성공했다. 형제는 이제 '사람을 하늘로 실어 나르는 기계'를 만들 차례가 되었다고 직감했다.

라이트 형제는 우선 사람이 탈 수 있는 연을 구상했다. 윌버는 150피트 높이의 탑을 세우기로 했다. 탑의 꼭대기와 지상을 연결하는 도르래의 로프가 일종의 연줄 역할을 하는 것이었다. 자유비행에 따르는 온갖 위험에 구애받지 않고 연습과 훈련을 할 수 있도록 밧줄로 몸을 지탱하려는 생각이었다. 라이트 형제는 이런 식으로 사고를 예방히는 데 충분한 기술을 습득해 사고가 일어나더라도 여유 있게 탈출할 수 있었다.

그들이 부딪힌 첫 번째 장애는 바람이었다. 형제는 바람이 충분히 부는 곳을 물색해야 했다. 바람이 시속 15마일 정도로 일정하게 불어야 하늘로 연을 띄울 수가 있었다. 윌버가 미국 기상청에 요청해서 받은 통계 자료를 검토한 결과 노스캐롤라이나 주 키티 호크가 외진 데다 바람이 충분히 부는 최적지로 낙점되었다. 게다가 불시착하더라도 비교적 부드러운 백사장이나 바다에 떨어질 것 같았다. 오하이오에 비해 불시착에 따른 충격이 훨씬 적다는 얘기였다. 뿐만 아니라 키티 호크의 모래 언덕은 밧줄을 이용한 비행 실험을 위해 제작된 특수 탑을 대신할 만큼 충분히 높았다.

1900년 가을, 라이트 형제는 날개 길이가 17피트 5인치인 복엽 비행기와 비슷한 탈 것을 만들었다. 조종사는 아래쪽 날개의 중간 부분을 가로질러 엎드리고, 발은 날개의 뒤틀림을 제어하는 T자형 완목에 걸치게 되었다. 조종 장치로 승강타昇降舵를 작동하는데, 이 승강타는 현대식 비행기와 달리 날개 뒤가 아닌 날개 앞에 설치된 수평 안정 장치 위에 장착되어 있었다. 9월과 10월의 며칠 동안 라이트 형제는 조종사가 탑승하지 않은 대형 연을 하늘로 띄었다. 하루는 윌버가 대형 연에 올라탔는데 약 15피트 지점에서 갑자기 밧줄을 잡고 있는 사람들을 향해 "제발, 나 좀 내리게 해줘!"라고 고래고래 소리를 질렀다고 한다. 분명 연을 이용한 비행은 더욱 충분한 실험이 필요했다. 그것도 무인으로.

하지만 유인 비행을 다시 한 번 시도하면서 알게 된 사실은 연을 밧줄로 잡아맸기 때문에 조종사가 비행을 통제할 수 없었다는 것이다. 1900년 10월 18일, 라이트 형제는 많은 새로운 사실들을 터득했다. 만족할 만한 결과였다. 라이트 형제는 자유로운 동력 비행을 향해 착실하게 전진하고 있었다. 그러나 이듬해 연이 아닌 철저히 글라이더로 설계된 새 기계를 갖고 다시 키티 호크를 찾았을 때는 이야기가 달랐다. 하늘을 날긴 했지만 그들이 계산한 대로 날지 않았다. 날개를 이용한 양력이 계산과 달리 3분의 1에 불과했다. 최악의 결과였다. 오하이오로 돌아가는 기차에서 윌버는 오빌에게 "앞으로 천년 안에 인간이 하늘을 나는 일은 없을 거야!"라고 말했다. 윌버와 오빌은 일상으로 돌아와 자전거를 조립하고 판매하는 일에 몰두했다. 비행 연구의 또 다른 선구자인 옥타브 차누트가 윌버에게 시카고의 서부 엔지니어 협회에서 연설해달라는 초대장을 보내지 않았더라면 라이트 형제는 사실상 비행 실험에서 손을 뗐을지도 모른다. 초대를 수락한 윌버는 연설문을 작성하고 손질하는 가운데 지난 2년간 성공과 실패를 되풀이했던 실험에 대해 하나씩 재검토했다. 그리고 이 과정에서 이론과 실제, 수치와 실제 작동 사이에 엄청난 괴리가 발생했던 원인이 분명하게 드러났다. 항공학의 원리에 기초가 되는 방정식은 이상이 없었다. 문제는 데이터였다. 라이트 형제는 실험으로 확인하지 않은 기압 계수치를 그대로 사용했다. 형제는 이제 정확한 기압 계수치 산출에 골몰했다. 그들은 불현듯 풍동wind tunnel, 인공으로 바람을 일으켜 기류가 물체에 미치는 작용이나 영향을 실험하는 터널형 장치을 만들어야겠다고 생각했다. 비행기 다음으로 라이트 형제가 비행술의 발전에 가장 크게 기여한 것이 바로 풍동의 발명이었다.

라이트 형세는 풍동을 이용해 날개의 형태를 수십 종으로 바꿔가면서 다양한 소규모 실험을 전개했고, 각각의 날개가 만들어내는 양력을 정확히 측정했다. 신기한 것은, 1901년 11월과 12월 실내에서 한 실험이 키티 호크에서의 실체 비행보다 더 짜릿했다는 사실이다. 하지만 흥미진진한 풍동 실험도 지금까지 반복된 시행착오의 연속이었다. 시행보다는 착오가 월등히 많았던 그 과정 끝에 형제는 이제 가장 효과적인 날개를 만들 수 있는 독창적인 자료를 확보했다. 마침내 그들은 타인의 것을 모방할 수밖에 없는 부담감과 과거의 굴레에서 벗어났다.

풍동 실험을 거친 후 1902년에 모습을 드러낸 신형 글라이더는 이전의 기계들보다 규모가 더 컸다. 날개는 10피트나 더 길었지만 유선형에 훨씬 가까웠고, 익현翼弦 날개의 전단과 후단을 맺는 직선은 이전 모델보다 2피트나 더 짧았다. 조종 장치와 조종 익면翼面 날개의 표면 또한 개선되었다. 1902년 가을 키티 호크에서 재개된 글라이더 시험 비행은 1901년 10월에 비해 체공 시간은 26초가 늘어났고 상승 고도는 622.5피트나 되었다. 그들은 모터를 장착할 준비를 했다.

윌버가 일찍이 결론 내렸듯이 동력 비행을 위한 동력의 기본 원리는 이미 훌륭하게 정리되어 있었다. 그러나 원칙에 따라 시작하는 것과 실제 응용으로 도약하는 것은 전혀 별개의 문제이다. 이제 형제는 동력의 문제를 엔진과 프로펠러 두 부분으로 나누어 생각했다. 일단 엔진의 무게는 180파운드 이하, 동력은 8~9마력으로 구상했다. 형제는 엔진 제조업체 열 군데에 문의했고, 회신을 기다리는 동안 프로펠러 문제로 시선을 돌렸는데, 이제까지 다른 비행 실험자들이 프로펠러에는 별로 관심을 기울이지 않았다는 사실에 다시 한 번 깜짝 놀랐다. 라이트 형제는 상식을 따르기로 했다. 선박 프로펠러의 원리를 항공 프로펠러에 그대로 적용할 수 있을 것으로 가정하고 선박 설계자들에게 궁금한 사항들을 문의한 것이다. 하지만 선장船匠들은 프로펠러를 설계할 때 실험과 이론을 따르는 것이 아니라 단순히 일반적인 관례대로 만들고 있었다. 데이터 자체가 존재하지 않는 상황에서 선장들의 경험으로부터 어떤 자료를 얻기는 불가능했다.

라이트 형제는 선례가 없다고 낙담하기보다는 오히려 홀가분한 느낌이 들었다. 참고 자료를 찾을 수 없다면 새롭게 만들어보자고 그들은 결심했다. 선박을 만드는 사람이나 선원들은 배에 사용하는 프로펠러를 '스크루'라고 불렀지만 라이트 형제는 스크루와는 다른 개념이라고 생각했다. 오빌 라이트는 그것이 "단지 나선형을 그리며 선회하는 비행기 날개일 뿐"이라고 말했다.

라이트 형제는 엔진 역시 스스로 해결해야 한다는 사실을 곧 깨달았다. 어떤 제조업체에서도 라이트 형제가 요구한 중량 대 동력의 비율을 충족시킬 수 없었다. 초경량이면서 매우 강력한 가솔린 엔진에 대한 수요가 없었기 때문에 엔진 설계에 관심을 두는 업체가 별로 없었다. 라이트 형제는 찰리 테일러라는 기계 숙련공의 도움을 받아 200파운드 무게에 동력이 12마력을 너끈히 초과하는 엔진을 독자적으로 설계했다.

마침내 1903년, 엔진과 역회선 프로펠러를 상착한 비행기를 완성한 형제는 누가 먼저 첫 비행에 나설 것인지를 결정하는 일만 남겨두고 있었다. 형제는 비행에 대해 진지하게 작업을 시작했던 1890년 후반 이래로 어떤 일이든 운의 탓으로 돌리는 법이 없었다. 그들은 쉬지 않고 연구하고 실험했다. 데이터를 모으는 한편 다른 이들의 데이터에 이의를 제기하는 법을 터득했다. 12월 14일 아침, 바람이 거세게 몰아치는 키티 호크에서 라이트 형제는 누가 먼저 비행에 나설 것인지 동전을 던져 정하기로 했다. 동전 던지기에서 이긴 윌버가 발진을 위해 설치한 활주로 끝에서 이륙해 60피트 정도 비행하다 엔진이 꺼지는 바람에 불시착하고 말았다. 비행기를 수리하는 데 고박 하루가 걸렸다. 그들은 12월 16일 다시 비행에 나서기로 했다. 하지만 바람이 너무 거세게 불었다.

다행히 17일 아침은 비행하기에 더없이 좋은 날씨였다. 윌버는 이번 비행이 오빌의 차례라는 데 동의했다. 오빌은 공기보다 더 무거운 비행기를 타고 동력으로 움직이는 최초의 유인 비행에 나서 12초 동안 120피트를 날았다. 형제는 계속해서 비행했다. 12월 17일의 네 번째이자 마지막 비행가지 윌버 라이트는 59초 동안 852피트를 날았다. 인간이 최초로 비행한 날과 비교할 때 거리는 610퍼센트, 체공 시간은 392퍼센트, 그리고 속도는 44퍼센트나 증가했다.

세상이 원치 않던 진리

프로이트는 정신과 육체가 사실상 하나이며,
정신의 상당 부분은 도저히 접근할 수 없다는 사실을 깨달았다.
프로이트는 기존의 학설을 뒤집는 가히 혁명적인 발상이
자신을 어디로 이끌든 따르기로 했다.

지그문트 프로이트^{1856~1939}의 사진을 보면 하나같이 엄숙한 데다 우울한 모습을 하고 있다. 복장은 19세기 말의 사업가나 전문직 종사자에게서 흔히 볼 수 있는 조끼와 넥타이의 정장 차림이다. 그 어디에서노 기존 실서를 파괴하거나 혁명을 꾀하는 부사는 불론이고 이단자의 이미지도 찾아볼 수 없는 모습이다. 오히려 깍듯이 예의를 지키는 부르주아의 모습 그 자체이다.

프로이트는 1856년 모라비아에서 양모 장사를 하는 유대인 아버지와 어머니 사이에서 태어났다. 1860년 프로이트의 가족은 모라비아를 떠나 빈으로 이주했다. 당시 빈은 세계 각국에서 온 사람들로 북적거렸다. 빈에서 유년기와 청소년기를 보낸 프로이트는

1873년 슈페를 김나지움독일의 전통적 중등 교육 기관을 졸업했다. 그는 처음 학교에 들어갈 때부터 주변 세계의 지적 흐름에 매우 민감한 반응을 보였다. 그러던 어느 날 독일의 위대한 시인이자 철학자인 괴테가 자연을 주제로 쓴 수필 낭독회에 다녀온 뒤 프로이트는 죽을 때까지 의학을 공부해야겠다고 느닷없이 다짐한다. 그는 빈 대학에 들어가 생리학의 권위자 에른스트 폰 브뤼케의 지도를 받게 된다. 브뤼케는 생물학이든 생리학이든 모두 물리학과 화학에 엄격하게 기반을 두어야 한다고 주장한 사람이었다.

브뤼케 박사 밑에서 과학에 입각한 엄격한 훈련을 받은 프로이트는 1882년 저명한 정신의학자 테오도르 마이네르트 박사와 내과학 교수 헤르만 노트나겔 박사의 임상 조수로 빈에 있는 종합병원에 들어갔다. 여기서 두각을 나타낸 프로이트는 1885년 신경병리학 강사에 위촉되었다. 그리고 그해 말 빈을 떠나 파리에 있는 살페트리에르 병원으로 자리를 옮겨 장 마르탱 샤르코 박사의 지도를 받으며 신경병리학 연구를 계속했다.

그때까지 프로이트는 계속해서 뇌와 신경계의 물질 구조 연구에 전념해왔다. 그런데 샤르코 박사 밑에서 19주 동안 생리학을 배우면서 어느새 그의 관심사는 뇌에 대한 연구에서 정신에 대한 연구로 옮아가 있었다. 샤르코는 '히스테리'라는 병명으로 분류된 환자들을 대상으로 실험을 하면서 중풍이나 시각장애와 같은 분명한 신체적 증세의 원인이 뇌나 신경계가 아닌 정신 이상 때문이라는 점을 밝혀냈다. 게다가 샤르코는 최면술, 구체적으로는 최면을 통한 암시를 이용해, 적어도 일시적으로는 환자들의 정신과 신체 증세 사이의 관계에 변화를 줄 수 있었다.

산출내기 의사 프로이트는 샤르코의 연구에서 벼랑 끝으로 내몰린 온갖 정신질환자들의 고통을 덜어줄 수 있는 가능성을 보았다. 의사인 동시에 신예 철학자이자 과학자이기도 했던 프로이트는 이보다 훨씬 더 심오한 가능성을 발견했다. 서구 문명은 수천 년 동안 정신과 육체가 완전히 별개이며, 인간은 의식적인 의지의 한 형태인 정신을 이용해 자신의 운명을 최대한 통제할 수 있다는 신념 체계에 그 토대를 두고 있었다. 프로이트는 샤르코의 연구를 통해 정신과 육체가 사실상 하나이며, 정신의 상당 부분은, 의지는 말할 것도 없거니와 의식에까지도 도저히 접근할 수 없다는 사실을 깨달았다. 프로이트는 기존의 학설을 뒤집는 가히 혁명적인 발상이 자신을 어디로 이끌든 따르기로 했다.

1866년 2월 빈으로 돌아온 프로이트는 요제프 브로이어라는 내과의사와 공동으로 신경심리학 분야의 전문병원을 개업했다. 브로이어는 안나 오본명은 베르타 파펜하임라는 환자의 사례를 놓고 프로이트와 함께 의견을 나누었다. 그녀는 이런저런 '히스테리성' 증세로 인해 몸이 몹시 쇠약해진 상태였다. 브로이어는 최면술 대신 환자 스스로 자신의 증세에 관해 생각나는 대로 거리낌 없이 말하도록 격려함으로써 증세를 완화시킬 수 있다고 프로이트에게 설명했다. 브로이어는 이러한 일련의 과정을 '말하기 치유'라고 불렀다. 프로이트는 훗날 이 과정에 대해 '자유 연상'이라는 이름을 붙였다. 이는 검열을 의식하지 않은 채 정신이 여기저기 다니는 것을 허용하고, 이러한 정신적 방황을 언어로 표출하는 과정이었다. 브로이어는 이러한 언어 표출을 통해 카타르시스, 즉 억눌린 생각이나 감정이 정화되는 효과를 얻을 수 있을 것이라고 프로이트에게 말했다. 프로이트는 이러한 카타르시스가 단순한 정화 작용이 아니라 이제껏 무의식 상태에 있던 감정을 의식의 단계로 끄집어냄으로써 생긴 결과임을 알게 되었다. 이제 그는 또 다른 생각을 하게 되었다. 프로이트와 샤르코의 공동 연구는 육체와 정신이 이음매 없이 연결될 수 있다고 주장하는 동시에 무의식의 세계 혹은 의식과 통제를 초월하는 세계를 드러냈다. 결과적으로 이는 서구 문명 그 자체의 토대를 훼손하는 것이었다. 또한 이들의 공동 연구는, 히스테리 같은 증세를 통해 육체를 파괴할 수도 있는 무의식의 영역이 결국에는 도달 가능한 영역이라는 점을 시사했다.

프로이트와 마찬가지로 브로이어 역시 빈의 의사였는데 그의 환자들은 주로 경제적으로나 사회적으로 엘리트에 속하는 사람들이었다. 단순히 옷차림에서만 부르주아 냄새를 풍기던 프로이트와 달리 브로이어는 머리끝에서 발끝까지 철두철미 부르주아였다. 브로이어는 환자 안나 오에 대한 연구 결과의 의미를 그다지 대수롭지 않게 여겼다. 안나 오를 연구하면서 브로이어는 환자의 증세가 성욕에 뿌리를 내리고 있다는 확신을 갖게 되었지만 이론이나 실례를 통해 성욕이라는 주제에 접근하는 것은 자신의 취향이 아니라고 생각했다. 그렇다 보니 브로이어는 안나 오에게서 보이는 히스테리 증세의 궁극적 원인이랄 수 있는 성욕에 대해 그다지 적극적으로 연구하지 않았고, 프로이트는 이를 계기로 성욕이라는 주제에 깊이 천착하게 되었다.

오랫동안 영국 빅토리아 여왕의 통치를 받았던 빈은 19세기 중반의 대다수 도시들과 마찬가지로 집단적 도덕의식이 주류를 이루었다.

빅토리아 시대에는 서구 문명의 해묵은 선입견이 지나치게 강조되어서 정신과 육체가 절대적으로 분리되어야 한다는 신념이 지배적이었으며, 설령 교양 있는 남녀가 자신의 생각과 감정을 늘 다스릴 수는 없을지라도 행동만큼은 언제나 통제할 수 있다는 확신이 널리 퍼져 있었다. 이러한 통제가 가능했던 것은 부분적으로는 성욕이라는 주제가 공적 영역뿐 아니라 두 사람 사이의 가장 은밀한 대화에서도 금기시되었기 때문이다. 이 같은 금기를 깨는 것은 사회적 비난을 자초하는 일이었으며, 특허나 사회적 평판이 중요한 의사에게는 사형선고나 마찬가지였다. 동료 의사 브로이어가 성욕이라는 주제를 다루기 꺼렸던 것도 어쩌면 당연한 결과였다. 반면 프로이트는 성욕이라는 주제를 적극적으로 수용하면서 인습에 얽매인 의학계 동료들과의 결별을 선언했다.

프로이트의 결심은 단순히 허세의 소산이 아니었다. 사회가 어떤 사상에 얼마만큼 강하게 저항하느냐의 문제가 사실상 그러한 사상이 지니고 있는 궁극적 진리와 위력을 가늠하는 잣대라는 깊은 깨달음에서 비롯된 것이다. 프로이트는 깨어 있는 정신, 즉 사회 규범과 사회적 금기의 영향을 받고 그것에 의해 형성된 정신이 더 이상 견딜 수 없는 생각과 감정들을 억누르기 위해 정신적·육체적 에너지가 필요하며 그렇기 때문에 히스테리 증세가 생기는 것이라고 추론했다. 환자들을 돕고 사회에 기여하기 위해서라도 사회의 관념들을 무시해야겠다고 프로이트는 결심했다.

1899년 출간된 프로이트 최초의 명저 『꿈의 해석』은 '무의식에 대해 알 수 있는 첩경'인 꿈에 관해 매우 상세하게 풀이하고 있다. 프로이트는 정신의 에너지, 혹은 그가 성적 충동과 동일시한 리비도libido는 쾌락을 보증하고 고통을 예방하기 위한 방출 대상을 물색한다고 주장했다. 쾌락을 추구하기 위한 이 같은 에너지 방출은 사회의 인습과 금기로 인해 종종 차단된다. 따라서 리비도는 간접적인 정신적 채널을 통해 방출 대상을 찾았다. 가장 주목할 만한 것으로는 가상적인 소원 성취가 있었다. 궁극적으로 꿈은, 설령 악몽일지라도 그러한 소원을 정신적 차원에서 성취하는 것이라고 프로이트는 주장했다. 이런 점에서 꿈은 히스테리나 신경과민 증세와 닮았다. 꿈은 그러한 증세와 마찬가지로 정신이 자신의 원초적 욕망과 외부에서 지시하는 금기 사이에서 맺는 타협의 산물이었다. 꿈에 대해 알기 위해서는 그것을 실제로 분석하고 해독해야 했는데 이러한 해독 작업이야말로 프로이트가 정신분석이라 일컫는 치료법의 기초를 다지는 작업이 되었다.

『꿈의 해석』은 가히 혁명적인 연구였다. 프로이트는 책을 출간한 뒤에도 연구를 게을리 하지 않았다. 책이 나오자마자 그는 절친한 친구 빌헬름 플리스에게 편지를 보내 "의식의 가장 깊은 곳에서 무언가 이루어지고" 있으며, "성욕 이론이 『꿈의 해석』의 뒤를 잇게 될지도 모른다."고 말했다. 그 뒤로 몇 년 동안 프로이트는 그간 모아온 자료들에 스파크가 일어나 불이 붙게 될 때를 기다리면서, 성욕 이론을 뒷받침할 자료들을 계속해서 수집했다. 프로이트에게 있어 결정이란 발견의 문제였다. 어느덧 그는 발견이 스스로 정한 시간표에 따라 자신에게 찾아왔음을 깨달았다. 그러한 발견은 서두른다고 되는 게 아니었다. 프로이트에게 주어진 과제는 자료를 축적하고 끊임없이 살펴보며 연구해 마침내 그 자료들을 중요한 실체로 만들어내는 것이었다. 이는 전적으로 인내하면서 기회가 무르익을 때를 기다리는 문제였다. 1900년 말 친구 플리스에게 보내는 편지에 프로이트는 이렇게 쓰고 있다.

"어쩌면 일이… 겉으로 드러나지 않게 진척되고 있는지는 모르지만, 분명한 것은 지금이 열매를 거둘 때도, 의도적으로 승리를 자축 할 때도 아니라는 사실이다."

1905년 『성욕 이론에 관한 세 편의 에세이』가 출간되면서 '열매를 거두고 의도적으로 승리를 자축할' 수 있는 때가 찾아왔다. 현대의 전기 작가 중 프로이트에 가장 정통한 피터 게이는 이렇게 기술한다. "전통적인 부르주아 프로이트는 한 걸음, 한 걸음 나아갈 때마다 과학적인 정복자 프로이트와 투쟁했다. 리비도에 관한 프로이트의 명제가 그 자신에게 조금도 수치스러운 일이 아니었듯이 그의 독자들에게도 마찬가지였다."

브로이어와 달리 프로이트는 사회의 저항을 극복하고 세상이 원치 않더라도 진리이기 때문에 세상이 마땅히 귀 기울여야 하는 그것을 말해주기로 결심했다. 프로이트의 성욕 이론 중 핵심 요소인 유아 성욕은 사회의 기존 통념을 완전히 뒤집어놓았다.

프로이트가 정신을 분석하고 인간의 심리를 포괄적으로 묘사하는 데 초석이 되었던 유아 성욕 이론을 책으로 출간한 것이야말로 어쩌면 이제껏 그가 내린 결정 중 가장 위험한 것이었는지도 모른다. 프로이트는 자신이 올바른 결정을 내렸다는 사실을 어떻게 알았을까? 1908년 제자 카를 에이브러햄에게 보내는 편지에서 프로이트는 이렇게 쓰고 있다.

"사람들이 유아 성욕 이론에 반대하면 할수록『성욕 이론에 관한 세 편의 에세이』가『꿈의 해석』과는 견줄 수 없을 정도로 매우 탁월한 성과였다는 확신이 강하게 든다."

결정을 내리기가 힘들면 힘들수록, 위험부담이 크면 클수록, 결정에 따른 희생이 크면 클수록 그 결정의 가치와 설득력은 더욱 커지게 마련이다. 그것이야말로 프로이트가 발견하고 직면했던 어떤 진리보다 더 근본적이며 받아들이기 힘든 진리였는지 모른다.

프랭크 맥나마라와 다이너스 클럽

20세기를
바꾼 플라스틱 한 장

맥나마라는 문득 이런 생각이 들었다.
여러 장소에서 다양하게 사용할 수 있는 단 하나의 카드를 개발해
많은 사람들이 각자 구매하게 하면 어떨까?

Frank McNamara

　20세기 중반 이전에도 신용 매매는 일종의 관례처럼 되어 있었
다. 이탈리아 르네상스 시대의 대금업자들은 유럽 왕족들에게 신용
대부를 확대하면서 엄청난 부를 거머쥐었다. 르네상스 훨씬 이전에
도 사람들은 일상적으로 서로 돈을 빌리곤 했다. 20세기에 들어서
면서 일반 서민들에게도 신용 매매가 점차 확대되는 놀라운 변화가
나타나기 시작했는데, 이처럼 신용 매매를 표준화한 수단 중 하나가
바로 신용카드였다. 신용카드는 1900년대 초 미국의 호텔들이 숙
박비와 기타 서비스에 대한 비용을 치를 수 있는 고객용 카드를 발
급했던 데서 그 기원을 찾을 수 있다. 고객들에게 편리함을 제공하
면서 동시에 고객들의 재방문을 유도하려는 취지였다.

1차 대전 당시 군인들이 사망이나 부상 등 유사시 신원 확인을 위해 착용하고 다니던 금속 인식표에서 착상한 대형 백화점들이 고객들을 선별하여 '신용카드'를 발급하기 시작했다. 이름이 인쇄된 그 금속 명패가 있으면 고객들은 신용 구매를 할 수 있었다. 1924년에는 정유회사에서도 현금 소지를 부담스럽게 여기는 여행자들에게 신용카드를 발급하기 시작했다. 정유회사 신용카드 역시 고객들 입장에서는 무척 편리한 수단이었다. 카드 사용과 함께 고객들은 특정 브랜드의 휘발유를 선호하게 되었고, 점차 카드를 발급받은 주유소를 계속 이용하게 되었다.

1929년 대공황이 시작되면서 신용카드의 사용이 뜸해지기 시작했다. 그 결과 카드 사용에 따른 이윤이 급격히 곤두박질쳤고 대다수 가맹점 사이에서는 신용 판매를 확대하더라도 관련 위험을 보상받을 수 있는 재정적 안정장치를 기대할 수 없다는 생각이 퍼졌다. 신용카드 가맹점에서는 고객들에게 현금 구매를 유도하거나, **예약 할부제**_{상품을 유치했다가 추후 대금을 완납하면 인도하는 제도}를 종용했다. 2차 대전에 즈음하여 경기가 다시 호황을 타면서 신용카드 발급이 되살아났지만 이번에는 뜻밖의 복병이 있었다. 전시에 따른 배급제와 물자 아껴 쓰기 운동 등으로 인해 신용카드를 이용한 구매가 급격히 줄어든 것이다.

2차 대전이 끝나고 군인들이 속속 귀국하면서 가정을 꾸리는 사람들의 숫자가 급증하고 1950년대 초에 접어들자 '베이비 붐'이 절정을 이루었다. 이와 함께 소비자들의 구매도 폭발적으로 늘어났고 백화점의 신용카드 발급률도 덩달아 급상승했다.

이때 혜성같이 등장한 인물이 있었으니, 뉴욕의 소규모 대부 업체 '해밀턴 크레디트' 사를 운영하던 프랭크 맥나마라였다. 1949년 어느 날 오후, 맥나마라는 지인 두 명과 함께 엠파이어 스테이트 빌딩 인근에 있는 맨해튼의 유명 레스토랑 메이저스 캐빈 그릴에서 저녁 식사를 했다. 그는 회사 고객들과 관련된 문제를 놓고 개인 변호사 랄프 슈나이더와 오랜 친구이자 블루밍데일 백화점 설립자의 손자인 알프레드 블루밍데일의 조언을 구할 참이었다. 고객들의 대출액이 그들의 지불 능력을 초과하자 맥나마라는 고민에 빠졌다. 따지고 보면 대부업계에서 흔히 있는 일이기 때문에 굳이 슈나이더나 블루밍데일과 머리를 맞대고 논의할 필요는 없었다. 다만 문제가 있었다면 고객들이 맥나라마라의 신용을 사실상 전대轉貸하고 있었다는 것이었다. 맥나마라의 이웃들 대부분은 가난에 쪼들린 나머지 자신의 능력으로 정유회사나 백화점의 신용카드를 발급받을 수 없었다. 그런데 그의 고객 중 한 명이 이런 사람들에게 자신의 신용카드를 정기적으로 빌려주면서 그들이 카드로 구매할 경우 적당한 이자를 붙여 빚을 갚게 했다.

당연히 이런 관행에는 근본적인 결함이 있었다. 신용카드를 빌려간 사람들 대다수가 신용카드 결제일이 돌아오기 전에 그에게 빚을 갚을 수가 없었던 것이다. 그 결과 크레디트 사에서 대출을 받아 빚을 청산할 수밖에 없었는데 역시 얼마 못가 대출금을 상환할 수 없는 처지가 되었다. 맥나마라는 두 친구에게 이 같은 사례를 들려주면서 대출금 회수에 대한 확실한 조언을 구했다.

식사가 끝날 무렵 맥나마라는 당연히 현금으로 식대를 지불하기 위해 주머니에 손을 넣어 지갑을 찾았다. 그런데 주머니를 이리저리 뒤지다가 그만 맥이 탁 풀렸다. 지갑이 어디 갔지? 얼굴이 빨개진 맥나마라는 집으로 전화를 했고 그의 아내가 돈을 가지고 택시를 타고 부리나케 달려왔다. 그로부터 며칠 뒤 한 고객이 대출금 상환을 연체하는 일이 벌어졌다. 그 순간 고객의 대출금 상환 연체와 자신이 겪었던 낭패가 맥나마라의 마음속에서 묘하게 뒤섞이면서 마침내 어떤 아이디어가 희미하게 떠올랐다.

맥나마라는 거물급 은행가가 아니라 소규모 대부 업체 사장에 지나지 않았다. 그는 자신을 기만한 고객에게 언성을 높일 권리가 있었지만 그것으로는 문제가 해결될 리 없다고 생각했다. 뭔가 다른 방도를 찾아야 했다. 맥나마라는 문득 이런 생각이 들었다. 주유소든 백화점이든 한 곳에서는 단 한 종류의 카드만 사용하는 대신, 여러 장소에서 다양하게 사용할 수 있는 단 하나의 카드를 개발해 많은 사람들이 각자 구매하게 하면 어떨까?

식당에서 낭패를 당한 뒤에 나온 구상이라 그런지 맥나마라는 식당이야말로 최적의 거래 대상이 될 것이라고 생각했다. 그는 슈나이더와 블루밍데일을 만나 자신의 사업 아이디어를 설명했다. 세 사람은 의기투합해 맥나마라가 2만 5천 달러를 나머지 두 사람이 각각 1만 5천 달러를 투자하기로 했다. 1950년 2월, 세 사람은 운명의 바로 그 식당 옆에 위치한 엠파이어 스테이트 빌딩 안에 사무실을 열고 '다이너스 클럽Diners Club'이라는 이름의 카드 회사를 시작했다. 뉴욕 시내 몇몇 소규모 식당이 그들의 첫 가맹점이 되었다. 가맹점으로 가입한 식당이 고작 열네 군데였다는 기록도 있는가 하면 최초로 계약서에 서명한 호텔이 하나 있고 식당이 스물 두 개였다고 말하는 사람도 있다. 맥나마라는 사업상 거래가 있는 2백 명 남짓한 사람들에게 카드를 보냈는데 회원 대부분은 영업상 고객들과 자주 식사를 해야 했던 세일즈맨들이었다.

사업 개시 첫 해는 5만 8천 달러가 적자였지만, 바로 이듬해에는 매출액이 600만 달러로 껑충 뛰면서 세후 이익이 에누리 없는 6만 달러가 되었다. 맥나마라는 성공을 거두었지만 현실에 오랫동안 안주할 생각은 없었다. 그는 1952년 회사 주식을 처분했고, 다이너스 클럽은 성장을 거듭해 1958년에는 회원이 어림잡아 20만 명이나 되었고 가맹점으로 가입한 식당이 천여 곳이었다. 이를 예의 주시하던 아메리칸 익스프레스사가 1950년대 끝 무렵에 여행과 오락을 겸한 카드 사업에 진출했고 카르트 블랑슈도 이내 합류했다. 1960년대 중반이 되자 몇몇 은행은 카드로 이용할 수 있는 회전 신용 계정, 즉 리볼빙 서비스를 선보였고, 1960년대 말 금융기관들의 네트워크를 공동으로 이용하는 은행 신용카드에 대한 구상이 본격화되었다. 여기에는 나온 카드는 '마스터 카드'라 불렸는데, 여행과 오락 관련 업체뿐 아니라 어떤 상점이나 서비스 회사에서도 신용 구매가 가능했다.

1967년에 설립된 '마스터 차지Master Charge'사는 전적으로 마스터 카드 발급에만 주력한 최초의 회사였다. 마스터 차지의 모회사인 인터뱅크 그룹은 1년이 채 못 되어 회원 수를 무려 167만 명으로 늘렸는데 이들은 전국의 40만 가맹점에서 신용카드로 물건을 구입할 수 있었다. 마스터 차지는 곧 '마스터 카드Master Card'로 회사 이름이 바뀌었다. 그리고 얼마 안 가 또 다른 회사들이 생겨났는데 그중에서 가장 주목할 만한 회사로는 비자^{Visa} 카드가 있었다. 최초의 신용카드사인 다이너스 클럽은 시티뱅크 그룹에 편입되었고, 이후 카드 사용 범위를 한층 다양하게 확대하다가 결국 마스터 카드 네트워크에 합병되었다. 2005년 다이너스 클럽 카드 회원은 전 세계 2400만 개가 넘는 가맹점을 이용할 수 있게 되었다.

어느 날 레스토랑에서 맥나마라가 내린 결정은 카드 산업을 국제적으로 확대할 뿐 아니라 경제계를 재편하는 신호탄이 되었다. 플라스틱 카드 한 장이 소비자들로 하여금 더 많이 소비하도록 부추겼으며 대다수 미국인들과, 모르긴 해도 전 세계의 경제 인구를 차용자의 신분이 되게 하였다. 이것은 맥나마라가 상상조차 할 수 없었던 과학기술과 문화의 변화와 맞물리면서 사회적으로나 경제적으로 엄청난 변화를 초래하였다. 어느새 숫자만으로 존재하는 가상의 화폐가 동전과 지폐를 대신하며 생산자와 소비자 사이에 전적으로 새로운 관계가 형성되기에 이르렀다.

'지금'이 아니면
언제?

사람들이 날더러 '넌 못해!'라고 말할 때가 나는 제일 좋다.
그보다 더 신나는 일은 없다.
나는 성공할 수 없을 것이라는 말을 평생 들어왔기 때문이다.

Ted Turner

위대한 결정치고 순식간에 이루어지는 결정은 별로 없다. 하지만 아무리 복잡한 결정도 내려지는 순간은 있게 마련이다. 케이블TV 방송망을 통해 24시간 내내 뉴스를 공급하겠다는 전대미문의 구상에 자신의 전 재산을 걸기로 한 테드 터너의 결정은 빌 루카스라는 인물의 임박한 죽음 앞에서 구체화되었다.

터너가 소유하고 있던 애틀랜타 브레이브스 프로 야구단의 부사장인 빌 루카스는 심각한 뇌출혈로 고생하고 있었다. 처음에 그 소식을 접하고 충격에 빠져 망연자실했던 터너는 젊고 패기만만한 전직 운동선수의 임박한 죽음에 대해 차츰 둔감해졌다. 그러던 어느 날 빌 루카스의 죽음이 불현듯 커다란 의미로 다가오는 순간이 찾아왔다. 그것은 하나의 메시지였다.

테드 터너는 케이블TV 방송망을 통해 24시간 내내 뉴스를 공급하겠다는 생각에 수년간 몰두하고 있었다. 하지만 난관이 한두 가지가 아니었다. 1970년대의 케이블 TV 산업은 걸음마 단계였고, 그와 이야기를 나눈 사람들은 열이면 열 모두 그를 말렸다. 하지만 24시간 뉴스 채널에 대한 생각은 잠시도 터너의 머리에서 떠나지 않았다. 케이블 서비스 운영자 모임에서 이런 구상을 조심스럽게 밝혔을 때도 대다수 사람들이 시큰둥한 반응을 보였다. 터너는 잠시 마음이 흔들리기도 했지만 그렇다고 자신의 구상을 완전히 포기할 수는 없었다. 그러던 중 급기야 빌 루카스의 목숨이 위독하다는 소식이 들려왔고 터너는 즉시 리즈 숀펠드를 불렀다. 그는 터너와 함께 24시간 뉴스 제공의 틀을 짰던 사람으로 TV 뉴스 저널리스트이자 임원이었다. 행크 휘티모어가 1990년에 펴낸 『CNN: 숨겨진 이야기 CNN: The Inside Story』에는 터너와 숀펠드 간의 전화 통화 내용이 나온다.

"이보게. 리즈! 빌 루카스에게 오늘 어떤 일이 일어났는지 알고 있나?"

"그래, 대체 무슨 일인가?"

"그 친구가 피를 몹시 흘렸다네! 얼마 못 살 것 같아! 이제 어떡하지? 우리 중 누구도 영원히 살 수는 없을 걸세! 리즈, 내 말 잘 들어봐. 우리 죽기 전에 이 일을 꼭 해보자고! 남들이 도와주든 말든 상관없이 말이야."

죽을 수밖에 없는 인간의 운명을 깨달은 그 순간이 테드 터너에게는 곧 역전의 순간이었다. 즉 '지금이 아니면 언제?if not now, when?' '내가 아니면 누가?If not me, who?'라는 오래된 물음이 떠오르는 순간이었다. 오래전부터 지속되어온 일련의 통찰과 결정들이 어느 한 순간 테드 터너라는 한 인격과 1979년 당시의 TV, 커뮤니케이션, 위성 기술이라는 본질적인 요소들과 접목된 것이다.

먼저 테드 터너를 살펴보자. 그는 이런 유명한 말을 남겼다.

"사람들이 날더러 '넌 못해!'라고 말할 때가 나는 제일 좋다. 그보다 더 신나는 일은 없다. 나는 성공할 수 없을 것이라는 말을 평생 들어왔기 때문이다."

테드 터너본명은 로버트 에드워드 터너 3세는 1938년 오하이오 주 신시내티에서 태어났다. 아버지는 옥외광고 사업을 하고 있었는데, 터너가 아홉 살이 될 무렵 그의 가족은 광고게시판 사업의 전망이 더 밝은 곳을 찾아 조지아 주 사바나로 이주했다. 규율을 엄격히 지키는 아버지 밑에서 어린 터너는 늘 천덕꾸러기였다. 아버지는 터너를 군사학교에 보냈고, 그는 졸업 후 브라운 대학에 등록했다. 대학 시절에는 요트 선수로도 활동했지만 2학년 어느 날 술에 취해 근처 여자대학에 가서 행패를 부리는 바람에 정학을 당했다. 이후 해안경비대에 입대해 6개월 동안 복무한 뒤 다시 브라운 대학에 복학했다. 그가 인문학 분야를 전공하려 하자 아버지는 아까운 시간만 낭비한다며 혀를 끌끌 찼다. 하지만 그런 건 중요한 문제가 아니었다. 테드 터너가 결국 졸업장을 손에 쥐지 못했기 때문이다. 그는 기숙사 방에 놀러온 여학생들을 '환대'했다는 이유로 퇴학을 당하고 말았다. 해안

경비대에 재입대해 얼마간 시간을 보낸 뒤 터너는 아버지 회사에 들어갔다. 그리고 1960년 조지아 주 메이콘에 있는 '터너 광고회사'의 지사장으로 발령을 받았다. 1963년 3월 5일, 옥외광고 사업이 내내 부진을 면치 못하자 이에 크게 낙담한 아버지는 자살을 선택했다.

분명 애증이 공존하는 불안한 부자 관계였을 것이다. 하지만 아버지 에드 터너의 자살로 테드 터너의 인생은 순식간에 방향이 정해졌다. 돌아가신 아버지에 대한 기억을 되살리고 동시에 아버지를 능가하겠다는 결심이라도 한 듯 터너는 광고회사를 재설립하는 일에 착수했다. 그리고 그 회사를 발판 삼아 규모가 훨씬 더 큰 미디어 제국을 건설할 계획을 세웠다. 한 인터뷰에서 터너는 자신이 젊었을 때는 왠지 성공을 거두지 못할 것만 같은 불길한 예감이 들곤 했다고 털어놓았다.

"내가 스물네 살 때 아버지가 돌아가셨는데, 나는 그분만이 나의 성공과 실패를 판단하실 수 있을 것이라고 철썩 같이 믿었다."

아버지가 돌아가시고 몇 년 뒤 터너는 잡지 《석세스》의 표지를 장식했다. 그는 잡지를 손에 쥐고는 "아버지, 보셨어요? 드디어 제가 크게 떴습니다. 이젠 흡족하시지요?"라며 기쁨을 감추지 못했다.

1970년 터너는 독립 UHF 방송국 '채널17'을 사들여 회사 이름을 터너 방송국^{TBS, URNER Broadcasting System}으로 개명했다. 그리고 6개월 뒤에는 노스캐롤라이나 주 샬롯에 있는 해에는 애틀랜타의 최대 네트워크 계열사인 WSB를 누르고 애틀랜타 브레이브스 야구단의 경기 중계권을 따냈다. 터너에게는 약점을 강점으로 변모시키는 재능이 있었다. 1970년대 초반으로 접어들면서 UHF 방송^{470~770MHz의 극초단파를 사}

용하는 TV 방송은 그보다 역사가 더 오래 된 표준형 VHF 방송초단파 주파수대를 이용한 방송에 비해 시청자 수가 현저히 감소했다.

케이블이 각 가정에 들어오기 전이라 UHF는 주파수를 맞추기가 더 어려웠고, TV를 시청하려면 특수한 UHF 안테나를 설치해야 했으며, 구형 TV는 UHF 변환기까지 필요했다. 몇몇 잠재 가능성이 있는 광고주들이 이런 사실을 지적하자 터너는 UHF에 주파수를 맞출 능력이 있는 사람들은 필시 똑똑한 사람일 것이므로 시청자 수가 줄었다는 말은 곧 더 똑똑한 시청자들의 숫자가 늘었다는 뜻이라고 응수했다. 광고주들이 터너가 운영하는 방송국의 프로그램 대부분이 고전적인 흑백 TV 쇼를 재방영한다고 계속해서 문제점을 지적하자 터너는 그것이 오히려 컬러 광고 방송의 가치를 높이는데 일조할 것이라고 대답했다. 그 다음 문제는 기술이었다.

1975년, 테드 터너는 케이블 TV의 선구자인 HBO^{Home Box Office}가 머지않아 새로 쏘아 올릴 통신위성에 신호를 보낼 것이라는 발표에 주목했다. 통신위성은 지구에서 보낸 신호를 미국의 케이블 배급업자들이 소유하고 있는 전파 수신 접시 안테나로 되쏘고, 그 배급업자들은 미국 전역의 케이블 방송 가입자들에게 프로그램을 제공하게 될 예정이었다. 이를 통해 HBO는 전국적인 케이블 방송 공급업체로 도약할 계획이었다. 이러한 사례에 고무된 터너는 WTCG 채널 17에서 위성에 신호를 보내고 그 위성에서 케이블 방송 가입자들에게 신호를 되쏘는 방식을 통해 채널 17을 미국 전역을 망라하는 최초의 지역 방송국으로 만들기로 결심했다. 그리하여 1976년 터너는 슈퍼스테이션 방송국을 출범시켰다. HBO가 새로운 영화를 공급한다면 터너는 자신이 모아온 영화 필름들이 소장된 커다란 도서관에서 오래된 영화들을 골라 미국 전역에 공급할 생각이었다. 애틀랜타 브레이브스 구단을 사들이면서 그 자리에서 그 구단의 경기 중계권까지 따낸 터너는 옛 TV 쇼와 영화의 재방송뿐 아니라 야구를 비롯한 여러 스포츠 경기까지도 미국 전역에 중계했다. 1977년에는 애틀랜타 호크스 야구단도 매입했다. 어느새 슈퍼스테이션이 미국 전역의 케이블 TV 가입자들에게 과거 그 어느 누구도 제공하지 않았던 프로그램을 제공하고 있었지만 터너는 아직도 한 가지가 부족하다는 생각을 떨쳐버릴 수가 없었다. 그것은 바로 뉴스였다.

전통적인 방송 네트워크에서 당연히 뉴스를 제공하고 있었지만 저녁 시간대에 미국 전역에 공급되는 뉴스 방송은 고작해야 뉴스 22분에다가 광고 8분을 합친, 30분 남짓이었다. 테드 터너는 위성 케이블 방송을 이용해 과거 어느 누구도 시도하지 않았던 24시간 뉴스 방송을 전국에 내보낼 생각을 하게 되었다.

터너는 몇몇 라디오 방송국이 이미 뉴스 전문 방송을 표방하여 성공을 거둔 사례를 잘 알고 있었다. 하지만 TV에서 하루 온종일 뉴스만 방송한다는 것은 유례가 없었다. 사람들은 오락을 원했기 때문이다. 주요 TV 방송국의 뉴스 방송은 적자를 면치 못하고 있었다. 24시간 뉴스 방송은 말할 것도 없거니와 뉴스 자체에 대한 수요가 전무한 편이었다. 이렇게 수요가 없는데 공급을 더욱 늘리는 것은 당연히 어리석은 일이다.

자신의 구상이 상식의 기본을 완전히 무너뜨렸다는 생각에 테드 터너는 흥미를 느꼈다. 터너는 시장 조사를 통해 고객들이 원하는 바를 파악한 뒤, 그러한 정보에 기초해 고객들의 필요를 공급하는 마케팅의 정석을 답습한다면 결코 새로운 것이 창조될 수 없다고 주장했다. 라이트 형제가 사람들에게 비행기가 필요한지를 먼저 묻고 난 뒤에 비행기를 발명했던가? 물론 아니다. 터너는 고객들의 마음을 사로잡을 수 있는 제품을 공급하면 수요는 자연히 생기게 마련이라고 믿었다. 만들어라, 그러면 사람들이 찾아올 것이다.

그로부터 몇 년에 걸쳐 터너는 TV 시스템에 정통한 뉴스 전문가들을 하나둘씩 불러모으기 시작했다. 그들과 함께 머리를 맞대고 24시간 뉴스 전문 방송국에 대한 세부적인 그림을 그려나갔다. 모험이나 다름없는 뉴스 전문 방송국을 세우기 위해서는 그동안 자신이 다져온 미디어 및 스포츠 제국이 벌어들인 돈을 몽땅 쏟아 부어야 할지도 몰랐다. 터너는 빚을 지게 되더라도 기꺼이 감수할 작정이었다. 자신은 지금 독특한 가치를 창조하고 있으며 그러한 가치가 궁극적으로는 이윤 창출로 이어질 것으로 믿었기 때문이다. 터너는 아이디어가 있었고, 그 아이디어를 실행에 옮길 적임자들을 확보하고 있었으며 또한 그 아이디어를 현실로 변모시킬 수 있는 매우 독창적인 기술도 가지고 있었다. 사람들이 코웃음 칠 게 분명한 구상이었지만, 자신이 지금 당장 움직이지 않으면 다른 누군가가 먼저 시작하게 될 것이라고 생각했다. 그는 훗날 이렇게 말했다.

"어떤 일이 성공을 거둘 것이 분명하다고 모든 사람들이 생각하는 순간, 기회는 사라진다. 일단 그렇게 되면 그 일은 어중이떠중이라도 할 수 있는 일이 되어버린다."

계획이 차츰 가시화되면서 터너는 만나는 사람들마다 "24시간 뉴스 전문 방송, 생각만 해도 멋지지 않습니까?"라고 묻고 다녔다. 그의 강한 확신 앞에서 사람들은 차마 "별로인데요"라고 말하지 못했다. 그는 동료들에게, 그리고 자기 자신에게 "지금 내가 제 정신인가? 내가 왜 이러는 거지?" 라고 묻곤 했다. 하지만 그런 질문을 던지면 던질수록 자신의 결정이 옳다는 확신이 더욱 강해졌다. 케이블 방송 운영자들에게 이런 구상을 발표한 후 적절한 사용료를 기꺼이 지불하겠다고 나서는 업체가 별로 없자 터너는 잠시 마음의 갈피를 잡지 못하기도 했다. 그러나 빌 루카스의 부음을 접하고, 테드 터너 자신도 언젠가는 죽게 되리라는 것을 깨달은 순간 그는 자신의 원초적 본능을 따르기로 했다. 일단 네트워크를 형성하면 수요는 자연히 생기게 마련이라고 확신하면서.

1979년 5월 21일, 터너는 전국 케이블 방송협회 총회에서 뉴스 전문 케이블 방송망CNN, Cable News Network이 1980년 6월 1일 대망의 닻을 올릴 것이며, CNN은 일주일 내내, 하루 24시간 내내, 자나 깨나 뉴스만을 제공하는 전국적인, 뿐만 아니라 전 세계에 해외 지국을 두는 뉴스 전문 방송망이 될 것이라고 선언했다. 그는 미디어 철학자 마셜 맥루한이 1960년대에 이야기했던 TV의 전망, 곧 세계의 '지구촌'화를 실현하는 것이 자신의 목표라고 설명했다. 그동안 결정을 미루어 왔던 케이블 공급업자들은 터너의 대담한 선언에 고무되어 앞 다투어 신청하기 시작했다. 테드 터너는 결코 뒤를 돌아보지 않았다.

c h a p t e r
t w o

양심의 결정

비밀과 거짓말

화요일 아침 나는 침대에 누워 생각에 잠겼다.
내가 해병대로 복무했던 기간을 포함해
15년 가까이 몸 바쳐 일해온 조직이 바로 이런 것이었구나.
나는 이제 하수인 노릇을 그만둬야겠다고 생각했다.

─다니엘 엘스버그와 펜타곤 신문─

Profiles
in
Audacity

에이브러햄 링컨과 노예해방

이것은 우리
모두에게 절대 악

저는 노예가 되는 것도
노예의 주인이 되는 것도 달갑지 않습니다.

Abraham Lincoln

　도덕성의 절대 기준이 점점 흐려지는 이 세상에서 단순 선 대 단순 악처럼 뚜렷한 대비를 보이는 이슈는 매우 드물다. 그러나 21세기를 사는 우리에게 여전히 그 대비가 너무나 자명한 이슈가 있다면 그것은 바로 노예제이다. 노예제는 악하기만 할 뿐 선이라고는 눈곱만큼도 찾아볼 수 없다. 그런 까닭에 에이브러햄 링컨[1809~1865]이 1862년 8월 22일 노예제에 관해 쓴 글은 지금까지도 우리를 깜짝 놀라게 한다.

　남북 전쟁이라는 이 투쟁에서 저의 최대 관심사는 연방[Union]을 유지하는 것입니다. 노예제를 유지하느냐 폐지하느냐 하는 것은 그 다음의 일입니다. 노예를 해방하지 않고도 연방을 존속시킬 수 있다면 그렇게 할 것입니다. 그리고 노예를 모두 해방해야 연방이 존속된다면 역시 그렇게 할 것입니다. 그리고 일부는 해방하고 일부는 그대로 두어야 연방이 유지된다면 또한 그렇게 할 것입니다. 제가 노예제와 흑인에 관한 정책을 펼치는 것은 이 연방을 존속시키는 데 도움이 될 것으로 믿기 때문입니다. 그리고 그런 정책을 펼치지 않는 것은 연방이 존속되는 데 별 도움이 될 것으로 믿지 않기 때문입니다.

이 글은 《뉴욕 트리뷴》의 논설위원 호레이스 그릴리가 칼럼을 통해 링컨에게 보낸 공개 질의, 즉 연방을 지지하는 주州들의 2천만 주민들을 대표해 보낸 항의 서한에 대한 대통령의 답변이었다. 오늘 우리는 링컨의 답변에 어안이 벙벙하지만 그 옛날 그에게 지지표를 던졌던 사람들은 아마도 놀라지 않았을 것이다. 비록 패배로 끝나기는 했지만 1850년대의 상원 선거운동에서 링컨이 노예제를 일컬어 "흑인, 백인 그리고 주州 모두에게 절대 악"이라고 했던 것은 분명 사실이다. 하지만 그로부터 10년이 못 되어 행한 대통령 취임 연설에서 링컨은 "노예제가 존속하는 미국에서 직간접으로 그 존재를 위태롭게 하려는 어떤 시도"도 용납하지 않을 것이라고 천명했으며, 남북 전쟁이 발발한지 석 달이 지난 1861년 7월 4일 의회에서 행한 첫 번째 연설에서도 이와 같은 말을 했다.

오늘날 우리가 보기에는 너무도 자명한 이 도덕적 이슈가 당시 링컨에게는 무척 복잡하고 애매모호한 문제였다. 그는 대통령 취임식에서 "헌법을 유지하고, 수호하며 지키겠다"고 선서했다. 1861년 당시의 헌법은 명백히 노예제를 지지하고 있었다. 노예제 반대 입장을 표방하던, 링컨이 몸담고 있는 공화당의 대다수 당원들은 링컨의 선서를 믿었으며, 급진적 소수만이 남북전쟁이 일어났기 때문에 대통령은 노예제를 폐지할 수 있는 합법적 권한을 갖는다고 주장했다.

하지만 링컨은 분명 생각이 달랐다. 1861년 5월, 버지니아 주 포트먼로우 주둔 사령관인 육군 소장 벤저민 버틀러는 탈주한 노예들에게 자신의 부대를 은신처로 제공하면서 노예 소유주들에게 그들의 신병 인도를 거부했다. 링컨은 버틀러가 헌법에 위배되는 행동을 했다고 생각했지만 각료들의 조언에 따라 그를 징계하지는 않았다. 하지만 그로부터 석 달 뒤 세인트 루이스 소재 북군 사령관인 육군 소장 존 프레몽이 미주리 주의 남부연합 지지자들 소유의 모든 노예들의 해방을 선언하자 링컨은 그를 즉각 해임했다. 링컨은 프레몽에게 보낸 서한에서 "일개 장군이나 대통령이 단지 선언만으로 소유권에 대한 규정을 영구적으로 제정할 수 있다면 그 나라를 더 이상 미국 정부라 할 수 있겠습니까?"라며 불쾌함을 감추지 않았다.

1862년 5월, 데이비드 헌터 장군은 흑인들을 병사로 징집해 자신의 통제하에 있던 조지아, 플로리다 및 사우스캐롤라이나 주의 해안 접경 주둔지에 배치했다. 그러고 나서 이 지역의 남부연합 지지자들 소유의 모든 노예들에게 해방을 선언했다. 이에 발끈한 링컨은 헌터에게 서한을 보내 그가 지휘하는 연대를 해산하고 해방 선언을 철회하라는 지시를 내렸다. 그릴리로 하여금 공개 서한을 보내도록 자극한 것은 바로 링컨의 이 같은 지시였다.

하지만 링컨이 개인적으로 노예제를 혐오했다는 사실은 이러한 분쟁의 와중에 전혀 부각되지 않았다. 그는 이미 1858년에 "저는 노예가 되는 것도, 노예 주인이 되는 것도 달갑지 않습니다"라고 공식적으로 밝힌 바 있다. 아무튼 그는 노예제를 폐지하고 싶어 했지만 연방 헌법, 법 규정 및 연방을 희생하면서까지 그렇게 할 생각은 없었다. 링컨은 대통령에 취임하기에 앞서, 그러니까 남북전쟁이 일어나기 전, 노예들을 점진적으로 해방하는 방안에 대해 심사숙고했다. 그것은 자신의 '재산'을 포기하는 노예 소유주들에게 금전적인 보상을 해줌으로써 연방 헌법에 따라 노예를 해방하는 방법이었다. 게다가 노예제를 시행하고는 있지만 이미 시들해진 델라웨어를 비롯한 북부의 여러 주들을 순방할 생각이었다. 그는 노예제를 폐지하기 위해 북부의 여러 주들로 하여금 주 헌법을 개정하도록 종용할 심산이었다. 이렇게 되면 내전을 피할 수 있을 뿐 아니라 연방 법원에 노예해방이라는 이슈를 상정하지 않아도 되지 않을까, 링컨은 내심 기대했다. 일단 연방 법원에 상정된다면 노예제를 폐지하기 위한 어떤 시도도 영구히 차단될 것이 뻔했다.

남부의 일곱 주가 연방에서 탈퇴한 이후에도 링컨은 노예해방이 법제화되리라는 소망을 버리지 않았다. 링컨의 첫 임기가 시작되자 켄터키 주 상원 의원인 토머스 크리텐든은 나중에 헌법이 개정되더라도 연방 정부가 노예제에 간섭하지 못하도록 명백히 규정하는 헌법 개정안을 제출했다. 링컨이 그 제안에 반대하지 않은 것은 연방에서 탈퇴한 주들이 연방으로 복귀할지 모른다는 기대 때문이었다. 하지만 그와 동시에 노예제를 확대하자는 타협안에 대해서는 일언지하에 거절했다. 링컨은 노예제를 저지하는 한편 그것이 연방 전역으로 확대되는 것을 막았을 뿐 아니라 주 의회들로 하여금 점진적으로 노예를 해방하고 그에 따른 보상 방안을 마련하도록 설득했다. 그 결과 궁극적으로 이 '특이한 제도'가 폐기되기를 기대하고 소망했다. 이것이야말로 미국 헌법 제정자들이 기대하고 의도했던 바가 아니었을까, 링컨은 그렇게 생각했다.

남부의 여러 주들이 연방에서 탈퇴했음에도 링컨의 소망이 꺾이지 않았다면 남북전쟁이 일어나도 사정은 마찬가지일 것이다. 적어도 전쟁 초기에는 그럴 것이다. 링컨은 노예를 두고 있지만 연방에 협조적인 주들, 이른바 접경 지역 주들의 의회로 하여금 노예해방에 따른 보상안에 합의하도록 설득하기로 했다. 노예 주인들은 노예를 풀어주면 보상을 받게 될 것이다. 일단 이러한 계획의 성사 가능성이 접경지역의 여러 주에서 입증된다면 반란이 종식되고, 연방이 제 모습을 되찾으며, 이전에 남부연합에 속했던 주의 노예 소유주들이 금전적 보상을 받기 위해 노예들을 풀어줄 가능성이 있다고 링컨은 믿었다.

설령 자신의 구상이 빗나간다 해도 연방 군대가 남부연합을 상대로 한 싸움에서 이기면 반란은 곧 종식될 것으로 링컨은 기대했다. 어느 경우든 노예제를 종식시키고 연방을 회복할 수 있는 최선의 가능성은 접경 지역의 태도에 달려 있다고 그는 판단했다. 링컨으로서는 그 주들이 어디에도 속하지 못하고 소외되거나 없어지는 것은 참을 수 없는 일이었다. 그가 단순히 노예 소유주들에게서 노예들을 빼앗을 수 없는 이유가 여기에 있었다.

그러므로 링컨이 내려야 할 첫 번째 어려운 결정은 노예해방이 아니었다. 물론 마음이야 굴뚝같았겠지만 그는 어쩔 수 없는 상황,

오히려 악화된 상황으로 인해 또 다른 결정을 내리지 않을 수 없었다.

접경 지역의 여러 주 의회는 링컨의 노예해방에 따른 보상안을 부결시켰다. 설상가상으로 조지 맥클리랜이 지휘하는 연방군이 남부연합을 궤멸시키기는커녕 무력하게 만드는 데도 실패했다. 링컨은 시간이 촉박했다. 노예를 부리는 접경 지역의 주들은 노예해방에 따른 보상안의 법제화를 거부했고, 연방군의 승리는 요원하기만 했다. 만일 링컨이 손을 쓰지 않는다면, 다시 말해 빠른 시일 내에 노예해방을 선언하지 않는다면 노예해방이라는 이슈 전체가 물거품으로 돌아갈 수도 있었다. 노예해방을 선포한다면 도덕적 추진력을 얻어 연방의 열정에 불을 지피고 오랫동안 기다려온 승리를 거머쥘 수 있을지도 몰랐다.

그것은 분명 모험이나 다름없는 시도였다. 노예해방을 선포한다면 그에 따른 위험은 불을 보듯 뻔했다. 첫째, 노예해방을 선포하면 노예 문제가 연방 법원으로 넘어갈 것이다. 그들의 보수적인 성향을 감안할 때 노예제가 영구히 존속될 것임은 의심의 여지가 없었다. 둘째, 아무리 편견 없이 해석해도 노예해방은 위헌 가능성이 매우 높았다. 그렇게 되면 전쟁에서 승리를 거둔 이후에도 노예해방을 둘러싼 법적 공방이 불가피할 것이다. 셋째, 노예해방을 선언하면 접경 지역의 주들은 소외감을 느껴 남부연합 캠프에 합류할지도 모른다. 넷째, 해방 선언으로 인해 전쟁에는 강력한 도덕적 측면이 부과될 것이다. 반면 전쟁에 참가한 북부의 민간인과 군인들이 연방을 존속시키기 위해서라면 기꺼이 싸우겠지만 흑인들의 자유를 위해서라면 피를 흘리거나 목숨을 내놓을 생각이 털끝만치도 없을 게 뻔했다.

이러한 모든 위험이 예상됨에도 불구하고 링컨은 육군성의 고문 변호사인 윌리엄 휘팅에게 노예해방을 선포할 법적 권한이 대통령에게 있는지 물었다. 최고 통수권자에게는 비상 대권이 있기에 필요한 권한을 행사할 수 있다고 휘팅은 답했다. 부통령인 한니발 햄린과도 상의한 링컨은 접경 지역의 주들을 잃지 않으면서 헌법을 훼손하지 않고 도덕적으로 유리한 고지를 점하게 될 노예해방 선언을 세심하게 가다듬기로 결심했다.

쉽지 않은 일이었다. 육군성의 전신電信 책임자인 토머스 톰슨 에케트 소령은 전신으로 통보되는 전쟁 속식을 접하기 위해 육군성에 올 때마다 대통령과 심심치 않게 마주치곤 했다. 1862년 7월 어느 날 링컨이 에케트 소령에게 종이를 가져다 달라고 했다. 에케트는 링컨이 무언가 특별히 적고 싶어 했다고 설명했다. 그는 대통령에게 자신의 책상을 내주면서 고급 대판양지大版洋紙 한 장을 갖다주었다. 링컨은 창밖을 물끄러미 바라보다가 가운데가 불룩한 작은 길로트 펜으로 종이에 무언가 쓰기 시작했다. 그는 몇 자 적다 잠시 멈추고 다시 몇 자를 적기를 되풀이했다. 한 단어, 한 구절, 한 문장 써내려 갈 때마다 오랜 침묵이 흘렀다.

2주 뒤 링컨은 다시 에케트의 사무실을 방문해 책상 앞에서 서류를 작성했다. 서류 작성이 끝난 뒤 링컨은 자신이 남부 노예들에 대한 해방 선언문을 작성하느라 고심했다는 그간의 사정을 털어놓았다. 그리고 백악관에서는 훼방 세력이 있다고 말하기도 했다. 에케트의 사무실에서는 조용한 가운데 최대한 집중해서 노예해방 선언서를 작성 할 수 있었다.

7월 22일, 링컨은 정복되지 않은 남부연합의 노예들에 대한 해방 선언문을 발표할 뜻이 있음을 내각에 처음으로 내비쳤다. 우정郵政장관 몽고메리 블레어는 경악을 금치 못하면서, 대통령이 이런 식으로 일을 진행하면 공화당은 힘을 잃게 될 것이라고 우려를 나타냈다. 국무장관 윌리엄 시워드는 블레어의 의견에 반대하면서 링컨의 제안을 지지했다. 하지만 그는 그러한 제안이 병사들의 엄청난 실망에 부딪혀 무의미한 제스처로 끝날 수도 있다고 경고했다. 북부 사람이든 남부 사람이든 링컨의 제안을 진지하게 받아들이지 않을 것이다. 시워드는 연방군이 남부군을 상대로 압승을 거둘 때까지는 노예해방 선언을 보류하도록 권고했다.

링컨은 그의 권고를 받아들였다. 마침내 1862년 9월 17일, 연방군과 남부연합군이 메릴랜드 주 앤티텀에서 맞붙었고 단 하루 사이에 양측에서 엄청난 희생자가 나왔다. 연방군은 전사 2,108명, 부상 9,549명, 행방불명 753명인 반면 남부연합군은 전사 2,700여명, 부상 9,024명, 행방불명 2,000어 명의 회생자가 발생했다. 링컨은 연방군의 승리를 선언했고, 9월 22일 각료회의를 주재했다. 재무장관 새먼체이스는 각의에서 이렇게 발언했다.

각료 여러분, 다들 아시다시피 저는 이 전쟁과 노예제가 어떤 관련이 있는지 심사숙고해왔습니다. 그리고 여러분 모두가 기억하겠지만 몇 주 전 저는 그러한 당면 과제에 관해 제가 준비했지만 몇몇 각료들의 반대에 부딪혀 공포하지 못했던 훈령을 낭독한 바 있습니다. 그 뒤로 제 머릿속은 온통 그 생각뿐이었으며, 그 문제와 관련된 행동을 개시할 때가 오지 않을까 줄곧 생각해왔습니다. 지금이야말로 행동을 개시할 때가 아닌가 생각합니다. 지금이 행동을 개시하기에 적기였으면 합니다. 반란군에 맞서는 진압군의 행동은 제가 보기에 그리 썩 바람직한 것은 아니었습니다. 하지만 반란군은 메릴랜드 주에서 퇴각했고, 반란군이 펜실베이니아 주에 침투할 위험은 더 이상 없습니다. 제가 기록한 것을 여러분 모두에게 말씀드린 바 있습니다. 시급한 현안에 대해 여러분은 조언을 하지 않아도 됩니다. 저 스스로 결단을 내렸으니까요. 저의 기록은 제가 심사숙고한 끝에 여러분에게 말씀드려야겠다고 결심한 것입니다.

링컨은 결단을 내렸다. 그러면서도 그는 현재 혹은 미래에 있을지도 모를 법적인 논란을 피하고, 연방 정부를 지지하는 사람으로 여겨지기를 기꺼이 바라는 사람은 어느 누구든 소외되지 않도록 양쪽 다 신경을 썼다. 링컨은 이렇게 하는 것이 가장 중요하다고 판단했다. 링컨이 1862년에 공포한 문서는 임시 노예해방 선언서로 불린다. 이 선언서에 따라 풀려난 노예는 단 한 명도 없었지만, 선언서는 1863년 1월 1일 현재 아직도 반기를 들고 있는 여러 주에 거주하는 노예 소유주들에게는 그들 소유의 살아 있는 재산에게 '영구 해방'이 선포될 것이라는 경고의 역할을 톡톡히 해냈다.

마감일인 1월 1일이 지난 뒤에야 비로소 링컨은 '최종' 노예해방 선언서를 공포했는데, 정작 풀려나야 할 노예들은 아직도 반란을 멈추지 않은 지역의 노예들, 말하자면 아직 연방군의 통제를 받지 않는, 남부연합의 여러 지역에 살고 있는 노예들뿐이었다. 링컨은 연방군이 점령하고 있는 남부연합의 여러 주를 자극하여 그들이 점령군에게 저항하는 일이 없도록 하기 위해 노예해방 선언이 그들에게는 해당되지 않음을 분명히 했다. 그는 또한 접경 지역의 주들을 적진의 캠프로 보낼 의향이 없었다. 그래서 아직도 연방을 지지하면서 노예제를 시행하는 주들, 예컨대 델라웨어, 켄터키, 메릴랜드, 및 미주리에서는 노예제가 계속해서 성황을 이루었다. 버지니아 주가 연방에서 탈퇴하면서 갈라져 나온 웨스트버지니아 주는 1863년 6월 20일까지 연방에 공식적으로 편입되지 않았지만, 추후 점차적으로 노예를 해방한다는 조건으로 편입되었다. 남부연합에 관한 한, 해방 선언의 아이러니는 연방군이 승리를 거두는 곳마다 노예제가 성황을 이루었다는 사실이다. 노예제들에게 해방이 선포된 곳은 남부연합에서 연방의 통제가 미치지 않은 지역뿐이었다.

지금 이 시점에서 보면 링긴의 노예해방 선언에는 결단성이 결여되어 있는 것처럼 생각될지도 모른다. 하지만 그 선언은 남북전쟁이 도덕적 명분이 있는 전쟁이라는 인식을 새로이 심어주면서 링컨이 바라던 결과를 만들어냈다. 문제를 이런 관점에서 해석하면 남북전쟁은 인간 해방을 실현하려는 노력으로 볼 수 있다. 하지만 해방 선언은 연방군에 의해 점령된 남부의 비위를 거스르거나 접경 지역의 주들을 소외시키는 문제를 회피하기 위한 대단히 조심스러운 시도였다. 연방 의회는 심지어 전쟁이 끝나기도 전에 노예해방 선언의 온당한 한계를 넘어서는 행동을 취하려 했다. 제13차 헌법 수정안이 1864년 4월 8일 상원에서, 1865년 1월 31일 하원에서 각각 통과되었다. 1865년 12월 18일까지 남북전쟁이 막을 내렸고 에이브러햄 링컨이 암살자의 총탄에 쓰러진 가운데 1865년 12월 18일 제13차 수정안은 연방 정부의 재가를 받았다.

"당사자가 저지른 범죄로 인해 정식으로 기소되어 처벌받는 경우를 제외하고 노예제나 본인의 의사에 반하는 예속은 미국 내에서나 미국의 사법권이 미치는 어떤 지역에서도 존속할 수 없다."

클 라 라   바 튼 과   적 십 자

저를 전방으로
보내주십시오

나는 번민에 시달리지만 쓰러질 정도는 아직 아니다.
우리 병사들이 땡볕 아래서 신음하고 목말라 죽어가는데 내가 이런 호사를 누리다니,
병사들에게는 보급품이 제대로 분배되지 않고 있는데 나는 부족함 없이 지낸다.
그들에게 미안할 따름이다.

Clara Barton

1861년 4월 19일, 매사추세츠 제6연대장 에드워드 존스 대령은 당시 반란군의 위협을 받고 있던 연방 정부의 수도를 방어하기 위해 휘하의 병사들을 이끌고 워싱턴 D.C.행 기차에 몸을 실었다. 남쪽으로 향하던 병사들이 볼티모어에서 열차를 바꿔 타는 순간 '플러그 어글리즈Plug Uglies'로 알려진 일단의 무법자들이 병사들에게 돌과 벽돌 조각을 집어던졌다. 네 명의 병사가 돌에 맞아 죽고 여러 명이 다쳤다. 이에 격분한 병사들이 사격을 개시해 열두 명의 플로그 어글리즈가 목숨을 잃고 많은 사람들이 부상을 입었다.

볼티모어 소요 사태로 인해 북부에 거주하는 많은 미국인들이 큰 충격을 받다. 그중에 미국 특허청에 근무하던 서른아홉 살의 미혼

여성 클라라 바튼[1821~1912]이 있었다. 바튼은 매사추세츠 주 노스 옥스퍼드 출신이었는데, 그녀의 소꿉친구 여러 명이 제6연대의 병사로 복무하고 있었다. 공화당원이었던 그녀는 올드 노스웨스트의 인디언 전쟁에서 매드 안토니 웨인 장군을 모셨던 스티븐 바튼 대위의 딸이었다. 그녀는 이런 사실을 늘 자랑스럽게 이야기하고 다녔다. 남부가 반란을 일으켰다는 소식에 그녀는 격노했고 마음을 가라앉힐 수 없었다. 볼티모어 소요사태 소식을 접한 바튼은 큰 상처를 입은 6연대 병사들의 도착을 환영하기 위해 워싱턴 역으로 향했다. 승강장에 내려 온 병사들 중에는 30여 명의 부상자들이 있었다. 바튼은 마중 나온 몇몇 다른 여성들과 함께 선뜻 병사들 곁으로 다가가 마실 물을 주고 위로의 말을 건네면서 자신의 손수건으로 상처를 싸매어주었다.

부상자들 가운데는 노스 옥스퍼드 출신의 낯익은 얼굴이 몇몇 있었다. 그들을 보는 순간 이미 애국심으로 불타오르고 있던 그녀의 가슴이 뭉클해졌다. 하지만 이러한 감정은 순식간에 분노로 바뀌었다. 반란군에 대한 분노이자 부상당한 병사들을 제때 치료해주지 못하는 정부에 대한 분노였다. 그 숫자가 비교적 적기는 하지만 소요 사태를 몸소 겪은 사람들의 상처가 그대로 방치되고 있었다. 만약에 전쟁이 본격적으로 시작된다면 부상자들은 과연 어떻게 될까?

본명이 클라리사 할로우 바튼[Clarissa Harlowe Bartton]인 클라라 바튼[Clara Barton]은 19세기 중반의 기준으로 보더라도 키가 작았다. 키는 작은데 비해 얼굴은 둥글어서 가냘픈 몸매와 현격한 대비를 이루었다. 오늘날까지 남아 있는 바튼의 사진을 보면 눈이 크고 눈매가 고우며 중년의 나이답지 않게 훨씬 젊어 보이는 모습이다. 커다란 입에서는 미소가 사라지지 않고 있어서 표정 또한 온화하기 이를 데 없다. 실제로도 클라라 바튼은 매우 온화한 여성이었다. 열두 살 때는 소가 도살되는 것을 목격하고 기절하는 일도 있었다고 한다. 그 이후로 바튼은 철저한 채식주의자가 되었다.

조용한 성품의 학구파였던 바튼은 교사가 되기 위한 훈련을 받고 잠시 교편을 잡기도 했지만 교직이 적성에 맞지 않는다고 생각했다. 스스로 독신을 택한 바튼은 무언가 다른 사람을 도울 수 있는 일이 없을까 찾아 나서다가 하는 수 없이 특허청에 들어갔다. 그런데 워싱턴 전역에서 나팔 소리와 북 소리가 하루가 멀다 하고 들려오자 특허청에서의 근무도 그녀에게 신바람을 일으키지 못했다.

바튼은 온화한 성품이었지만 나이 든 오빠들과 함께 자라다 보니 여자보다는 남자처럼 길러졌다. 그녀의 오빠들은 바튼에게 여느 남자들처럼 씩씩하면서도 잽싸게 말 타는 법과 노련한 사격수처럼 연발 권총 쏘는 법을 가르쳤다. 바튼은 정말이지 군인 말고는 되고 싶은 게 없었지만, 그것은 이룰 수 없는 꿈이라는 것도 잘 알고 있었다. 몇몇 여성들이 남장을 하고 군대에 입대했다는 이야기도 들었지만, 그래도 그건 좀 아니다 싶었다. 비록 남자 아이처럼 자라기는 했지만 바튼은 외모나 행동은 영락없이 품위 있는 뉴잉글랜드 숙녀였다.

그녀가 선택할 수 있는 또 다른 길이 있었다. 전국의 교도소와 수용소를 개혁하는 데 주도적인 역할을 한 것으로 이름이 알려진 도로시아 딕스가 마침 군 간호단을 결성하면서 적극적으로 활동할 여성들을 모집하고 있었다. 딕스 역시 매사추세츠 출신으로서 불굴의 이상을 지닌 연방합동주의자Unionist였다. 바튼이 뜨거운 열정을 지니고 있으면서도 차분함과 온화함을 잃지 않았던 반면 육십대였던 딕스는 다부진 턱과 딱딱한 자세 때문에 무섭다는 인상을 주었다. 사람들은 그녀를 '드래곤 딕스Dragon Dix'라고 불렀다. 딕스는 '온화하고, 성실하고, 헌신적이고, 자립심이 강한 사람, 고통의 현장에서 인내심을 발휘하고 자신의 말과 행동을 통제할 줄 아는 사람, 자신에게 주어진 과제를 차분하게, 온건하게, 조용히, 적극적으로 또한 꾸준히 처리할 줄 아는 사람'만이 군 간호단에 가입할 자격이 있다고 천명했다.

딕스는 이외에도 '외모가 수수한 삼십대 이상의 여성'이라는 조건을 추가했다. 딕스는 사내들로 가득한 군대에 여자 몇 명을 투입하는 것이 얼마나 위험한 일인지를 잘 알고 있었다. 10여 년 전에 끝난 크리미아 전쟁에서 플로렌스 나이팅게일이 활동한 것을 제외하고, 군대에서 여자들이 간호한다는 것은 매우 낯선 풍경이었다. 부대 주둔지에서 볼 수 있는 여자라곤 부대 주변의 민간인들, 이른바 '병사들의 여인들'인 매춘부들뿐이었다.

더할 나위 없는 적임자였던 바튼의 정식 입단이 미뤄진 것이 딕스의 소극적인 태도 때문이었는지 아니면 성미가 거칠기로 소문난 여자 밑에서는 결코 즐겁게 봉사할 수 없을 것이라고 바튼이 직감해서 그랬는지는 알 수 없는 노릇이다. 바튼 역시 자기 방식대로 하는 것이 몸에 배어 있었기 때문이다. 그녀가 1854년 특허청에서 처음으로 근무를 시작했을 때 워싱턴 시를 통틀어 공공기관에 근무하는 여성은 바튼을 포함해 고작 네 명이었다. 그녀는 이 전쟁에서 자신이 봉사할 수 있는 다른 길을 모색해야겠다고 결심했다.

매사추세츠 제6연대는 4월에 워싱턴에 도착했다. 6월이 되자 7만 5천 명의 연방군이 워싱턴 시내와 외곽에 집결했다. 보급품은 턱없이 부족했다. 집결한 병사들이 이를 알고 설레설레 고개를 젓자 바튼은 행동을 개시했다. 그녀는 관계 당국에 도움을 호소하거나, 공식단체에 가입하거나, 이런저런 관직에 자리를 마련해달라고 구걸하거나 하지 않겠다고 작정했다. 그냥 행동에 나서기로 했다. 자신이 군인이 되거나 도로시아 딕스 밑에서 간호사로 일할 수 없게 되더라도 자신의 힘으로 병사들에게 보급품을 제공하겠다는 바튼의 생각을 막을 수 있는 사람은 없었다.

바튼은 자신이 특허청에서 받는 쥐꼬리만 한 봉급으로 식료품을 다량으로 구입했다. 특히 병사들의 배급품으로는 구경하기 힘든 식료품들, 예컨대 집에서 만든 젤리, 케이크와 파이 등을 주로 구입했다. 그녀는 딕시라면 틀림없이 반입을 허용하지 않았을 담배와 위스키까지도 구입했다. 바튼 자신은 위스키와 같은 증류주를 마시지 않았지만, 병사들의 신경은 몸에 익숙해진 마취제를 필요로 한다고 믿었던 나머지 병사들에게 위스키가 떨어지지는 않았는지 수시로 살펴보곤 했다.

바튼은 남자 한 명과 기혼인 오십대 언니의 호위를 받으면서 이곳저곳에 흩어져 있는 야영지를 순회하고 자신이 구입한 물품을 군인들에게 분배했다. 그녀의 이런 수고는 1861년 말까지 계속되었으며, 그 과정에서 정부의 영향력 있는 관리들과 손이 닿아 활동 영역을 더욱 넓힐 수 있었다. 여기저기서 바튼에게 식료품과 물품들을 기증하기 시작하자 그녀는 자신의 아파트도 모자라 창고를 세 개나 빌려 기증품들을 저장해야 했다. 1861년 말, 노스캐롤라이나 해안의 전투에 참가하러 가는 도중 워싱턴을 지나던, 자칭 병사 대표단이 바튼을 찾아 왔다. 그들은 그녀가 교사로 일할 때 가르친 제자들이었다. 바튼은 그들이 반갑기도 하고 자랑스럽기도 했다. 그들이 워싱턴을 떠나자 군인들에 대한 그녀의 연민은 그 어느 때보다 더 커졌다. 바튼은 특허청에서 계속 근무했고 자신의 봉급 대부분을 병사들이 사용할 물품을 구입하는 데 썼다. 매일 퇴근 후에는 특허청 옥상에 설치된 임시 병원을 필두로 워싱턴 시내와 외곽에 위치한 임시 병원들을 찾아가곤 했다. 특허를 받기 위해 제출된 기계 모델이나 견본 제품들이 산더미처럼 쌓여 있는 바로 그곳에서 환자들과 부상병들이 고통의 신음 소리를 내고 있었다.

1862년 초 아버지가 몸져눕자 바튼은 아버지를 간호하기 위해 노스 옥스퍼드로 돌아갔다. 노쇠한 전사 아버지가 전황을 궁금해 하자 바튼은 노스캐롤라이나의 전투에 관한 신문 기사를 읽어주었다. 그러면서 아버지에게 노스캐롤라이나 전투 현장에 가고 싶다고 속내를 털어놓았다. 하지만 한편으로는 두려움이 앞섰다. 전투 자체 때문이 아니라 자신이 병사들에게 몸이나 파는 여자로 오해를 받지는 않을까 해서였다. 스티브 바튼은 딸의 눈을 빤히 들여다보았다.

"병사들이 어떤 인간인지, 난 알지. 네가 어떤 사명을 수행하고 있는지 알면 너를 우러러 볼거야."

그는 바튼이 군인이자 애국자의 자랑스러운 딸임을 상기시켰고,

바튼 자신이 원하면 꼭 그렇게 해야 한다고 말했다.

이 말에 힘을 얻은 바튼은 매사추세츠 주지사 존 앤드류에게 편지를 보내 자신이 버지니아 주 로아노크로 가서 앰브로즈 번사이드 장군 휘하의 매사추세츠 연대 병사들을 간호할 수 있게 해달라고 요청했다. 편지의 내용인즉 이러했다.

"주지사님, 저는 봉급도 박수갈채도 바라지 않습니다. 병사들이 받는 여행 경비면 족합니다. 제가 가서 손수 도울 수 있는 일이라면 어떤 것이든 힘닿는 대로 할 수 있도록 허락해주십시오."

1862년 3월 21일 아버지가 세상을 떠난 직후, 앤드류 주지사는 바튼의 여행을 허가했지만 매사추세츠 공중위생국장인 일프레드 히치콕 박사가 반대 의사를 표명하는 바람에 취소되고 말았다.

바튼은 또다시 절망의 나락으로 떨어진 느낌이었다. 그녀는 이전처럼 열심히 보급품을 쌓아놓고, 저장하고, 포장하고, 나누어주었지만 자신이 치열한 전투 현장에 있다는 느낌은 결코 들지 않았다. 마침 이때 바튼은 새로운 소식을 접했다. 뛰어난 조경설계사인 프레더릭 올름스테드가 연방군을 간호하고 보살피기 위해 개인이 후원하는 단체인 '위생위원회'를 결성했다는 것이었다. 올름스테드는 병원으로 개조한 배에서 간호사로 봉사할 여성 열다섯 명을 뽑았다. 올름스테드의 조직에서 봉사하게 된 바튼은 드래곤 딕스 밑에서 봉사할 때와 너무도 흡사한 심경을 느꼈다. 본시 얽매이는 것을 싫어하는 터라 엄격한 규율과 규정이 그리 달갑지 않았다. 하지만 바튼은 위생위원회의 활동에서 보람을 느껴 언젠가는 독자적으로 활동하는 간호사로 봉사하겠다는 결심을 다시 한 번 다질 수 있었다.

1862년 6월, 페닌슐러 전투에서 부상당한 병사들이 워싱턴의 여러 병원으로 대거 밀려들었다. 일손은 부족하고 위생은 열악하기 짝이 없는 병원에서 바튼은 혼신의 힘을 쏟았다. 부상자와 환자들의 숫자를 이루 헤아릴 수 없다 보니 그들을 보살피고 간호한다는 게 여간 힘든 일이 아니었다. 친구인 메리 노튼에게 보낸 편지에 바튼은 이렇게 쓰고 있다.

"나는 번민에 시달리지만 쓰러질 정도는 아직 아니다. 우리 병사들이 땡볕 아래서 신음하고 목말라 죽어가는데 내가 이런 호사를 누리다니. 병사들에게는 보급품이 제대로 분배되지 않고 있는데 나는 부족함 없이 지낸다. 그들에게 미안할 따름이다." 클라라 바튼은 지금 당장 자신의 보급품과 보살핌을 가장 절실히 필요로 하는 부대가 세난도 계곡과 프레더릭스버그 사이에 주둔하고 있는, 존 포프 장군 휘하의 부대라고 판단했다. 1862년 7월 11일, 그녀는 워싱턴의 병참부장인 다니엘 러커 대령을 찾아갔다. 러커는 그녀를 맞이하면서 귀찮다는 표정을 지었다.

"그래, 원하는 게 뭡니까?"

그는 다그치듯 물었다. 느닷없이 감정이 북받쳐 오른 바튼이 와락 울음을 터뜨렸다. 당황한 러커는 갑자기 태도를 누그러뜨리면서 그녀에게 자리에 앉으라고 권했다.

"용건을 말씀해 주시겠습니까?"

"저를 전방으로 보내주십시오."

그녀가 사정하듯 말했다.

러커는 전방이란 바튼과 같은 숙녀가 갈 곳이 못된다고 일렀지만 그녀는 "전쟁터는 하나도 두렵지 않습니다"라고 답했다. 그러면서 자신이 운영하는 세 개의 창고에는 병사들에게 줄 온갖 물품들이 그득 하다고 말했다. 바튼은 자신에게 필요한 것이라곤 마차 몇 대와 통행 허가증이라고 말했다. 그녀의 말에 감동받은 러커는 통행 허가증을 내주면서 필요한 조치를 내렸다.

클라라 바튼은 하늘을 날아갈 듯한 기분이었다. 그렇다고 해서 정치적 분별을 상실할 정도는 아니었다. 자신이 위생위원회 집행관의 관할 구역으로 들어가는 것을 위생위원회에서 반대할지도 모른다고 판단한 바튼은 위원회의 워싱턴 본부를 찾아가 자신은 위원회에서 하는 일을 도울 뿐이지 위원회와 경쟁하거나 위원회에서 하는 일을 방해할 생각은 추호도 없다고 해명했다. 서기관보는 바튼의 말을 듣고 나서 허가서를 발급해주었다.

1862년 여름 클라라 바튼은 전쟁터로 갔다. 전투가 치열하게 전개되는 가운데 그녀는 필요한 물품을 나누어주고 부상자들을 돌보았다. 그녀가 전사하거나 생포될지도 모른다고 병사들이 경고하자 바튼은 "위험한 것으로야 따지자면 저보다는 부상병들이 더 하겠지요."라고 겸손히 말했다.

클라라 바튼은 실로 두려움이 없는 사람이었다. 당시 야전병원으로 사용되던 시체 안치소의 모습과 거기에서 들려오는 소리에 소름이 끼치는 적이 한두 번이 아니었지만, 그렇다고 해서 포기하거나 방해 받을 그녀가 아니었다. 남북전쟁 당시 사용된 무기는 새로운 산업 시대의 산물이었다. 새로 개발된 폭탄과 대포로 인해 이전에는 상상조차 할 수 없었던 피해가 속출했다. 손발은 산산조각이 나거나 갈기갈기 찢겨나갔고, 내장이 밖으로 튀어나오면서 몸통이 훤히 다 들여다보이는 부상이 순식간에 벌어지곤 했다. 안타깝게도 의학 기술은 무기 제조 기술에 비해 한참이나 낙후되어 있었고 병사들은 피를 흥건히 흘린 채 여기저기 널브러져 있었다. 이 참혹한 현장을 목도한 바튼은 그 자리에서 팔을 걷어붙이고 수습에 나섰다. 병사들의 오물로 인해 미끄러워진 병원 바닥을 쉴 새 없이 말끔히 닦아내고, 붕대를 새로 갈아주었으며 물을 마시게 하거나 음식을 먹여주었다. 그리고 이따금씩 생애 마지막 밤을 힘겹게 지새우는 어린 병사들 곁에 앉아 있어주기도 했다. 한번은 한 군의관이 말을 붙였다.

"바튼 아주머니, 여긴 아주머니 같은 분이 있을 곳이 정말 못되거든요."

"그렇다면 고통으로 신음하는 병사들은 괜찮다는 말인가요?"

바튼은 차분하게 응수했다.

한편 그녀는 환자들과 부상병들에게 보다 많은 지원이 절실하다는 사실을 대중들에게 알리는 일도 게을리하지 않았다. 1864년 6월, 바튼은 제임스 부대의 간호 책임자로 공식 임명되었고, 1865년 에이브러햄 링컨 대통령은 전쟁 중 행방불명된 사람들과 사망한 사람들을 수색하기 위한 기록사무국을 설치하고 그녀에게 책임을 맡아달라고 요청했다.

바튼은 남은 생애를 자신의 신조 즉 '행동에 나서는 것'에 충실하게 살았다. 수년간 기록 사무국에서 일하다가 몸과 마음이 지칠 대로 지친 바튼은 1869년, 휴식을 취하기 위해 유럽으로 갔는데, 그곳에 있는 동안 프랑스와 독일 사이에서 전쟁이 터졌다. 바튼은 그곳에서도 전쟁의 희생자들에게 구호 물자를 나누어주기 시작했다. 워낙 독립심이 강해 거대 조직과 더불어 일하는 것이 체질에 맞지 않던 그녀가 이번에는 스위스의 인도주의자가 새로 설립한 국제적십자사와 관계를 맺었다. 미국으로 돌아온 바튼은 국제적십자사가 전쟁 중 부상을 입었거나 포로가 된 병사들을 위해 공식화한 제네바 협약을 미국 정부가 승인하도록 촉구했다. 1881년, 바튼은 훗날 미국적십자사로 명칭이 바뀐 미국적십자협회를 결성했다. 다른 나라의 적십자사와 마찬가지로 미국적십자사를 이끌면서 국제적십자사의 정관 중 미국 관련 수정안을 기초하고 온갖 노력을 기울인 끝에 통과시켰다. 그 수정안에 따라 미국적십자사의 임무는 전쟁 중 구호에서 홍수, 지진, 태풍, 토네이도, 전염병, 및 기근을 비롯한 주요 비상사태로 확대되었다. 단순히 관리자로 일하는 것에 결코 만족할 수 없었던 바튼은 1898년 쿠바에서 스페인과 미국 사이에 전쟁이 일어나자 일흔여섯의 나이에도 불구하고 전쟁터에 뛰어들었다.

1904년, 여든 둘이라는 고령에 이른 비튼은 여러 정치적 내분 속에서 미국적십자사의 총재직에서 강제 사임해야 했다. 마음의 상처가 매우 컸지만 바튼은 세상을 떠나던 1912년 4월 12일까지 조직화된 구호활동에 적극적으로 참여했고 그 결과 인도주의를 철학의 차원에서 개인적이며 세계적인 규모로 실행되는 소명의 차원으로 탈바꿈시켰다.

모한다스 간디와 비폭력 혁명

내 발로는 나가지 않겠소

간디는 상식과 도덕에 대한 호소가
압제자에 대한 '비협력'과 짝을 이루면 언젠가는 반드시 승리할 것이라고 믿었다.
이에 따라 그는 대영 비협력 운동을 전개했다.
협력을 중단하라, 그러면 억압은 곧 사라질 것이니.

Mohandas Koramchand Gandhi

　모한다스 간디1869~1948는 그의 추종자들이 붙인 이름 마하트마위대한 영혼 간디로 더 잘 알려져 있다. 대다수 인도인들은 그를 일컬어 단순히 '바푸아버지'라고 불렀다. 간디는 영국으로부터 인도의 독립을 이끌어낸 아버지였으며, 이를 넘어서 비폭력 저항 운동을 통해 사회를 변혁시킨 20세기의 상징적 인물이었다. 사회 정의에 열렬한 관심을 쏟았던 그는 자신의 권리를 위해 투쟁하는 사람들에게 어떤 일이 있어도 생명에 대한 경외심을 내팽개쳐서는 안 된다는 매우 소중한 교훈을 심어주려 했다.

　간디는 어떻게 해서 생명 존중이라는 철저한 신념에 도달하고 신념을 실행에 옮기기로 결단할 수 있었을까?

그는 1869년 10월 2일 인도 구자라트에서 힌두교의 바니아(상인)계급 가문에서 태어났다. 간디의 아버지는 인도의 작은 주의 디완(총독)이었고, 아버지의 네 번째 부인이었던 어머니는 힌두교와 이슬람교의 교리와 관습이 뒤섞인 '프라나미스'로 알려진 소규모 종파의 독실한 신자였다. 어머니는 간디가 어렸을 때 보편적인 종교적 관용, 살아 있는 존재를 해치지 않기, 채식주의 관습, 자기정화의 수단이 되는 단식 준수 등을 망라한 '아힘사 사상'을 가르쳤다. 당시의 종교 전통에 따라 간디는 일곱 살에 카스투르바 마칸지와 약혼하고 열네 살에 결혼했다. 인도에서 세련된 교육을 받은 간디는 열아홉 살인 1888년에 영국으로 건너가 영국의 4대 법학원 중 하나인 이너 템플에서 법학을 공부하고 1891년 변호사가 되었다. 인도에 돌아와 변호사 사무실을 열었지만 변호사 일로는 생계를 꾸리기가 힘들다는 사실을 이내 깨달았다. 간디는 1893년 푸르른 목초지를 찾아 인도인 공동체가 제법 형성되어 있는 남아프리카로 이주해 그곳에 있는 인도 회사에 취직했다.

이후 간디의 삶을 영원히 뒤흔든 커다란 변화가 일어난 곳이 바로 남아프리카였다. 영국과 인도에서도 이미 사회적 불평등을 목격한 터였지만, 간디는 1893년 5월 나탈에서 불현듯 식민지에서의 인종적 억압이라는 현실에 눈을 뜨게 되었다. 이날의 각성에 대해 몇 년 후 간디는 단 한 줄의 문장으로 정리했다.

"한 인간이자 인도인으로서 내게는 아무런 권리가 없다는 사실을 깨달았다."

간디는 다다 압둘라 셰스라는 이슬람교도 사업가에 대한 소송 문제로 나탈 주 더번에 와 있었다. 런던에서 교육받은 젊은 변호사 간디는 머리에는 터번을 썼지만 복장은 유럽 스타일의 프록코트와 넥타이 정장 차림이었다. 소송 사건 때문에 트란스발 주도州都인 프레토리아로 가게 되자 회사에서는 간디에게 기차의 일등석을 예약해주었다. 더반에서 프레토리아까지 가려면 기차에서 하룻밤을 자야 했다. 밤 아홉시 경 기차가 나탈 수 주도인 마리츠버그에 잠시 정차하자 백인 하나가 간디가 있는 칸막이 객실로 들어왔다. 그 백인은 간디가 '유색' 인종임을 알고서는 이내 못마땅한 표정을 지었다. 백인은 밖으로 나가더니 잠시 후 승무원 두 명과 함께 다시 나타났다. 그들이 잠자코 있자 또 다른 승무원이 간디에게 오더니 이렇게 말했다.

"나를 따라오시오. 객실을 저쪽 삼등석 수하물차로 옮기도록 하시오."

간디는 조용히 따졌다.

"삼등석이라니? 난 일등석을 끊었소."

그 승무원은 개의치 않는 듯했다.

"그건 상관없소. 어서 저쪽 수하물차로 자리를 옮기시오."

간디는 차분하게 따졌다.

"나는 더반에서 일등석을 이용할 수 있는 허가를 받았소. 그러니 여기는 내 자리요."

이 말을 들은 승무원은 간디에게 객실을 비울 것을 재차 명령했다.

"그렇지 않으면 경찰을 불러 당신을 쫓아내겠소."

그의 거절은 난폭하거나 무례하지 않았고 독설이나 위협과는 거리가 멀었다. "차 한 잔 따라드릴까요?"와 같은 정중한 권유에 대한 반응이 될 수도 있는 "좋습니다"라는 짧은 문장은 객차 승무원으로 하여금 경찰을 불러들이게 하는 구실이 되었다. 이 짧은 대답으로 간디는 부당한 압력을 가하는 행위자의 고압적인 권력을 무력화했다.

간디의 대답은 의도적이었을까? 이 점에 대해 간디는 침묵했다. 하지만 이미 그런 단어들을 내뱉은 이상 간디는 거기서 어떤 결과가 비롯되든 그에 따라 행동하기로 결심했다.

간디는 "내 발로는 나가지 않겠소"라는 말도 했다. 이는 매우 분명한 의미가 담긴 선언이었다. "나는 나가지 않겠소"라고 말했다면 그 의미는 상대적으로 약화되었을 것이다. 거부한다는 뜻이 물리적 힘에 의해 쉽게 부정될 수 있기 때문이다. 하지만 "내 발로는 나가지 않겠소"라고 말함으로써 상황은 아주 달라졌다. 분명 간디는 물리적 힘에 의해 언제든 기차에서 쫓겨날 수 있었지만, 그들이 어떤 완력을 사용하든 결코 간디 스스로 나가게 할 수는 없었을 것이다. "나는 나가지 않겠소"가 간디의 불가항력적인 상황을 나타낸다면 "내 발로는 나가시 않겠소"는 완력이 제아무리 막강해도 그것에 저항하겠다는 개인의 본래적 의지를 나타낸 것이었다. 국가를 포함한 그 어느 누구도 자발적 행동을 강요할 수는 없는 노릇이다.

이같이 단순하면서도 동시에 심오하리만큼 복잡한 선언을 한 간디는 경찰이 올 때까지 기다렸다. 곧 경찰이 와서 간디의 손을 잡더니 그의 짐은 기차에 그대로 둔 채 그를 내쫓았다. 기차는 기적 소리를 내며 사라졌고 간디는 마리츠버그 역의 대합실에 우두커니 앉아 있었다.

　때는 바야흐로 겨울이었다. 남아프리카의 고지대에서 맞는 겨울
은 살을 에는 듯이 추웠다. 간디의 코트는 객차 승무원이 압수한 여
행 가방 안에 들어 있었다. 그는 다시 한 번 모욕과 구타를 당할까
봐 감히 가방을 되돌려 달라는 말을 꺼내지 못했다. 그는 혹한의 추
위에 몸을 떨었다. 전기불도 없는 대합실에서는 잠을 청할 엄두가
나지 않았다. 추위와 외로움에 잠을 이룰 수 없었던 간디는 자신이
앞으로 해야 할 일에 대해 생각하기 시작했다. 선택은 세 가지였다.
자신의 권리를 위해 싸우거나, 인도로 돌아가거나, 아니면 이번 일
을 없었던 것으로 치고 프레토리아로 그냥 가는 것.

　간디는 그날 밤, 임무를 다하지 못하고 인도로 돌아간다면 겁쟁
이 소리만 듣기 좋을 것이라고 생각했다. 그래서 그는 소송 사건을
마무리하기로 했다. 하지만 내친 김에 권리를 위해 투쟁하는 것은
어떨까?

　"내가 당한 고난은 아무것도 아니었다. 그것은 인종적 편견이라
는 심각한 병폐의 한 증상일 뿐이었다."

　이런 판단이 서자 간디는 단순히 자신의 권리를 위해 투쟁하기
보다 할 수만 있다면 병폐를 근본적으로 없애는 데 힘을 기울이고,
그 과정에서 고난을 당하더라도 감수하겠다고 다짐했다. 복수를 생
각하지는 않았다.

　"잘못에 대한 배상을 청구하되, 인종적 편견을 없애는 데 필요한
정도만큼만 할 것이다." 기차에서 억울하게 쫓겨난 간디는 세상, 적
어도 남아프리카라는 세상을 변화시키겠다고 결심했다.

이렇게 결심하자 간디는 어느 정도 마음이 안정되고 힘이 솟았다. 프레토리아로 가는 도중 더 많은 모욕과 구타를 당했지만 그러한 수모가 오히려 간디의 새로운 결심을 단단히 굳히는 계기가 되었다.

"그리하여… 나는 남아프리카에 사는 인도인들의 처지가 어떤 지를 몸으로 터득했다."

프레토리아로 가는 도중에 겪었던 체험이 함축하는 보다 큰 의미, 곧 자신을 초월하는 어떤 의미에 의해 내몰린 간디는 남아프리카 인도 공동체에서 사회 운동가이자 도더 개혁가로서의 생애를 시작했다. 그는 세 가지 불변의 규칙을 지침으로 삼아, 자신뿐 아니라 자신을 따르는 사람들도 지키게 했다. 첫째는 간디가 절대적으로 신봉한 사탸그라하, 즉 진리의 힘이었다. 간디는 그것을 "개인의 고난을 통해 권리를 확보하는 수단이며…무력에 의한 저항과는 반대가 되는 것"으로 묘사했다. 둘째는 간디가 어렸을 때 터득한 아힘사라는 비폭력 교리였다. 셋째는 성욕의 억제를 뜻하는 브라흐마차랴라는 힌두교 교리로 이를 지키면 힘이 솟아났다. "남자든 여자든 브라흐마차랴 교리를 온전히 실천하면 욕망의 사슬에서 완전히 벗어날 수 있다"고 간디는 말했다. "그러한 삶을 실천하면 신에게 가까이 가며, 신을 닮게 된다."

간디는 곧 남아프리카에서 변호사와 사회 운동가로서 단단한 입지를 굳혔다. 그는 자신이 번 돈으로 힌두교의 수행 공동체, 곧 아쉬람을 세웠는데 가장 유명한 것으로는 더반 근처의 피닉스 세틀먼트와 요하네스버그 근처의 톨스토이 팜이 있었다. 간디는 1894년에 나탈 인도 친목회를 조직했고, 1903년에는 인디언 오피니언이라는 주간지를 창설했다. 이로부터 3년 후 간디는 생애 처음으로 비폭력 저항 운동 내지는 시민 불복종 운동에 대한 실험을 본격적으로 이끌었다. 남아프리카 인도인들에 대한 차별을 극복하기 위해 시작된 그 운동으로 인해 간디와 그의 추종자들은 투옥되기도 하고 구타를 당하기도 했다. 하지만 전 세계의 관심을 끌면서, 남아프리카 인도인들로 하여금 자유의 여정을 떠나게 했으며, 모한다스 간디를 인도인들의 권리를 위해 투쟁하는 리더로 변모시켜 국제적으로 그 이름을 떨치게 했다.

간디는 1914년 7월 남아프리카를 떠나 인도로 돌아왔다. 거기서 그는 계층이나 계급의 구분이 무의미한 이상적인 공동체를 꿈꾸면서 새로운 아쉬람을 세웠다. 간디는 아쉬람의 중요성을 부각시키기 위해 전통적으로 영적 오염의 전원지로 간주되어온, 힌두교 사회의 최하층 계급인 '불가촉천민'의 가족들에게 공동체에 들어와 살라고 권유했다. 아쉬람에서는 불가촉천민들이 힌두교의 상류 계급과 이웃처럼 살았다. 그것은 단순한 상징적 제스처가 아니었다.

간디는 인도 사회에서 힌두교 신자들이 이슬람교 신자들에게 갖는 편견의 주된 원인이 다수의 이슬람교 신자들이 이슬람교로 개종한 불가촉천민들의 자손이라는 사실에 있다는 것을 깨달았다. 그는 시위 운동을 극단으로까지 몰고 갔다. 힌두교가 지배하는 인도 사회에서 불가촉천민들은 힌두교 신자들이 매우 꺼려하는 일들을 도맡아 했다. 간디 자신을 포함한 아쉬람 공동체의 모든 구성원들은 간디의 지시에 따라 순서를 정해 땅을 파서 만든 변소의 인분을 직접 치웠다.

간디는 인도의 소작농들과 공장 노동자들을 위한 운동을 전개해 1918년 성공리에 단식투쟁을 이끌어냈으며 1919년 처음으로 인도 전역에서 비폭력 저항 운동을 일으켰다. 간디가 애를 썼음에도 불구하고 저항 운동은 군중들의 폭동으로 이어졌다. 이에 인도의 영국 식민지 관리들이 무자비하게 응수해 악명 높은 암리차르 대학살로 이어졌다. 379명이나 되는 남자, 여자 및 아이들이 영국군의 총탄에 쓰러졌다. 암리차르 대학살에 경악을 금치 못한 간디는 자신의 비폭력 방식에 회의를 느꼈다. 하지만 그는 심사숙고 끝에 비폭력 방식을 지속해야겠다는 결심을 보다 확고히 했다. 간디는 폭력은 그 자체로 악이라고 생각했다. 뿐만 아니라 또 다른 폭력으로 이어진다는 점에서 비효율적이기도 했다. 더 나쁜 것은, 인도인들이 폭력을 사용하면 영국인들의 폭력 사용이 정당화될 것이라는 사실이었다. 영국의 무력 통치가 부당하며 불법이라는 사실을 온 세계와 영국인들 자신에게 고발할 수 있는 유일한 길은 분명 비폭력 저항 운동밖에는 없었다. "비폭력 없는 진리, 진리 없는 비폭력을 생각할 수 없듯이, 이 둘은 떼려야 뗄 수 없는 관계이다. 진리보다 더 숭고한 신은 없다."고 간디는 말했다. 설령 압제자의 상식과 도덕이라 할지라도 간디는 상식과 도덕에 대한 호소가 압제자에 대한 '비협력'과 짝을 이루면 언젠가는 반드시 승리할 것이라고 믿었다. 이에 따라 그는 대영 비협력 운동을 전개했다. 억압하려면 그러한 억압에 기꺼이 협력하려는 사람들 뿐 아니라 압제자 또한 필요하다. 협력을 중단하라, 그러면 억압은 곧 사라질 것이니.

간디는 인도인들에게 전통적인 수동식 베틀로 옷감을 짤 것을 권고함으로써 영국제 옷에 대한 불매운동을 펼쳤다. 그 결과 영국의 섬유 수출은 큰 타격을 받았다. 이에 고무된 간디는 불매운동을 모든 영국 제품으로 확대했다. 그의 비협력 운동은 제품뿐 아니라 기관으로까지 확대되었다. 인도인 변호사들은 영국인이 관할하는 법정에서 변호하기를 거부했고, 인도인 학생들은 영국이 운영하는 대학에 다니기를 거부했다.

식민지 당국은 1922년 간디를 투옥함으로써 이에 응수했다. 1924년에 풀려난 후 인도 국민회의파 의장으로 선출된 간디는 인도의 지방자치를 실현하되, 궁극적으로는 인도의 완전 독립을 추구하겠다고 선언했다. 이러한 운동을 펼치는 한편 소수자들의 권리, 불가촉천민들과 여성들의 권리, 교육 기회의 확산, 지방 산업의 발전 및 공중 보건 및 위생의 향상을 위해서도 애를 썼다.

1930년 간디는 영국이 소금 제조를 독점하는 것에 항의하기 위해 240마일에 걸친 행진을 이끌었다. 그의 의도는 참가자들을 바닷가로, 즉 구자라트 주의 해변 마을인 단디로 데려가 해수에서 소금을 불법 채취하게 하려는 것이었다. 아쉬람을 떠나기 시작할 때는 소수의 사람들만이 참가했던 행진이 인도 전역으로 확산되면서 외국의 신문기자들과 방송 관계자들을 비롯해 점점 더 많은 사람들이 동참하는 행진으로 변했다. 이러한 반대 시위가 국제사회에 알려지면서 인도의 독립을 되찾기 위한 운동은 전 세계적으로 커다란 지지를 이끌어냈다. 1932년 감옥에 재수감된 간디는 불가촉천민들에 대한 학대에 항의하기 위해 6일 동안 단식했다. 1933년에는 무려

24일 동안 단식하기도 했는데 식민지 당국에서는 투옥 중인 간디가 사망할 경우 폭동이 일어날 것을 염려하여 그를 석방했다.

간디는 2차 대전 중 나치 정권에 반대하면서도 영국의 인도 통치를 종식시키기 위한, 이른바 '인도 포기 운동'을 게을리 하지 않았다. 이로 인해 간디와 그의 아내 카스투르바 둘 다 투옥되었고 카스투르바는 투옥 중 병이 들어 죽었다. 아내의 죽음에 크게 상심한 간디의 기력이 쇠약해지자 식민지 당국은 1944년 5월 그를 석방했다. 건강이 회복된 간디는 인도의 독립이 곧 기정사실화 될 것으로 내다보고 이에 대한 준비를 해야겠다고 결심했다. 그의 최대 관심은 힌두교도들과 이슬람교도들 사이의 적대 감정을 없애는 데 있었다. 하지만 그 일은 생각처럼 쉽지 않았다.

1947년 7월, 영국 의회는 인도 독립안을 통과시키면서 인도를 힌두교가 주류인 인도와 이슬람교가 주류인 파키스탄이라는, 두 개의 별도 국가로 분할했다. 인도가 두 나라로 분할되는 것에 적잖은 상처를 입은 간디는 이슬람교도들과 힌두교도들 사이의 뿌리 깊은 갈등을 치유하는 데 혼신의 노력을 기울였다. 이러한 화해를 위해 기도하러 가던 1948년 1월 30일 모한다스 간디는 한 힌두교 극렬 분자의 총탄에 맞아 쓰러졌다.

흑인의 영혼은
타협을 반대한다

애틀랜타 타협이 흑백 갈등에 대한 해결책이 될 수 없다고 판단한 뒤 보아는
그것을 받아들이지 않기로 작정했다.
그는 노동과 돈의 복음을 거부했으며 워싱턴이 제시한 프로그램에 함축된 바를
비판적으로 바라보았다.

1895년 9월 18일, 흑인뿐 아니라 백인들 사이에서도 미국 흑인들의 목소리를 대변하는 흑인 리더로 널리 인정받았던 부커 워싱턴은 애틀랜타에서 목화를 재배하는 여러 주의 백인들과 국제박람회에 모인 백인들 앞에서 연설을 했다. 그것은 미국의 인종 분쟁사에 한 획을 그은 연설이었다. 워싱턴은 흑인들이 경제적 기회를 얻고 직업교육을 제대로 받을 수 있도록 백인들이 힘을 북돋아준다면, 선거권 박탈을 비롯한 사회적 불평등과 인종차별을 기꺼이 감수하겠다는 의지를 표명했다. 그는 손을 내밀어 열 손가락을 펼치며 말했다.

우리가 어떤 사회 활동을 하든 열 손가락처럼 따로 분리될 수도 있지만, 하나의 손이 되어 활동한다면 상호 진보를 이룰 수 있습니다. 우리 동족 중 현명한 사람들이라면 사회적 평등의 문제를 들썩이는 것이 지혜롭지 못한 일이라는 것을, 우리에게 주어지는 모든 특권을 점차 즐기게 된 것은 인위적인 압력 행사 때문이 아니라 치열하면서도 줄기찬 투쟁의 결과임을 잘 알고 있습니다. 세계 시장에 어떤 식으로든 기여하는 민족이 오랫동안 소외되는 법은 없습니다. 법에서 제공하는 모든 특권이 우리의 것이라는 사실은 중요하고도 지당한 것이지만 우리가 그러한 특권을 행사할 준비를 갖추는 것은 더더욱 중요합니다. 지금으로서는 공장에서 일을 해 1달러를 벌 수 있는 기회가 오페라 극장에서 1달러를 소비할 수 있는 기회보다 더없이 소중한 것입니다.

백인 청중들은 그의 연설에 우레와 같은 박수갈채를 보냈다. 이윽고 이날의 '애틀랜타 타협'이 백인과 흑인 사이의 관계를 생산적으로 만들 수 있는 단 하나의 현실적인 방안이자 대다수 흑인들의 뜨거운 열망이라는 생각이 나라 전체에 퍼졌다. 워싱턴의 말에 의하면 흑인들은 백인들과 동등한 사회적, 정치적 권리를 요구한 것이 아니라 단지 일자리를, 그것도 백인 고용주들에게 보탬이 되는 그런 일자리를 얻고 싶어 하는 사람들이라는 것이었다.

워싱턴은 이미 훌륭한 업적들을 일궈냈다. 터스키기 공과대학 내에 흑인들을 위한 일류 직업학교를 세웠고, 흑인들의 경제적 기회를 확보하기 위한 주요 법안들이 통과되는 데 기여했으며, 또한 자신과 여타의 흑인 지도자들이 일심동체라는 사실을 대다수 백인들에게 주지시켰다. 그는 백인 개혁가들뿐 아니라 흑인 개혁가들 사이에서도 막강한 힘을 발휘했다. 이러한 타협 방침은 흑인과 백인 사이에 체결된 일종의 사회계약 성격을 띠게 되었다.

그런데 그러한 타협안을 문제 삼고 이의를 제기한 사람이 있었으니, 바로 윌리엄 에드워드 버가트 뒤 보아[1868~1963]였다. 그의 삶 자체는 백인과 흑인을 막론하고 모든 인종적 고정관념에 대한 도전이자 애틀랜타 타협의 이면에 숨겨진 여러 가정들에 대한 도전이었다. 1868년 매사추세츠 주 그레이트 배링턴에서 태어난 뒤 보아는 1895년 하버드대에서 흑인 최초로 박사학위를 받은 뒤, 1897년부터 1914년 사이에 미국의 흑인들에 대한 탁월한 사회학적 연구 결과를 여러 편 내놓았다. 처음에 그는 사회과학의 이론들을 합리적으로 적용하면 미국 사회에서 터무니없는 인종적 불평등이라는 단단한 껍질을 깰 수 있을 것으로 기대했다. 하지만 사회학적 연구를 계속할수록 더욱 뼈저리게 느끼게 된 것은 인종차별주의와 인종적 불평등이 미국 사회와 문화에 너무도 깊이 뿌리박혀 있다는 것이었다. 강력하면서도 꾸준한 운동이 전개되지 않는 이상 현행 헌법하에서 흑인들이 자신들의 권리를 주장하기에는 도저히 불가능해 보였다.

부커 워싱턴과 마찬가지로 뒤 보아 역시 흑인 자본주의 사상을 지지했다. 19세기 말엽 그는 흑인의 경제적 자족이 사회적 평등을 실현할 수 있는 필수 전제조건이라는 데 워싱턴과 의견을 같이했다. 그렇지만 뒤 보아는 백인들로부터 경제적인 도움을 얻기 위해 사회적 평등의 문제를 무한정 뒤로 미루는 워싱턴의 무성의한 태도가 마음에 걸렸다. 미국의 흑인들은 얼마나 더 기다려야 하는가? 부커 워싱턴은 말이 없었다.

마침내 뒤 보아는 1903년에 출간한 최초의 역작인 『흑인의 영혼』에서 부커 워싱턴뿐 아니라 '워싱턴 숭배'사상이라고 일컬은 일련의 타협주의에 대해 공개적으로 결별하겠다고 단호히 결심했다. 그는 책에서 이렇게 썼다.

"세상을 살다 보면 선보다는 악을 행하기 마련이라는 사실을 기억하면서…워싱턴이 걸어온 삶에서 잘못된 부분들과 문제점들을 최대한의 성실과 예의를 갖춰 지적할 때가 무르익었다."

뒤 보아는 사회적 평등의 실현이 지연되는 데 동의하는 것은 평등의 중요성을 무시하는 행위라고 보았다. 궁극적으로 그것은 경제적 기회를 확보할 요량으로 사회적 평등의 실현을 아예 포기하는 것이나 다를 바 없었다. 뒤 보아는 이것이 매우 부당한 거래라고 생각했다. 또한 그는 워싱턴이 백인들에게 적은 것을 요구하고 많은 것을 양보했다고 생각했으며, 워싱턴에 대해 "조정과 굴종이라는 구태의연한 태도에 젖어 있는 흑인들로 하여금 보다 높은 삶의 목표를 무시하게 하면서 노동과 돈의 복음에 헌신하도록 부추긴 장본인"이라고 비판했다.

애틀랜타 타협이 흑백 갈등에 대한 해결책이 될 수 없다고 판단한 뒤 보아는 그것을 받아들이지 않기로 작정했다. 그는 노동과 돈의 복음을 거부했으며 워싱턴이 제시한 프로그램에 함축된 바를 비판적으로 바라보았다. 뒤 보아는 그것이 흑인들이 열등할 것이라는 추정을 기정사실화하는 것이며, 인간이자 미국 시민으로서의 흑인들이 내세우는 다수의 소중한 요구 사항들을 무효화하는 것이라고 결론지었다. 그는 미국의 인종차별이 점차 강화되고 있다고 판단했다.

예전에는 흑인들에 대한 편견이 심해 흑인들이 자기주장을 내세우는 즉시 제동이 걸렸던 데 비해 이제는 오히려 흑인들의 굴종을 강요하는 정책이 옹호되고 있었다. 다른 인종과 민족의 역사를 살펴보면 그러한 위기 상황에서는 자존심이 땅이나 집보다 더 소중한 가치였으며 자존심을 스스로 내팽개치거나 더 이상 그것을 추구하지 않는 사람은 교화할 만한 가치가 없었다. 하지만 워싱턴의 추종자들은 '흑인들이 굴종을 통해서만 생존 할 수 있다'고 주장했다.

『흑인의 영혼』에서 뒤 보아는 애틀랜타 타협을 반대하는 이유를 다음과 같이 열거했다.

> 워싱턴은 흑인들이 적어도 정치적 힘과 시민권, 흑인 젊은이들을 위한 고등교육이라는 세 가지를 포기하고, 모든 에너지를 실업교육, 부의 축적 및 남부와의 화해에 쏟을 것을 명백히 요구하고 있습니다. 그러나 이러한 타협의 결과는 흑인의 선거권이 박탈되고 시민으로서의 흑인의 낮은 지위가 법으로 확정되며 흑인의 고등교육을 위한 제도적 지원이 삭감되는 것입니다.

뒤 보아는 애틀랜타 타협이 워싱턴의 흑색선전으로 인해 **빼도** 박도 못하게 된 엄청난 실수이며, 이제 미국 흑인들의 가혹하면서도 버거운 의무는 흑인들이 가장 높이 떠받드는 지도자 부커 워싱턴의 업적 가운데 일부에 반대 운동을 전개하는 것이라고 판단했다.

워싱턴이 검약, 인내, 대중들의 직업훈련을 강조하는 한 우리는 그와 협력해 일을 추진해야 할 것입니다…. 하지만 워싱턴이 투표에 따른 특권과 의무가 얼마나 소중한지 제대로 인식하지 못하고 북부든 남부든 불공평을 변호하고, 계급차별 무효화에는 관심도 주지 않는 이상, 우리는 그것들에 대해 줄기차게 그리고 단호히 반대해야 합니다. 우리는 품위 있고 평화로운 방법으로 세상이 인간에게 부여하는 권리를 위해 투쟁해야 할 것입니다.

1904년 잡지 《아웃룩》에 「결단의 갈림길」이라는 글을 기고한 뒤 보아는 이전보다 훨씬 더 강력한 어조로 타협에 반대했다.

우리는 강타하는 손에 입맞춤하기를 거부한다. 오히려 온갖 품위 있는 방법으로 교육의 기회를 확대하고 투표권을 유지하고, 시민으로서의 평등한 권리를 주장하며, 또한 자유로운 미국 시민에게 열려 있는 모든 권리와 특권을 얻기 위해 투쟁해야 할 것이다.

이러한 기회들을 얻을 수 있는 가능성을 부인하는 사람들에게, 미국은 결코 흑인들에게 기회를 부여하지 않을 것이라고 말하는 사람들에게 뒤 보아는 "난 그 따위 허튼 소리를 믿지 않아"라고 답했다.

타협안에 반대할 뿐 아니라 그에 대한 체계적인 대안을 제시하기로 작정한 뒤 보아는 1905년 여름 아프리카계 흑인들과 백인들을 포함해 스물아홉 명의 다른 사회 활동가들로 구성된 팀을 이끌고 캐나다 온타리오 주 나이아가라 폴즈에서 개최된 비밀회의에 참석했다. 그들은 일련의 결의안의 형태로 애틀랜타 타협에 대한 입장을 명확히 정리했다. 바로 여기서 '나이아가라 운동'이 탄생했으며 이를 계기로 아프리카계 흑인들이 시민으로서의 자유를 온전히 요구하는 성명서, 즉 인종차별을 종식하고 모든 인종들이 하나같이 형제임을 인정하는 성명서가 작성되었다.

나이아가라 운동이 급속히 팽창하면서 전국에 30여 개의 지부가 설치되었다. 하지만 운영자금 부족과 허술한 관리로 인해 조직은 곧 빠른 속도로 붕괴되기 시작했다. 1908년 8월 이런 국면을 뒤집는 사건이 하나 일어났다. 백인 여성을 성폭행한 혐의로 기소된 한 흑인 죄수가 다른 교도소로 이송되자 일리노이 주 스프링필드에 거주하는 백인 수천 명이 흑인 공동체를 불시에 습격한 것이다. 백인 폭도들은 흑인 거주자들을 닥치는 대로 구타하고 죽이기까지 했으며 집고 건물을 불태웠고 일리노이 주 방위군이 회복을 위해 현장에 출동하기 전 두 명의 흑인 노인들에게 린치를 가했다. 사정이 이러한데도 백인 지도자들은 양심의 가책을 느끼지 않았으며, 심지어는 그 흑인 죄수가 무혐의로 밝혀져 기소가 중지된 뒤에도 일부는 그 같은 폭동이 흑인들을 제자리로 돌려놓을 것이라는 망언도 서슴지 않았다.

언론에서 '북부의 인종 전쟁'으로 묘사한 그 폭동을 계기로 다수의 저명한 백인 자유주의자들이 1909년 뒤 보아를 비롯한 나이아가라 그룹의 회원들과 함께 모였다. 이 자리에서 그들은 전미 흑인지위향상협회NAACP National Association for the Advancement of Colored People를 탄생시켰다. 이듬해부터 전미 흑인지위향상협회가 공식적으로 나이아가라 운동의 뒤를 이었다.

협회가 창설된 1909년부터 1934년까지 뒤 보아는 연구 책임자이자 엄청난 영향력을 지닌 잡지인 《크라이시스》의 편집인을 역임했다.

그는 이 협회가 애틀랜타 타협의 흑색선전과 극단적 경향을 치유하는 해독제라고 간주했으며, 이 협회의 단 하나의 위대한 목표는 바로 '인종적 편견이라는 악과 투쟁하는 것'이라고 선언했다.

베 티 프 리 단 과 여 성 의 평 화

여성의 신비

나는… TV 광고와는 달리
부엌 바닥에 왁스 칠을 하는 게 조금도 짜릿하지 않았기 때문에
나 자신에게 문제가 있는 건 아닐까 생각했다.

Betty Friedan

1921년 미국의 심장부라 할 수 있는 일리노이 주 피오리아에서 태어난 베티 나오미 골드스타인[1921~2006]은 1942년 동부의 여자 명문 스미스 대학 심리학과를 졸업했다. 이후 캘리포니아대 버클리 캠퍼스 대학원에서 1년간 수학한 후 뉴욕으로 거처를 옮겨 다양한 분야에서 활동하다 1947년 칼 프리단과 결혼했다. 결혼 후 10년 동안은 전업 주부로 지내면서 이따금씩 여성 잡지에 글을 기고하곤 했다.

이처럼 가정을 돌보면서 프리랜서로 일하는 동안 프리단은 《레드북》이나 《레이디스 홈 저널》과 같은 잡지에 「아기에게 젖먹이기」 같은 글을 기고하는 일이 왠지 모르게 싫증이 났다고 털어놓았다. 막연히 무언가 잘못되어가고 있다는 느낌이 들었지만 자신의 권태

에 대해서는 이렇다 할 이유를 찾지 못했다. 자신에게 문제가 있을 거라고 추측할 뿐이었다.

"나는… TV 광고와는 달리 부엌 바닥에 왁스 칠을 하는 게 게 조금도 짜릿하지 않았기 때문에 나 자신에게 문제가 있는 건 아닐까 생각했다."

어쩌면 다른 여성들도 자신과 비슷한 경험을 하는 게 아닐까라고 생각한 프리단은 1942년에 스미스 대학을 졸업한 동창생들이 어떻게 살고 있는지 알아보기로 했다. 이에 1957년 길고도 상세한 설문지를 작성해 조사를 벌였고 그 결과를 토대로 「교육은 여성의 역할에 대한 바람직한 모델을 제시하지 못했다」는 글을 투고하기로 했다. 사실상 설문 조사에서는 응답보다 문제가 더 많이 제기되었다. 설문 결과에서 분명히 드러난 사실은 프리단과 그녀의 동창생들이 받은 교육이 여성들로 하여금 바람직한 역할을 수행하게 하는 데 실패했다는 점이다. 다소 당황스러운 결과 앞에서 프리단은 교육이 잘못된 것인지 아니면 역할 설정이 잘못된 것인지 자문했다. 잡지에 투고할 글을 쓰는 사이 그 답은 명명백백해졌다.

프리난이 설문 결과에 입각해 쓴 글올 기고하려고 했던《맥콜스》라는 잡지는 그녀의 최종 원고를 받지 않겠다고 했다. 이 여성 잡지의 일반 편집자들은 대부분 여성이었던 반면 고위직은 모두 남성이었다. 여성 편집자들은 프리단의 투고를 환영했지만 책임자 급이었던 남성들의 기세를 꺾을 수 없었다. 그들은 최고의 재능과 지성을 갖춘 여성들은 미국 사회에서 여성들에게 부과하는 전통적인 역할을 수행하기에 근본적으로 적합하지 않다는 프리단의 충격적인 결론이 사실과 동떨어진 것이라고 주장했다.

또 다른 잡지 《레이디스 홈 저널》은 프리단의 투고를 받긴 했지만 편집 과정에서 사실상 프리단이 말하려고 했던 것과는 정반대로 결론을 지으려 했다. 그러자 프리단은 원고를 회수해 《레드북》 잡지사에 보냈다. 이번에는 편집자가 프리단이 제정신이 아닌 게 틀림없다며 푸념을 했다. 그 편집자는 프리단의 주장에 대해 "노이로제에 걸린 가정주부들만이 동의할" 것이라고 비아냥거렸다.

베티 프리단은 연달아 퇴짜를 맞는 수모를 겪으면서도 연구를 게을리 하지 않았다. 그녀는 실체를 정확히 알 수는 없지만 중요한 그무언가를 간파하고 있다고 확신하면서 심리학자, 결혼 상담원, 사회학자 등을 비롯하여 많은 일반 여성들과 인터뷰를 했다. 프리단은 그동안 모아놓은 자료를 분석하고 자신을 돌아보면서 딱히 이름을 붙일 수 없는 그 문제가 대다수 여성들이 아내이자 엄마로서의 역할을 벗어난 일을 할 때마다, 말하자면 여성이 한 인간으로서 자신을 위해 어떤 일을 할 때마다 그들에게 찾아드는 막연한 죄의식이라는 결론을 내렸다. 이는 중세 빅토리아 시대의 여성들이 성적 욕망과 욕구에 대해 느꼈던 죄의식과는 차원이 다른 것이었다. 그것은 성적 죄의식이 아니라, 여성의 성적 혹은 사회적 정체성과는 부합 되지 않는 욕구에 대한 죄의식이었다. 그녀는 딱히 이름 붙일 수 없는 이러한 문제를 '여성의 신비'라고 일컬었다. 하지만 잡지사들은 그 이름을 채택하지 않았다. 얼마 후 프리단은 그 까닭을 알았다. '여성의 신비'라는 개념은 여성 잡지들이 기대고 있는 주춧돌이었던 것이다. 잡지사들은 여성의 신비를 토대로 했고, 여성의 신비를 부추겼으며 또한 여성의 신비에 힘입어 성장했다. 잡지사들이 자신의 존재 이유 그 자체를 위협하는 글을 실을 생각이 없는 것은 너무나 당연했다. 이러한 사실을 꿰뚫은 프리단은 자신의 생각을 활자화할 수 있는 유일한 길은 책으로 펴내는 것이라고 생각했다.

프리단은 1년이면 책을 쓸 수 있을 것으로 생각했지만 실제로는 5년이 걸렸다. 그녀는 훗날 말하기를 "그 책이 나를 떠맡았고, 나를 사로잡았고, 스스로 쓰기를 원했다"고 했다. 그녀는 책을 쓰기 위해 부단한 연구를 했을 뿐만 아니라, 그녀의 마음속 그 어딘가에 있는 심오한 감정과 체험에도 귀를 기울였다. 어머니가 끊임없이 토해내던 불만에 기억, 대학 시절 받았던 심리학 훈련, 학문적이며 지적인 기회가 여성의 역할이라고 생각했던 과거, 그런 인식에 어떤 식으로든 부합하지 않았기에 포기하고 만 기회들에 대한 죄책감 등이 책을 쓰는 내내 그녀를 사로잡았다. 그녀는 결혼해서 아이를 낳고, 교외에 살면서 이웃집 아낙네들과 동네 슈퍼마켓으로 장을 보러가고, 한가할 때면 커피를 홀짝이며 수다를 떠는 자신의 현재 삶에 대해서도 생각했다. 책을 쓰기로 결심한 프리단은 이른바 '여성의 신비'라는 문제가 미국 여성들의 에너지와 비전을 부자연스럽게 억누른 세력이었다는 결론에 근거해 일련의 새로운 결정들을 내려야 했다. 그처럼 마음을 송두리째 뒤흔드는 느낌은 난생처음이었다. 그러한 느낌은 고요하면서도 강한 내면의 확신으로 이어졌다.

『여성의 신비』는 1963년에 출간되자마자 일약 베스트셀러가 되었고, 베티 프리단은 1960년대에 일기 시작한 여성운동의 대모로 여겨졌다. 책이 출간되고 3년 뒤에는 '전국여성협회'를 조직하는 산파 역할을 했으며 초대 회장을 지내기도 했다. 프리단의 책을 읽은 많은 여성들과 남성들이 현실에 눈을 뜨자 전국여성협회는 낙태합법화, 남녀평등을 위한 헌법 수정안 통과 및 균등한 고용 기회 의무화 등을 위해서 정치 활동을 펼쳤다. 또한 『여성의 신비』 출간을 계기로 주로 대학 교육을 받은 진보적 여성들 사이에서 새로운 문화가 싹트기 시작했다. 아울러 전통적으로 남성들의 고유 영역으로 여겨져왔던 경제계와 정치계에도 여성들이 투신하기 시작했다.

자기 자신이 느끼는 불만, 권태 및 죄의식의 문제를 파헤치겠다는 프리단의 결심은 다른 여성들로 하여금 그러한 고민에 대해 진지하게 성찰하도록 만들었다. 이를 계기로 그녀는 잡지에 글을 투고하게 되었고 나아가 책을 쓰겠다는 결심까지 하게 되었다. 이러한 신중한 결정들은 엄청난 가속도가 붙으면서 미국의 문화, 경제, 도덕, 및 집단 심리학을 획기적으로 변모시켰다.

비밀과 거짓말

화요일 아침 나는 침대에 누워 생각에 잠겼다.
내가 해병대로 복무했던 기간을 포함해 15년 가까이 몸 바쳐 일해온 조직이
바로 이런 것이었구나.
나는 이제 하수인 노릇을 그만둬야겠다고 생각했다.

Daniel Ellsberg

1971년 6월 《뉴욕 타임스》는 미국 신문 역사상 가장 충격적인 연재 기사를 게재했다. 「미국이 베트남에서 결정을 내리기까지의 숨은 이야기들」이라는 공식적인 제목을 가진 이 기사는 편집자들이 '펜타곤 문서'라고 이름붙인 정부의 극비 보고서였다. 연재 기사의 바탕이 되었던, 국방장관 로버트 맥나마라의 지시에 따라 작성된 3천 쪽에 달하는 이야기와 4천 쪽에 달하는 원본으로 구성된 47권 분량의 서류는 1967년부터 1969년 사이에 국방부 분석관들에 의해 작성되었다. 그 문서는 공산주의자들이 이끄는 베트남과 식민 전쟁을 치르면서 결과적으로 미국을 베트남의 첨예한 갈등 현장으로 끌어들인 프랑스에 대해 해리 트루먼 정부가 어떻게 지원했는지를 시

간 순으로 꼼꼼하게 나열하고 있었다. 그 문서는 또한 1954년 드와이트 아이젠하워 대통령이 남베트남이 공산주의자들의 손에 넘어가는 것을 막고 떠오르는 북베트남 공산 체제에 타격을 가하기 위해 제한적 군사 조치를 취하기로 결심했다는 내용을 담고 있다. 또한 제한적 개입 정책을 고수했던 존 F. 케네디 대통령이 국민의 신임을 잃은 뒤 미국의 오랜 동지이자 남베트남의 부패한 대통령인 응오딘 디엠을 하야시키고 암살하려는 CIA의 비밀작전을 수용하면서 '폭넓은 개입' 정책으로 방향을 바꾸게 된 배경도 상세히 언급했다. 게다가 북베트남이 두 척의 미국 구축함인 메덕스호와 터너 조이호를 여러 차례 공격했다는 보고가 있은 뒤 1964년 의회에서 '통킹만 결의안'을 통과시킨 시점에 석연치 않은 구석이 있다는 펜타곤 문서의 폭로는 매우 당혹스러운 것이었다. 린든 존슨 대통령이 베트남 전쟁에서 사실상 무제한적으로 권한을 행사할 수 있도록 한 그 결의안은 사실상 공격이 있기 몇 개월 전에 입안된 것이었다. 수차례의 공격 중 한 차례는 거짓 보도였고, 나머지 한 차례는 왜곡 보도였다. 게다가 이 문서는 존슨 대통령이 북베트남에 대규모 공습을 감행하더라도 북베트남이 남베트남에서의 베트콩들의 폭동을 지속적으로 후원하는 것을 저지하지 못할 것이라고 미 정보당국이 한 목소리를 냈음에도 불구하고 1965년 북베트남에 대한 공습을 지시했다고 폭로했다. 펜타곤 문서가 공개되면서 비극으로 끝난 미국의 베트남전 개입에 따른 왜곡된 이야기가 온 천하에 드러났다. 뿐만 아니라 그 문서는 지난 30년 간 정부가 부실한 정보, 잘못된 해석 및 노골적인 거짓말에 기초해 외교정책을 수립하고 시행했을 만큼 서투른 솜씨와 고의적인 속임수로 일관해왔다고 폭로했다.

「미국이 베트남에서 결정을 내리기까지의 숨은 이야기들」이라는 원래의 극비 문서를 편집한 사람들 가운데는 메사추세츠 공과대학 국제관계연구센터의 선임연구원이자 국방부 산하의 유명한 두뇌집단 랜드 연구소에서 일하는 젊고 똑똑한 다니엘 엘스버그[1931~]가 있었다. 미 해병대 중대장을 역임했던 엘스버그는 세계 곳곳에서 일어나는 공산주의자들의 침략 행위에 대해 미국 정부가 효과적인 대응 방안을 마련하도록 하는 데 온 힘을 기울인 냉전시대의 '냉전주의자'였다. 베트남 전쟁 당시 그가 정부의 분석관으로 일하게 된 동기는 자신의 조국이 동남아시아에서 공산주의가 확대되는 것을 효과적으로 저지할 수 있도록 도와야겠다는 뜨거운 애국심에서였다. 하지만 그가 미국의 정책 변화에 대해 연구하면 할수록, 전쟁의 점차적인 확대에 따른 미국과 남베트남의 행동을 분석하면 할수록 베트남전은 실책과 잘못된 판단과 거짓에 토대를 두고 있다는 확신이 점점 강하게 들었다. 승리는 고사하고, 수단은 비도덕적이었으며 미국인들과 베트남인들의 고귀한 목숨만 희생시키고 있다는 생각을 엘스버그는 지울 수 없었다.

이제 어떻게 할 것인가? 이제 어떻게 할 수 있을 것인가?

2002년에 작성한 '숨은 이야기들'이라는 제목의 비망록에서 다니엘 엘스버그는 자신이 진실을 말해야겠다고 결심한 순간에 대해 자세히 이야기했다.

1969년 9월 30일 아침, 말리부의 자택에서 일어난 그는 현관으로 나가 《로스엔젤레스 타임스》를 손에 들었다. 태평양이 내다보이는 침실에서 엘스버그는 느긋하게 신문을 폈다. 특수부대 그린베레 살인 사건에 관한 기사가 그의 시선을 한눈에 사로잡았다. 그린베레 대령인 로버트 롤트와 휘하에 있는 정보장교 다섯 명이 배신자라고 여긴 칵 추옌이라는 태국 출신 특수부대 정보원을 계획적으로 살해한 혐의로 기소되었다는 내용이었다. 1969년 6월 20일, 추옌은 그린베레의 심문을 받은 후 총살당했다. 그의 시신은 무거운 가방에 담겨 남중국해에 버려졌다. 이미 7월부터 신문에 오르내리던 기사였다. 9월 30일 아침 신문의 큰 표제는 "그린베레에 대한 기소, 육군에 의해 기각되다"였다. 기사에서는 불과 열하루 전만 하더라도 살인 혐의자들은 재판에 회부해야 한다고 강력히 주장했던 육군 장관 스탠리 레소가 어떻게 베트남 주둔 미군 총사령관인 크레이튼 아브람스의 건의를 묵살하고 고소를 취하하라는 지시를 내렸는지에 대해 상세히 언급했다.

엘스버그는 침대에 누워 파도 소리와 갈매기 우는 소리에 귀를 기울이면서 그 기사에 대해 곰곰이 생각했다. 육군 장관 레소는 중앙정보국에서 증인 출석에 협조하지 않기 때문에 공정한 재판을 기대할 수 없다고 주장했다. 엘스버그는 대통령이 봐주지 않는 이상 중앙정보국에서 증인 출석 협조를 거부할 수 없을 것이라는 데 생각이 미쳤다. 국방부와 백악관 모두 자신들은 중앙정보국의 거부와는 무관하다고 부인했지만, 신문에서는 그들의 부인이 거짓임을 기정사실화 했으며, 실제로 닉슨 대통령의 비서실장인 할데만이 수년 후에 공개한 일기를 보면 리처드 닉스 대통령과 외교 안보 보좌관 헨리 키신저가 중앙정보국의 거부에 깊이 개입했음이 확인되었다.

엘스버그는 정부 최고위층의 거짓말을 언론이 그다지 문제 삼지 않는 사실에 기겁했다. 또한 애초에 미 육군은 살인을 용납할 수 없다고 말했던 레소 장관과 아브람스 장군이 이제 와서 미국 대통령이라면 그럴 수 있다고 말을 바꾼 것에 혀를 내둘렀다. 신문 기사를 계속 읽어나가던 엘스버그는 태국 출신 칵 추옌에 대한 즉결 처분과 같은 사건이 베트남전에서 비일비재하다는 것을 알게 되었다. 그런데 아브람스 장군이 유독 이 사건을 재판에 회부한 것은 롤트 대령 혹은 다른 누군가가 칵 추옌이 "총살당하기 전 남 베트남 외곽에서 민감한 비밀작전"을 수행 중이었다고 허위로 보고했기 때문이었다. 다시 거슬러 올라가면 롤트의 허위 보고는 부하들이 그에게 거짓말 한 것에 기안한다. 살인 청부업자로 추정되는 로버트 마라스코 대위와 다른 장교들이 부하들에게 조작 명령을 내린 게 분명했다.

물론 레소와 아브람스 둘 다 거짓에 대해서는 입을 다물었다. 하지만 설사 그들이 개별적인 살해 사건을 개인적으로 용납하지 않는다 하더라도, 그들은 고소하거나 고소를 취하하는 이유를 떳떳이 밝히지 않았다. 엘스버그는 그들이 "이런저런 거짓말에 연루되어 있으며, 신문을 읽으면서 그들이 시종 거짓말로 일관하고 있다는 느낌을 좀처럼 지울 수 없었다."고 말했다.

"화요일 아침 나는 침대에 누워 생각에 잠겼다. 내가 해병대로 복무했던 기간을 포함해 15년 가까이 몸 바쳐 일해온 조직이 바로 이런 것이었구나. 내가 충성했던 조직이 살인 사건을 은폐하기 위해 말단부터 최상부에 이르기까지, 하사관부터 총사령관에 이르기까지, 알아서들 거짓말로 일관하는구나."

엘스버그는 생각에 거듭했다.

"바로 이 체제가 베트남에서 진행되어왔던 일에 대해 3분의 1세기 동안 끊임없이 상상을 초월할 정도의 엄청난 규모로 거짓말을 해왔다. 나는 이제 하수인 노릇을 그만둬야겠다고 생각했다."

창밖을 보니 평온한 바다는 변함없이 진실을 들려주고 있는 것 같았다. 밀려오는 파도는 백사장을 때렸고 끼룩끼룩 우는 갈매기 소리가 들렸다. 그의 손에는 거짓말, 거짓말하는 사람들, 그리고 몹시 불쾌하게도 거짓말에 치를 떨면서도 그러한 거짓말을 기꺼이 영구히 은폐하고자 했음이 분명한 사람들에 관한 기사가 들려 있었다.

"나는 더 이상 이처럼 거짓말하는 기계, 이 같은 은폐, 살인에 협조하지 않을 것이다." 엘스버그는 굳게 다짐했다.

우리 주변의 여러 요소들, 예컨대 바다와 뉴스 기사, 그리고 자신의 정체성에 대한 고민 등이 우연히 결합되면서 뜻하지 않게 위대한 결정으로 구체화되는 경우가 있다. 결정의 여러 요소들이 이런 식으로 구체화될 때는 불현듯 앞에 모습을 드러낸 결정에 따라 적극적으로 행동하겠다는 용기 있는 결단이 필요하다.

엘그버그는 문득 한 가지 생각이 떠올랐다. 지난 23년 간 네 명의 대통령과 그들의 정부가 대량 학살을 계획하고 실행에 옮긴 것을 은폐하기 위해 줄곧 거짓으로 일관해왔다는 사실에 대한 7천 쪽 분량의 증빙서류가 랜드 연구소 자신의 금고에 보관되어 있었던 것이다. 그는 그 서류들을 더 이상 금고 안에 가둬두지 않고 어떻게든 빼내와야겠다고 결심했다.

당시는 서류를 컴퓨터에 저장하는 것이 일반화되기 전이었던지라 엘그버그는 경비가 삼엄한 자신의 사무실에서 7천 쪽에 달하는 서류를 몰래 빼내 느려터져 짜증스럽기 이를 데 없는 복사기로 일일이 복사해야 했다. 위험하기도 하거니와 엄청나게 힘든 작업이었다. 극비 문서를 단 한 쪽이라도 소지하고 있다가 적발되면 스파이 행위 내지는 반역죄로 기소되는 상황이었다. 운이 아주 좋은 경우에는 직장 생활에 종지부를 찍는 것으로 끝나겠지만 그렇더라도 형사재판에 회부되어 유죄판결을 받고 감옥에서 여생을 보내기가 십상이었다. 어느 누구도 선뜻 나서려 하지 않을 상황이라고 판단한 엘스버그는 모든 위험을 감수하더라도 진실을 밝혀야겠다고 결심했다. 오랜 시간을 들여 서류를 복사한 엘스버그와 그의 동료는 《뉴욕 타임스》와 《워싱턴 포스트》에 핵심 부분을 넘겼다. 1971년 6월 13일, 《뉴욕 타임스》는 입수한 문서를 토대로 기사를 게재하기 시작했다. 처음에 닉슨 대통령은 민주당원 일색인 행정부가 당황해하자 내심 쾌재를 불렀지만 이내 사태의 심각성을 깨달았다. 그러한 폭로전은 자신이 수행 중인 전쟁에 악영향을 끼칠 게 분명했고, 극비 문서가 아무런 제재도 받지 않은 채 나돈다는 것 자체가 매우 위험한 일이었다.

　세 번째 기사가 실리자 닉슨은 기밀문서를 계속 유포할 경우 나라의 안전이 즉각적이며 돌이킬 수 없는 손상을 입게 될 것이라는 이유를 내세워 기사 게재를 잠정 중단하라는 금지 명령을 내렸다. 그로부터 2주 동안, 연재 기사의 나머지 부분을 잠정적으로 게재할 수 없게 된 《뉴욕 타임스》와 《워싱턴 포스트》는 금지 명령에 이의를 제기했다. 1971년 6월 30일, 연방 대법원은 정부가 기사 게재 금지 명령에 대한 타당한 이유를 제시하지 않았기에 신문사들은 이전처럼 기사를 실어도 좋다는 판결을 내렸다. 배석 대법관 휴고 블랙은 "미국 헌법 제정자들이 그렇게도 옹호했던 공공의 유익에 기여한 신문사들은 오히려 박수갈채를 받아야할 것"이라고까지 말했다. 이에 당황한 백악관은 엘스버그를 겨냥해 은밀하면서 불법적인 조치를 취함으로써 대법원의 결정에 응수했다. 대통령은 엘스버그의 뒷조사를 하라는 지시를 내렸고 대통령 집무실에서 비밀리에 운영하는 특수부대는 대통령 특별보좌관 찰스 콜슨의 지도와 전직 중앙정보국 요원 하워드 헌트, 전직 연방 수사국의 특수요원 고든 라디의 지시로 엘스버그에 대한 음모를 꾸몄다. 백악관에 소속되어 있는 무리들은 이른바 '배관공들'이라 불렸다. 그들의 주된 임무가 누수를 막는 것이었기 때문이었다. 배관공들은 엘스버그에게 테러를 가할 계획을 세우기도 했지만 그들이 처음으로 했던 작업은 엘스버그를 담당했던 정신과 의사의 사무실에 잠입해 이 정보 누설자의 사생활에 관한 충격적인 기록들을 찾아내는 것이었다. 그로부터 얼마 뒤 이 배관공들은 워싱턴 D.C.의 워터게이트 빌딩과 아파트 단지에 위치한 민주당 전국본부에 잠입하다 체포되고, 그로 인해 리처드 닉슨을 몰락하고 말았다.

닉슨 대통령의 법무부는 엘스버그를 겨냥해 은밀한 작전을 펼치는 한편 최장 115년 형을 선고받을 수 있는 열두 가지 중죄를 저지른 혐의를 내세워 그를 기소하기로 했다. 그러나 1973년 5월 11일, 정부가 엘스버그에게 위법 행위를 했다는 이유로 기소를 기각했다. 훗날 이러한 위법 행위로 인해 백악관의 몇몇 보좌관들이 재

판에 회부되어 유죄판결을 받았으며 이어 워터게이트 사건에 대한
청문회가 세간의 주목을 끌었고 마침내는 대통령에 대한 탄핵 절차
가 이루어졌다.

펜타곤 문서가 공개되면서 헌법과 언론 · 신문 · 종교의 자유를
보장한 헌법 수정 제1항의 막강한 힘이 다시 한 번 확인 되면서 미
국 정부로 하여금 자성의 계기를 제공했지만 그와 동시에 정부에 대
한 신뢰는 크게 실추되었다. 뿐만 아니라 많은 사람들이 정부에 환
멸을 느꼈고, 베트남 반전 운동이 확산되었으며, 10년 가까이 미국
사회를 밑바닥부터 뒤흔들었지만 승리를 거머쥐기는 불가능했던
전쟁에서 미국으로 하여금 서둘러 발을 빼게 만들었다.

제임스 버크와 타이레놀 사망 사건

기업 윤리란
무엇인가

시간이 걸리고… 돈이 들며 버거운 일이 되겠지만,
우리는 그렇게 하는 것이야말로
올바른 경영이자 도덕적 명령이라고 생각한다.

James Burke

　1982년 9월 29일 새벽, 시카고 교외의 엘크 그로브 빌리지에 사는 열두 살짜리 소녀 메리 켈러만은 심한 기침으로 잠에서 깼다. 부모는 켈러만에게 '강력 타이레놀' 캡슐을 하나 주고는 등을 토닥거리며 침실로 돌려보냈다. 그로부터 한 시간쯤 지난 일곱 시 경 욕실에서 들려온 비명 소리에 부모는 다시 깜짝 놀라 잠에서 깼다. 황급히 욕실로 달려간 부모는 바닥에 쓰러진 채 숨져 있는 딸을 발견했다.

　같은 날 아침, 알링턴 하이츠라는 시카고의 또 다른 교외에 사는 스물일곱 살의 애덤스 제이너스는 가슴에 가벼운 통증을 느꼈다. 그는 강력 타이레놀 갭슐을 두 개 복용했는데, 한 시간도 채 못 되어 심폐기능이 완전히 정지했다. 그날 저녁, 제이너스가 급사했다는 소식에 깜짝 놀란 친척들이 집에 모여들었다. 애덤스의 스물다섯 살 된 동생 스탠리 제이너스는 두통을 가라앉히기 위해 그날 아침 형이 사용했던 병에서 타이레놀 두 캡슐을 꺼내 복용했다. 그러고는 열아홉 살의 아내 테레사에게 약병을 건넸고 그녀 역시 타이레놀 두 캡슐을 입에 넣었다. 스탠리와 테레사 부부는 48시간이 못되어 숨졌다.

엘크 그로브 빌리지와 알링턴 하이츠에서 그리 멀지 않은, 일리노이 주 윈필드에 사는 메리 라이너는 병원에서 넷째 아이를 출산한 직후 귀가했다. 그녀는 타이레놀 두 알을 복용했고 몇 시간이 지나 동네병원에서는 그녀가 사망했다고 선언했다. 라이너는 스물일곱 살이었다.

그로부터 얼마 후, 시카고 니어 노스 사이드에 있는 호반 마을의 한 아파트로 경찰이 들이닥쳤다. 아파트 주인은 유나이티드 항공사의 여승무원 폴라 프린스였다. 서른다섯 살이었던 그녀는 죽은 채로 발견되었고, 손에는 강력 타이레놀 약병이 들려 있었다. 그 무렵 일리노이 주 엘름허스트에 사는 서른한 살의 건강한 메리 맥팔랜드가 또한 목숨을 잃었다. 누가 보더라도 모두 건강한 일곱 명의, 게다가 세 명은 한 가족이었던 젊은이들이 비슷한 시기에 급사한 사건을 어떻게 설명할 수 있을까?

이 사건을 최초로 접한 사람은 필립 카피텔리와 리처드 키워스라는 소방관들이었다. 그들은 당시 비번이었지만 일을 마치고 집에 와서도 느긋하게 쉴 수 없었다. 경찰과 교신할 수 있는 무전기에 늘 귀를 기울여야 할 만큼 긴장을 늦출 수 없었기 때문이다. 카피텔 리가 키워스에게 전화했을 때 그는 무전 교신 기록을 눈여겨보고 있었다. 그런데 뭔가 좀 이상했다. 두 사람이 각자의 메모를 비교하자 가장 먼저 눈에 띈 것이 타이레놀이라는 단어였다. 개별 보고서와 전체 보고서 모두에 타이레놀이라는 단어가 빠짐없이 등장하고 있었다. 카피텔리와 키워스는 즉시 소방서의 서장에게 전화를 했고, 그는 경찰에 연락했다. 경찰 관계자들은 모든 사건 현장에서 발견된 타이레놀 캡슐에 대해 즉각 독성 검사를 실시하라는 지시를 내렸다. 검사 결과, 개개의 사건 현장에서 발견된 약병의 몇몇 캡슐 안에 투명한 회색빛의 시안화칼륨(청산가리)이 정제되지 않은 채 주입되어 있었다는 사실이 드러났다.

일련의 사망 사건이 타이레놀과 관련된 것으로 확인된 순간, 시카고 전역의 경찰은 확성기가 정착된 순찰차를 몰고 다니면서 시민들에게 타이레놀을 복용하지 말라고 경고했다. 소식은 TV 방송을 통해 삽시간에 전국으로 퍼졌고 식품의약국^{FDA}이 시카고 지역에서 일어난 연쇄 사망 사건의 원인이 규명될 때까지는 타이레놀 캡슐을 복용하지 말라는 발표하기까지 꼬박 24시간이 걸렸다.

당시 타이레놀의 제조사인 존슨앤드존슨^{Johnson & Johnson}은 제임스 버크^{1925~}가 이끌고 있었다. 그는 하버드대 경영대 출신으로 프록토 앤 갬블사에서 3년 동안 생산 담당 이사로 일한 뒤 1953년 존슨앤드존슨에 입사했다. 커다란 성과를 올려 이름을 떨치고 싶었던 버크는 의사의 처방 없이도 구입할 수 있는 어린이용 약들을 여러 종류 선보였다. 신약을 여러 종류나 내놓았지만 판매가 신통치 않자 로버트 우드 존슨 2세 회장이 그를 집무실로 불렀다. 버크는 자신이 해고될 것으로 생각했지만 예상과 달리 존슨 회장은 기업 경영의 본질에 대해 이모저모 이야기를 꺼냈다. 분만 아니라 "기업이란 하나부터 열까지 결정을 내리는 일일세. 실수를 두려워하면 자네가 어떻게 결정을 내릴 수 있겠나. 똑같은 실수를 다시 하지 않도록 다른 결정들을 잘 내리도록 하게"라며 조언을 아끼지 않았다.

버크는 이전의 실수를 만회하며 1976년 회장이자 최고경영자 자리에까지 올랐다. 그의 리더십 아래 존슨앤드존슨은 건강 관리에 관한 한 미국 내 최고의 브랜드가 되었다. 타이레놀 사망 사건이 터질 무렵, 존슨앤드존슨 그룹은 모회사를 비롯해 50여개 자회사의 자산이 무려 90억 달러에 달하는 대기업이 되어 있었다. 그런데 이 거대 기업이 직격탄을 맞은 것이었다. 사망자들에 대한 부검이 진행되는 사이 제리 델라 페미나가 존슨앤드존슨사의 타이레놀과 관련하여 신속히 자신의 입장을 밝혔다. 면도날로 민 것 같은 머리에 염소수염을 한 이 광고업계의 거물은 둘째가라면 서러워할 독설가로 명성을 얻었는데, 아니나 다를까 그가 《뉴욕타임스》에 이런 독설을 내뱉었다.

"내가 보기에 존슨앤드존슨이 타이레놀이라는 이름으로 다른 제품을 판매하기는 어려울 것 같습니다. 혹시 이 문제를 해결할 수 있을 거라고 생각하는 사람이 나타날지도 모르겠습니다. 만약에 그런 사람이 나타난다면 당장 채용하고 싶군요. 모르긴 해도 그 작자라면 음료수 냉각기를 포도주 냉각기로 둔갑시킬 수 있지 않을까요?"

존슨앤드존슨사 경영진이 자사 제품에 대한 '수습책' 마련에 바

뽈 것이라는 델라 페미나의 전망은 당연한 것이었다. 하지만 그의 판단은 빗나갔다. 당장 눈앞에 손실에 대한 수습책 마련은 결코 버크의 최대 관심사가 아니었다. 시카고에서의 연쇄 사망 사건이 타이레놀과 연관이 있다는 소식을 접한 순간 버크는 자신의 상사이자 스승이었던 로버트 우드 존슨이 생각났다. 버크는 존슨이 1943년에 작성한 회사 문서로 시선을 돌렸다. '우리의 신조'라는 제목의 그 문서는 "우리는 의사, 간호사 및 환자들, 어머니와 아버지들 그리고 우리 회사의 제품과 서비스를 이용하는 모든 사람들에게 우선적으로 책임을 져야 한다고 믿는다"라는 문장으로 시작했다. 이 신조에 따르면 그다음으로 회사가 책임지는 대상은 종업원들과 회사가 속해 있는 지역사회였다. 책임의 우선순위에서 마지막을 차지한 것은 주주들이었다.

'우리의 신조'는 분명 시대착오적인 발상이었다. 지난 10년간 기업계를 휩쓴 주된 철학은 변명의 여지없이 '투자자 우선'이었다. 그결과 1982년 당시의 전형적인 회사라면 소비자를 위해 유익하면서도 쓸모 있는 제품을 생산하는 것보다 투자자들에게 이익을 돌려주는 것이 회사의 주된 책임이라고 보았다. 주식회사 미국이 주로 책임져야 할 대상은 바로 투자자들이었다. 하지만 버크는 '소비자 먼저, 투자자 나중'이라는 원칙을 세웠다. 로버트 우드 존슨은 "우리가 이러한 원칙에 따라 경영할 때 투자자들은 정당한 몫이 자신들에게 돌아올 것으로 확신하게 될 것이다."라고도 썼다. 존슨앤드존슨의 자회사로 타이레놀을 생산하는 맥닐 컨슈머 프로덕트의 직원들은 공장의 품질관리가 워낙에 엄격하기 때문에 타이레놀을 생산하는 공장 두 곳 어디에서도 독극물 테러 등의 목적으로 약품의 포장을 조작하는 일은 상상조차 할 수 없는 일이라고 말했다. 게다가 시카고 지역에 배달된 제품들에서만 시안화물을 입힌 캡슐이 발견되었다는 점도 이상하다고 했다. 그들은 분명 타이레놀이 공장에서 상점으로 납품된 뒤에 누군가가 독극물을 주입했을 가능성이 높다고 항변했다. 즉 누군가 여러 상점에서 약병을 입수해 다섯 개 내지 열 개의 캡슐에 독극물을 주입해 다시 각각의 약병에 넣은 뒤 시카고 지역의 각기 다른 상점 다섯 군데의 판매대 위에 은밀히 되돌려 놓았을 것으로 추측했다. 이러한 시나리오가 사실이기만 하다면 존슨앤드존슨은 법적인 책임에서 벗어날 수 있을지도 몰랐다. 타이레놀이 공장에서 출하된 지 한참 뒤에 어떤 미치광이가 저지른 범죄행위에 대해 회사로서는 책임질 이유가 없었다. 하지만 회사의 고문 변호사들이 이제 한시름 놓게 되었다고 말하는 와중에도 버크는 그런 식으로 책임에서 벗어나고 싶지 않았다. 그는 존슨앤드존슨을 사법기관의 관리들, 기업 규제 기관 및 언론 매체보다 앞서는 회사로 만들어야겠다고 결심했다. 버크는 가능한 모든 매체를 활용해 자사의 타이레놀 제품은 어느 것이든 구입하거나 복용하지 말라고 소비자들에게 당부했다. 그런 뒤 타이레놀 생산을 즉각 중단시켰으며, 제품에 대한 모든 광고 또한 중단했다. 이처럼 자발적이며 적극적인 조치를 취한 뒤에 비로소 연방 수사국과 식품의약국에서 실제로 독극물이 함유된 제품에 대해서만 회수 명령이 내려졌다. 버크는 그러나 관계 기관의 조치와 상관없이 전국의 타이레놀 캡슐을 하나도 빠짐없이 회수하라고 지시했다. 회사로서는 소매 가격으로

환산해 1억 달러 상당인 3천 병의 타이레놀을 다시 사들이는 셈이었다. 돈이 얼마가 들든 상관없는 일이었다. 연방 수사국과 식품의약국은 그처럼 엄청난 양을 회수하면 어디 숨어 있을지 모를 독살자들이 오히려 의기양양해지거나 사회적으로 커다란 파장이 일어날지 모른다고 우려를 나타냈지만 버크는 그대로 밀고 나갔다. 전대미문의 대량 회수가 시작되었다.

버크가 내린 결정에 따른 위험은 실로 상상을 초월할 정도였다. 상점 진열대에 있는 3천만 병의 캡슐을 폐기함으로써 발생하는 손실은 차치해도 의사의 처방전 없이 구입할 수 있는 진통제 시장에서 점유율이 37퍼센트나 되는 제품의 장래 또한 걱정되지 않을 수 없었다. 1982년 당시 역사가 거의 백 년에 이르렀던 존슨앤드존슨은 미국에서 가장 유명하고 가장 신뢰받는 브랜드 중 하나였다. 신뢰와 역사를 자랑하던 회사가 이제 바람 앞의 촛불과도 같은 처지에 놓이게 된 것이다. 하지만 그보다 더 중요한 문제가 있었다. 독극물 주입 사건은 버크처럼 막강한 힘을 지닌 사람들이 단호한 입장을 취할 것인지 아니면 순순히 굴복할 것인지를 가늠하게 하는, 일종의 도덕적 잣대이자 혼란 상태를 뜻했다.

버크는 결코 뒤를 돌아보지 않았다. 그는 시판되고 있는 타이레놀 제품을 전량 회수했을 뿐 아니라 조작을 원천적으로 차단하는 '3중 봉합기술'이 실용화될 때까지 타이레놀 생산을 재개하지 않기로 했다. 나아가 각 가정에서 이미 구입한 타이레놀캡슐에 대해서는 전량 정제형 타이레놀로 교환해주는 것을 비롯해 회수 운동의 규모를 더욱 확대했다. 그는 또한 언론 및 사법기관과 함께 긴밀한 협조 체제를 유지해 사건을 해결하는 데 힘쓰라고 회사에 지시했다. 존슨앤드존슨은 범인을 체포하고 기소하는 데 기여할 수 있는 정보를 제공하는 사람에게 10만 달러를 주겠다고 약속했다. 공공의 안전이라는 최우선 과제에 대해 국민들이 납득할 수 있게 설명하면서 버크는 타이레놀의 옛 명성을 되찾을 계획을 세우고 있다고 발표했다. 그것은 "시간이 걸리고… 돈이 들며 버거운 일이 되겠지만, 우리는 그렇게 하는 것이야말로 올바른 경영이자 도덕적 명령이라고 생각한다."고 버크는 말했다.

1982년 11월, 타이레놀 캡슐은 3중 봉합기술로 새롭게 포장되어 세상에 다시 선보였다. 소비자들에게는 어떤 타이레놀 제품을 구입하든 2.5달러짜리 쿠폰을 주었다. 소매상인들을 위해서는 그동안의 손실을 보전해주기 위해 공급가격을 낮추었다. 이와 더불어 새롭게 야심찬 광고 공세를 펼쳤다. 그리고 영업사원 2,250명을 전국으로 급파해 의료 전문가들을 일대일로 접촉하게 했다. 타이레놀이 처음으로 다시 상점에 모습을 드러낸 11월 말경, 시장 점유율은 8퍼센트 미만이었다. 12월 24일이 되자 《뉴욕타임스》는 시장 점유율이 24퍼센트로 뛰어오르기는 했지만 예전의 점유율인 37퍼센트와는 아직도 격차가 있다고 보도했다. 이듬해 봄이 되면서 존슨앤드존슨은 옛 고지를 탈환했다. 회사의 주가는 연쇄 사망 사건이 터진 직후 7포인트나 떨어졌지만 이 기간 중의 주식시장이 전반적으로 약세였음에도 불구하고 비슷한 포인트로 곧 반등했다.

단기적으로는 제임스 버크가 내린 결정으로 인해 막대한 비용이 지출되었지만 결국 수많은 생명을 구할 수 있었다. 장기적으로는 회사와 회사의 주력 제품 중 하나를 수렁에서 건졌을 뿐 아니라 예전의 명성도 그대로 유지할 수 있었다. 버크의 결정은 제품의 포장 조작과 같은 사태를 사전에 예방하고 그에 대응하는 새로운 기준을 기업이나 정부의 단속자들에게 선보였다. 무차별 테러 공격에 직면했을 때 최고경영자 제임스 버크는 자사의 이익보다 사회의 유익을 우선 생각했다. 뿐만 아니라 회사의 장래를 위해 지역사회의 건강을 나 몰라라 하지 않으면서 도덕적 명령의 합리성과 타당성을 거듭 천명하기로 결심했다. 이러한 위기에 대한 회사의 대응 방침은 역사적으로 대기업들이 윤리적으로 씁쓸한 선례들을 많이 남겼던 점을 감안할 때 후한 점수를 줄 만하다. 이러한 버크의 결정은 20세기에 내려진 위대한 결정 중 하나로 자리매김하고 있다.

chapter

three

위기 속의 결정

운명의 목을
조르고야 말겠어!

만일 쿠바 공습에 자극을 받은 소비에트가 베를린을 침공한다면
미국으로서는 단 하나의 선택, 곧 핵무기 사용이라는 최악의 대안이 남는다.
그렇다면 핵전쟁은 불가피하다는 이야기였다.

-존 F. 케네디와 쿠바 미사일 위기-

Profiles
in
Audacity

클레오파트라와 로마제국

제압할 수 없다면
매혹시켜라

그녀는 거기서 싸움을 멈출 수도 있었고 도망갈 수도 있었다.
하지만 그 순간 클레오파트라는 카이사르를 굴복시킬
다른 방법을 찾기로 결심했다.
그것은 자신이 직접 나서서 카이사르를 자신의 포로로 만드는 것이었다.

Christopher Columbus

신화와 전설은 원래 주인공이 남자든, 여자든, 아니면 사람이 아닌 다른 대상이든, 실제보다 더 위대하고 더 중요한 존재로 부풀리거나 꾸미기 마련이다. 그러나 클레오파트라BC 69~BC 30의 경우는 이와 정반대였다. 신화와 전설은 그녀를 깎아내리기에 여념이 없었다. 대부분의 신화와 전설에서 그녀는 역사상 가장 매혹적인 여인으로, 그리고 적어도 얼마 동안은 카이사르와 안토니우스를 유혹해 자신의 야심을 이룬 매춘부처럼 묘사된다. 물론 이것만 해도 대단한 성과다. 카이사르와 안토니우스는 누가 봐도 대단한 거물이 아니었던가. 하지만 클레오파트라를 이렇게 묘사하고 만다면 큰 아쉬움이 남는다. 클레오파트라에게는 분명 그 이상의 무언가가 있었기 때문이다. 그녀는 결정을 내리고 그 결정에 따라 행동함으로써 자신의 힘으로 고대 세계에서 가장 막강한 왕권을 거머쥐었다.

프톨레마이오스 12세 왕의 둘째 딸로 태어난 클레오파트라에게는 이집트인의 피가 한 방울도 섞이지 않았다. 프톨레마이오스 왕조의 일원이자 알렉산더 대제의 최고 사령관이었던 부친은 마케도니아 출신이었다. 그는 기원전 323년에 알렉산더 대제가 세상을 떠난 후 왕조를 세워 이집트를 통치해왔다. 하지만 마케도니아 가문을 통틀어 이집트어를 배우는 수고를 마다하지 않았던 것은 클레오파트라 한 사람 뿐이었다. 그녀는 이미 8개 국어에 능통해 있었다. 인간의 본질, 특히 이집트인들의 본질을 예리하게 꿰뚫어 보았던 클레오파트라는 스스로 이집트의 으뜸가는 '태양신 라^{Ra}'의 딸로 자처했다.

기원전 51년, 프톨레마이오스 12세가 세상을 떠나자 그의 열다섯 살 난 아들 프톨레마이오스 13세가 열두 살이었을 때 이미 그와 결혼한 상태였다. 그러니까 그녀는 새로운 왕의 누이이자 신부인 셈이었다. 프톨레마이오스 왕조는 공동으로 왕위를 상속받는 경우 남성이 주도권을 갖도록 전통적으로 법에 명시해두고 있었다. 하지만 클레오파트라는 공문서마다 프톨레마이오스 13세의 이름을 삭제하고 당시 통용되던 주화에 그의 초상이 등장하지 못하도록 막는 등, 온갖 수단을 동원해 자신의 동생이자 남편인 왕을 압박했다.

클레오파트라가 어떻게 법과 전통에 구애받지 않고 자신의 통치권을 주장하고 나설 수 있었는지에 대해서는 알려진 바가 없다. 어쨌든 분명한 사실은 그녀가 그렇게 했으며, 그 때문에 그녀의 지지자들과 프톨레마이오스 13세의 지지자들 사이에 내란이 일어났다는 것이다. 어느 날 갑자기 내란이 일어났다기보다는 클레오파트라의 아버지가 세상을 떠난 뒤 정세가 어수선해지면서 서서히 내란으로 발전했다고 보는 게 더 정확할 것이다. 프톨레마이오스 왕국은 2세기에 걸쳐 몰락의 길을 걸으며 국가의 통제력을 점점 잃어갔고 동맹국으로 추정되는 로마에 터무니없이 과도한 조공의 형태로 자원을 바쳐야 했다. 프톨레마이오스 12세가 세상을 떠났을 때는 이집트 제국이 다스리던 키프로스, 코엘레−시리아^{레바논 골짜기} 및 키레나이카^{리비아의 북동부 지역가} 등의 지역이 이미 로마의 손으로 완전히 넘어간 상태였다. 이집트의 상당수 지역이 극심한 혼란에 빠졌으며 기근이 전염병처럼 퍼졌다.

클레오파트라는 대담한 결정을 내렸다. 자신의 동생이자 남편인 프톨레마이오스 13세를 왕의 족보에서 지웠으며, 파르티아 족의 침략에 맞서 동맹을 요청하러 온 시리아 주재 로마 총독의 아들들에 대한 살해 명령을 용병들에게 내린 것이다. 일이 이렇게 되자 이집트의 수도 알렉산드리아에서 막강한 영향력을 행사하던 몇몇 조관朝官들은 그녀의 대담무쌍한 행동에 경각심을 느꼈다. 그들은 자신들이 손아귀에 넣고 마음대로 주무를 수 있을 것으로 확신한 프톨레마이오스 13세를 왕으로 옹립하고 클레오파트라를 권좌에서 내쫓으려는 쿠데타를 기도했다. 이에 클레오파트라는 기원전 50년 테베로 탈출한 것으로 전해진다. 프톨레마이오스 13세의 새로운 후견인들은 그를 설득해 기원전 50년 10월 27일 알렉산드리아를 제외한 다른 모든 지역으로 곡물 선적을 금지하는 무자비한 포고에 서명하게 했다. 클레오파트라와 그녀의 지지자들을 굶어 죽게 하여 안 그래도 극심한 기근을 더욱 악화시키고 이를 정략적으로 이용하겠다는 것이 가장 큰 의도였다. 그 바람에 무고한 민간인들까지 굶어 죽는 상황이 벌어졌다. 하지만 클레오파트라가 누군가! 가만히 앉아서 당할 그녀가 아니었다. 클레오파트라는 펠루시움 동부에 있는 아랍 족 일부를 용병으로 고용하여 프톨레마이오스 13세에 맞섰으며, 여동생 아르시노에와 함께 시리아에 작전 기지를 설치했다. 그런 뒤에 예루살렘 근교의 아스칼론으로 자리를 옮겨 사태를 관망했다.

로마 또한 이집트의 상황을 예의주시하고 있었다. 스스로 내란을 일으킨 카이사르는 기원전 48년 8월 파르살루스 전투에서 정적 폼페이우스를 물리쳤다. 그에 앞서 로마 원로원으로부터 프톨레마이오스 13세의 수호자로 임명된 폼페이우스는 카이사르에게서 도망쳐 프톨레마이오스에게 피신했다. 하지만 이집트에서도 정치는 냉혹하기 그지없는 비즈니스였으니, 프톨레마이오스의 후견인들이 패자와 손잡을 리 만무했다. 9월 28일, 젊은 파라오는 폼페이우스가 해안에 발을 들여놓자마자 살해당하는 것을 멀리서 지켜보아야만 했다. 나흘 뒤, 카이사르는 로마의 보병 3,200명과 기병 800명을 이끌고 알렉산드리아로 진격했다. 그는 파스케스^{fasces, 느릅나무나 자작나}무 묶음 사이에 도끼를 끼운 상징물로 로마 집정관의 권위를 상징하는 표지. 훗날 이탈리아 파시스트당의 상징이 되었다를 지나고 있었다. 로마에서 전통적으로 힘과 권위를 상징했던 파스케스는 대세를 장악하겠다는 카이사르의 의지를 드러냈다. 알렉산드리아에서 일어난 폭동의 와중에 프톨레마이오스 13세는 펠루시움으로 피신할 수밖에 없었고 카이사르는 이 틈을 타 프톨레마이오스의 궁전을 거처로 삼았다.

한편 클레오파트라는 멀리서도 모든 상황을 보고 듣고 파악할 수 있다고 확신했다. 그녀는 투사였다. 그녀의 전투적 성향은 이미 프톨레마이오스와의 싸움에서 충분히 입증되지 않았던가. 하지만 클레오파트라는 카이사르가 약해빠진 자신의 남동생과는 다르다는 것을 알고 있었다. 게다가 그녀는 아랍 용병들만으로는 카이사르의 로마 군단을 상대하기에 역부족이라는 것을 간파할 만큼 충분한 군사적 감각의 소유자였다. 자신의 용병들이 카이사르의 군단을 물리칠 수 없다면 굳이 그렇게까지 할 필요는 없었다. 그녀는 거기서 싸움을 멈출 수도 있었고 도망갈 수도 있었다. 하지만 그 순간 클레오파트라는 카이사르를 굴복시킬 다른 방법을 찾기로 결심했다. 그것은 자신이 직접 나서서 카이사르를 자신의 포로로 만드는 것이었다.

클레오파트라의 지시에 따라 동전에 새겨진 그녀의 초상을 보면 클레오파트라는 다부진 아래턱에 넓은 이마, 우아하지만 앞으로 뾰족 튀어나온 코를 가지고 있었다. 전통적인 미인상이라기보다는 오히려 생기발랄하고 지성미 넘치는 모습이다. 그리스의 전기 작가 플루타르코스는 클레오파트라의 목소리를 두고 "여러 줄로 이루어진 현악기"같다고 했으며 "플라톤이 네 가지 찬사를 받는다면^{플라톤의} ^{'4주덕'을 빗댄 말}클레오파트라를 향한 찬사는 천 가지에 이른다"고 덧붙였다. 그런데 문제는 카이사르에게 어떻게 접근하느냐 였다. 프톨레마이오스가 알렉산드리아를 떠난 뒤에도 그의 군대는 여전히 외곽에 주둔하고 있었다. 클레오파트라가 생각한 해결책은 자신의 몸을 카펫으로 둘둘 말아 카이사르에게 바치는 예물인 것처럼 위장하여

적진으로 들어가는 것이었다. 전하는 바에 따르면, 정복자 카이사르 앞에서 클레오파트라가 카펫을 벗어버리고 모습을 드러내는 순간부터 그들의 사랑이 시작되었다고 한다. 카이사르는 클레오파트라와 프톨레마이오스를 다음 날 왕궁으로 초대했다. 왕궁에 이르러서야 비로소 자신의 누이이자 아내인 클레오파트라의 계략을 깨달은 프톨레마이오스는 자신이 배신당했다고 절규하면서 왕궁을 뛰쳐나왔다. 프톨레마이오스가 알렉산드리아의 군중들을 재집결하려 하자 카이사르의 경호원들이 그를 다시 왕궁으로 데려갔다. 하지만 그는 결국 다시 풀려나 후견인들을 규합해 카이사르와 클레오파트라를 상대로 전쟁을 준비했다.

클레오파트라가 카이사르에게, 그 반대로 카이사르가 클레오파트라에게 어떤 감정을 느꼈는지는 알 수 없다. 분명한 것은 두 사람 모두 상대를 이용하려는 목적이 있었으며, 상대가 자신의 수중에 있다고 믿었다는 사실이다. 하지만 설사 애정이 아닌 정치적 야심에 기반을 둔 관계였다 할지라도 정략적 착취라기보다는 서로의 이익을 위한 공생 관계였다. 군대를 운영할 자금이 필요했던 카이사르는 클레오파트라의 아버지가 기원전 55년 왕권을 되찾는 과정에서 로마가 큰 역할을 했음을 상기시키면서 이집트가 자신에게 빚을 지고 있다고 강조했다. 클레오파트라 입장에서는 군대의 힘이 절실히 필요했기에 기꺼이 카이사르와 흥정할 준비가 되어 있었다. 그녀는 프톨레마이오스 왕조를 부활시키고 시리아 남부와 팔레스티나를 되찾을 요량으로 정치와 자신의 몸을 이용해 카이사르의 마음을 사로잡으려 했다.

하지만 시급한 일은 새로 시작된 내전에서 이기는 것이었다. 그런데 그 일은 녹록치 않을 터였다. 프톨레마이오스 13세 주위로 몰려든, 대략 이만 명의 병사들이 11월이 되자 알렉산드리아를 포위했다. 고대 세계의 귀중한 유산들이 축적되어 있는 대다수 유서 깊은 도서관들과 소중한 창고들이 불에 타 잿더미로 변했다. 숫자에서 열세를 느낀 카이사르는 알렉산드리아에서 전략적으로 가장 중요한 거점이라고 생각되는 파로스Pharos 등대를 목표로 삼았다. 그 등대를 장악함으로써 카이사르는 항구를 계속 통제할 수 있었다.

그 와중에 클레오파트라의 여동생 아르시노에는 왕궁을 살짝 빠져나가 프톨레마이오스의 장군 중 하나인 아킬라스가 지휘하는 부대에 합류했다. 그녀는 클레오파트라가 결코 용서 못할 배신행위를 저지른 것이었다. 병사들과 알렉산드리아의 군중들은 아르시노에를 그들의 여왕으로 추대했다. 하지만 결국에 가서 카이사르는 기선을 제압했고 기원전 47년 3월 27일 결정적 승리를 거두었다.

탈출을 시도하던 프톨레마이오스 13세는 나일 강에 빠져죽고 말았다. 확실한 승리를 거머쥔 카이사르는 클레오파트라의 왕권을 회복시킴과 동시에, 그녀를 자신의 열한 살 된 남동생 프톨레마이오스 14세와 강제 결혼시킴으로써 프톨레마이오스 왕조의 법과 관습을 준수했다. 하지만 나일 강을 오르내리면서 호화찬란하게 승리를 자축했던 사람은 클레오파트라와 가장 나이 어린 프톨레마이오스가 아니라 카이사르와 클레오파트라 두 사람이었다. 이러한 호색적인 여행이 두 주 동안 지속되었다고 기록하는 역사가가 있는 반면 두 달 가량 지속되었다고 말하는 역사가도 있다. 어느 경우든, 두 사람이 덴다라 항에 발을 디디자 클레오파트라는 자연스럽게 파라오로 숭배되었다. 이런 영광을 상상이나 했을까.

여행 도중 클레오파트라가 임신했다는 사실이 명백히 드러났다. 역사가들은 태아의 아버지가 과연 카이사르일까 갑론을박했지만, 기원전 47년 6월 23일 아기가 태어나자 클레오파트라는 이름을 프톨레마이오스 카이사르, 즉 카이사리온이라고 손수 지었다. 카이사르는 폼페이우스를 추종했던 완강한 저항세력을 소탕하기 위해 클레오파트라의 곁을 떠났기 때문에 출산 당시 그 자리에 없었다. 소탕작전에서 체포된 사람 중에는 아르시노에가 있었다. 카이사르는 기원전 46년 7월 로마로 돌아갔다. 거기서 그는 클레오파트라와 그녀의 조신朝臣들을 부르러 사람을 보냈다. 그들은 9월과 10월 로마에서 거행된 승리 축하행사에 참여했는데, 거기서 클레오파트라는 자신의 여동생 아르시노에가 다른 죄수들과 더불어 손발이 쇠사슬에 묶인 채 질질 끌려 다니는 모습을 보며 회심의 미소를 지었다.

그 후 스페인으로 간 카이사르는 기원전 45년 3월 17일에 치른 문다 전투Battle of Munda에서 자신에게 반기를 들었던 보수 공화주의자들에게 최후의 일격을 가했다. 로마와 클레오피트라 곁으로 다시 돌아온 카이사르는 자신의 직계인 율리우스 가문의 여자조상ancestress인 비너스 제네트릭스 사원에 클레오파트라의 동상을 황금으로 건립하라는 지시를 내렸다. 그리고 티베르강이탈리아 중부를 흐르는 강 너머에 있는 장원莊園을 그녀의 거처로 삼게 했다. 또한 카이사리온이 자신의 친자임을 인정했다.

카이사르가 대중들의 커다란 박수갈채를 받는 와중에 다수의 로마인들이 이 모든 일로 인해 크게 분노했다. 클레오파트라는 자신의 남편이자 동생과 더불어 장원에 거주했을 뿐 아니라, 클레오파트라와 결혼하겠다고 공공연히 떠들고 다녔던 카이사르 또한 사실상 이미 그녀와 결혼한 상태였다. 일이 이렇게 되자, 카이사르는 로마의 중혼重婚 금지법뿐 아니라 이보다 훨씬 더 중요한 이방인과의 결혼 금지법까지 파기하겠다고 으름장을 놓았다.

클레오파트라가 로마에서 여봐란 듯이 사치를 일삼은 것으로 미루어보건대 그녀는 비난을 퍼붓는 대중들의 시선을 아랑곳하지 않은 듯하다. 결국 클레오파트라는 내전에서 유리한 고지를 점령했고 프톨레마이오스의 이집트를 교묘히 조종해 옛 영광을 되찾았다. 물론 그녀가 거둔 승리는 오래가지 못했다. 기원전 44년 3월 15일, 카이사르가 비밀 암살단에 의해 살해되었기 때문이었다.

카이사르가 암살당한 후 클레오파트라는 매사에 대단히 신중하게 처신한 듯하며, 자신은 로마에서 새로운 동맹조약을 협상하는 일 외에는 특별히 할 일이 없다고 공식적으로 밝혔다. 하지만 그녀는 카이사르의 죽음으로 인해 적어도 지금으로서는 자신의 권력쟁취 노력이 갑자기 물거품이 되었음을 뼈저리게 느끼고 있었다. 그래서 그녀는 카이사르가 세상을 떠난 지금 로마에서의 새로운 권력투쟁은 불가피할 것으로 내다보면서 이집트로 돌아갔다. 클레오파트라는 권력투쟁의 결과가 어찌되든 자신과 조국을 위해 그것을 최대한 이용해야겠다고 생각했다.

그녀는 기원전 42년 마케도니아 중심부에서 일어난 필리피 전투Battle of Philippi의 결과가 자신에게 유리한 방향으로 진행되고 있다고 판단했다. 카이사르의 암살세력을 패주시키는 승리를 거둔 마르쿠스 안토니우스Mark Antony는 카이사르의 망토를 물려받을 채비를 했다. 페르시아를 차기 정복대상으로 점찍은 안토니우스는 클레오파트라를 부르러 사람을 보냈는데, 그는 클레오파트라가 열네 살 소녀였던 수년 전에 이집트에서 만난 적이 있었다. 소아시아의 타르수스로 가는 배에 몸을 실은 클레오파트라는 항해 내내 한시도 안토니우스를 자신의 기억에서 지우지 않은 듯하다. 카이사르는 높은 지성과 뛰어난 재치를 겸비한 인물이었다. 때론 적수이자 동반자로, 때론 연인이 되기도 했던 그는 클레오파트라의 경쟁상대로 조금도 손색이 없었다. 그녀가 알고 있는 안토니우스는 카이사르와는 전연 딴판이었다. 잘 생긴데다 배짱이 두둑할 뿐 아니라 위세 당당한 그는 오입쟁이로 소문이 자자했지만, 두뇌가 명석하다고 칭송받은 적은 단한 번도 없었다. 막강한 힘을 휘둘렀음에도 불구하고 클레오파트라의 눈에는 안토니우스가 유약한 인물로 비쳤다. 이것을 그냥 지나칠 그녀가 아니었다. 카이사르와는 달리 안토니우스를 상대하는 일은 '식은 죽 먹기'였다. 카이사르의 죽음과 더불어 문 하나가 '꽝'하고 닫혔지만 안토니우스의 등장으로 다른 문 하나가 활짝 열렸다.

클레오파트라는 안토니우스의 환심을 살만한 선물들을 자신이 소유한 유람 객선에 실었을 뿐 아니라, 그가 이제나저제나 하고 기다리도록 일부러 출발을 늦추었다. 배가 타르수스 항에 가까이 이르자 그녀는 눈이 휘둥그레질 정도로 호화찬란한 유람 객선으로 옮겨 타고는 기드누스강을 경유해 들어갔다. 배는 극장 그 자체였다. 이집트가 경제적으로 완전히 파탄 날 지경이었는데도 유람 객선의 노는 은으로 만들어졌고 돛은 화려하기만 했다. 에로테스Erotes. 에로스 의 연인으로 등장하는 아기 천사들와 네레이즈Nereid. 그리스 신화에 나오는 바다의 요정로 분장한 하녀들이 사랑의 여신 아프로디테Aphrodite로 옷을 차려입은 클레오파 트라의 시중을 들었다. 현대인들이 당시를 회고하면서 그 모든 것 이 고압적이며 세속적이라는 인상을 받겠지만, 클레오파트라가 제 대로 추측했던 한 사람, 안토니우스를 제외하고 당시 실제로 그것 을 목격했던 사람들에게도 상상을 초월할 정도로 고압적이며 세속 적이라는 느낌을 자아내지 않았을까.

클레오파트라는 극장처럼 화려하게 꾸민 유람 객선으로 인해 한 층 돋보인 자신의 매력을 넘어서 자신의 최대 자산은 존귀한 프톨레 마이오스 가문의 후손이라는, 이집트 여왕으로서의 지위임을 또한 간파했다. 안토니우스는 여성들 가운데서 특별히 왕족의 여성들을 사랑했는데, 자신의 아내 풀비아는 한낱 중산층의 딸에 불과했다.

클레오파트라는 자신의 남자의 심리를 훤히 꿰뚫고 있었다. 그녀 가 도착하자마자 안토니우스는 자신의 페르시아 침공계획뿐 아니 라 충실한 아내 풀비아에 대한 생각도 떨쳐버렸다. 당시 로마의 풀 비아는 카이사르의 권력을 물려받게 될 경쟁자인 젊은 옥타비아누 스가 왕위에 등극하지 못하게 막느라 애를 쓰고 있었다. 클레오파 트라에게 매혹당한 나머지 알렉산드리아에까지 따라온 안토니우스 는 부끄러운 줄도 모른 채 그녀와 쾌락에 탐닉했다.

클레오파트라는 이전에 카이사르와 거래를 했었다. 카이사르는 클레오파트라에게 그녀를 지켜주겠다고 약속한 바 있는데 이는 그 녀가 진정한 의미에서 결코 독립 군주가 아님을 의미했다. 그러나 클레오파트라에게 완전히 마음을 빼앗겼을 뿐더러 전략적 사고능력까지 결여된 안토니우스는 그녀가 이집트의 주권자임을 흔쾌히 인정했다. 그녀는 안토니우스와의 관계를 새로운 기회로 삼아 로마를 공격하거나, 적어도 궁지에 몰아놓을 생각이었다. 첫 번째 기회는 카이사르의 죽음으로 인해 물 건너갔지만 안토니우스는 클레오파트라에게 이집트의 옛 영광을 되찾을 수 있는 두 번째 기회를 주었을 뿐 아니라 그보다 더 좋은 기회를 줄 터였다. 분명 안토니우스는 카이사르에 버금가는 권력을 휘둘렀지만 카이사르에 비하면 생각이 단순하며 유순하기 이를 데 없었다. 카이사르가 클레오파트라의 간계에 속수무책으로 넘어가지 않았던 반면 안토니우스는 너무도 쉽게 속아 넘어갔다. 기원전 40년이 되자 안토니우스는 알렉산드리아를 떠나 이탈리아로 갔다. 옥타비아누스와의 협상을 마무리하기 위해서였다. 그렇게 하려면 풀비아가 세상을 떠난 지금 옥타비아누스의 누이인 옥타비아와 결혼해야 했다. 지난 삼년 간 불안에 쫓겼던 안토니우스는 옥타비아누스와 협상을 했지만 성과를 거두지 못하자 클레오파트라를 그렇게도 연모했음에도 불구하고 그만 옥타비아와 결혼하고 말았다. 마침내 안토니우스는 이집트를 향해 다시 길을 떠나면서 자신보다 앞선 카이사르처럼 클레오파트라의 재산을 이용하면 자신이 그동안 미루어왔던 페르시아 침공을 위한 군비조달을 할 수 있지 않을까 생각했다. 여느 때처럼 클레오파트라가 곁에 있는 것만으로 안토니우스는 의지력과 통제력을 상실했다. 그녀를 이용한다고? 안토니우스는 클레오파트라와 결혼했다.

그 결혼은 어리석고 오만한 행위였으며, 클레오파트라는 애써 그것을 막았어야 했다. 그녀는 결혼이야말로 안토니우스를 쥐락펴락할 수 있는 수단이라고 보았지만, 결혼으로 인해 로마의 모든 세력들이 단결해 안토니우스에게 대항하고 나아가 자신에게까지 대항할 것이라고는 미처 생각하지 못했다. 클레오파트라가 욕정 앞에 무릎이라도 꿇은 것일까. 그랬을 가능성이 있다. 하지만 죽느냐 사느냐하는 살얼음판 같은 정치세계에서 안토니우스와 결혼한 것은 자신의 좁은 시야를 드러낸 최초의 실수이자 전략적으로 치명적인 오판이었다. 탁월한 정치력을 발휘해 쓰러져가는 국가의 여왕이자 세계를 호령하는 여제의 자리에까지 거의 올랐던 클레오파트라는 걷잡을 수 없는 속도로 추락하기 시작했다.

예전에 안토니우스가 로마에 있었을 때 클레오파트라는 로마의 식민지를 통치하는 왕 중 가장 강력한 왕이자 안토니우스의 친구인 유대의 헤롯왕에게 추파를 던진 바 있다. 하지만 헤롯이 퇴짜를 놓자 클레오파트라는 안토니우스가 돌아오기를 기다려 시리아와 레바논 땅 상당 부분을 넘겨달라고 졸랐다. 또한 헤롯 왕국에 일부 속해 있던 여리고의 향유香油 밭을 달라고까지 했다. 안토니우스가 뱃심 좋게 이를 거부하자 클레오파트라는 헤롯 왕가의 여성들에게 불만을 토로함으로써 헤롯에 대한 자신의 불편한 심기를 드러냈다.

그사이에 안토니우스는 막대한 자금을 투입해 페르시아 침공을 시도했지만 실패로 끝나고 말았다. 자신의 시도가 실패로 끝났음에도 안토니우스는 기원전 34년 알렉산드리아로 돌아와 있지도 않은 fictional 페르시아 전 승리를 자축했다. 안토니우스는 클레오파트라와 함께 황금 옥좌에 앉아 시가를 행진했는데 거기에는 그들의 세 자녀와 안토니우스가 카이사르의 아들이라고 선언했던 카이사리온도 동석했다. 카이사리온을 동석시킨 것은 카이사르가 입양해서 사생아처럼 꾸몄던 옥타비아누스를 축출하려는 하나의 계략이었다. 클레오파트라는 자신이 원하는 모든 것을 성취한 듯 보였다. 백성들은 그녀를 왕들의 여왕으로, 카이사리온을 왕 중의 왕으로 부르며 떠나갈 듯이 환호했다. 클레오파트라가 안토니우스에게서 낳은 아들 중 하나인 알렉산더 헬리오스에게는 안토니우스가 잠시 동안 정복한 것으로 나중에 밝혀진, 아르메니아와 유프라테스 너머의 영토가 하사되었다. 그의 형 프톨레마이오스에게는 유프라테스 서부의 땅이 하사된 반면 그의 누이인 클레오파트라 셀레네는 키레나이카^{아프리카,} ^{리비아 동부의 지역으로 고대 그리스·로마의 식민지}의 통치자로 임명되었다.

하지만 그 모든 영광은 신기루와도 같은 것이었다. 로마로 돌아온 옥타비아누스가 행동을 개시한 것이다. 그는 "베스타 여신을 섬긴 처녀^{영원한 순결을 맹세하고 여신 제단의 꺼지지 않는 성화를 지킨 여섯 명의 처녀 중 한 사람}" 사원에서 역사가들이 과연 진짜일까 의심하는 안토니우스의 유언장을 강탈한 후 로마 시민들에게 그 안에 담긴 무서운 사실을 까발렸다. 그 내용인즉, 안토니우스가 장차 제국의 수도를 로마에서 알렉산드리아로 이전해 그곳에서 새로운 왕조를 세울 작정으로 로마의 땅을 이방 여인에게 넘겼다는 것이다.

안토니우스와 클레오파트라는 기원전 32년에서 31년으로 넘어가는 겨울을 그리스에서 보내면서 돈을 물 쓰듯 썼는데 그 시각 로마 원로원에서는 안토니우스가 다음 해 취임하기로 되어 있는 집정관 자리를 박탈했다. 옥타비아와의 이혼을 선언한 안토니우스의 편지에 답장을 보내면서 옥타비아누스는 원로원에 안토니우스가 아닌 클레오파트라에게 전쟁을 선포할 것을 제안했다. 이집트 여왕이 헤롯왕을 따돌렸기 때문에 클레오파트라와 안토니우스 둘 다 절실히 필요했던 맹방을 잃은 셈이었다.

일이 이렇게 되자 두 사람은 로마를 상대로 외로운 투쟁을 해야 했다.

기원전 31년 9월 2일, 옥타비아누스는 악티움 해전^{Battle of Actium}에서 안토니우스와 클레오파트라의 연합함대와 맞붙었다. 싸움이 치열하게 전개되는 와중에 느닷없이 풀이 죽은 클레오파트라는 안토니우스의 함선은 나 몰라라 한 채 자신의 함선만을 이끌고 이집트로 돌아갔다. 불과 몇 척의 배를 이끌고 퇴각한 안토니우스는 클레오파트라가 지휘하는 함선의 뒤를 부랴부랴 쫓아가 그녀의 기함旗艦에 승선했다. 같은 함선에 삼일 동안이나 있었음에도 안토니우스는 클레오파트라를 외면했다. 하지만 무슨 생각에서인지 그는 화해를 결심했다.

그러나 당시 상황은 절망적이었다. 알렉산드리아로 돌아온 클레오파트라는 이제 남은 길은 죽음을 택하는 것, 죽더라도 그냥 죽는 것이 아니라 이름을 떨치면서 죽는 것이라 확신했다. 그녀는 마지막으로 안토니우스를 꼬드겨 자신을 사랑한다면 스스로 목숨을 끊게 하리라 작정했다. 자신의 영묘靈廟로 잠시 몸을 피한 클레오파트라는 사신을 시켜 안토니우스에게 자신이 죽었다는 전갈을 보냈다. 그 소식이 악티움 해전에서의 패배소식과 함께 전해지자 안토니우스는 엄청난 충격에 휩싸였다. 칼로 배를 찌른 안토니우스는 피를 흘리면서 클레오파트라의 영묘로 실려 갔다. 클레오파트라가 아직 살아있다는 사실을 알게 된 안토니우스는 그녀에게 옥타비아누스와 화해하라고 당부하면서 눈을 감았다.

📖

클레오파트라는 안토니우스가 남긴 말을 어느 정도 귀담아 들었다. 옥타비아누스가 클레오파트라를 찾아오자 그녀는 온갖 수단과 방법을 동원해 그를 유혹했다. 자신의 노력이 실패로 끝나자 클레오파트라는 카이사르의 포로가 되었던 여동생 아르시노에와 같은 전철을 밟게 될 거라는 예감이 들었다. 옥타비아누스가 승리를 자축하는 시가행진을 할 때 자신과 자신의 자녀들이 쇠사슬에 묶인 채 질질 끌려 다니게 될 거라는. 그러자 클레오파트라는 불명예스럽게 사느니 차라리 죽는 편이 낫겠다는 생각이 들었다. 그녀는 이집트 코브라 몇 마리에게 일부러 물려 스스로 목숨을 끊었다. 이 뱀은 신성한 왕권의 상징이었을 뿐 아니라 이집트 종교에서는 이 뱀에게 물려 죽으면 불멸을 보장받는다고 가르쳤다. 클레오파트라는 평생을 살아오면서 일련의 비범한, 섹스를 정략적으로 이용했다는 비난 속에서도 고도의 정치적인 결단을 통해 자신의 생득권^{birthright}, 즉 이집트 왕국을 구하고 스스로 고대 세계의 가장 강력한 왕권을 거머쥐기 위해 부단히 노력해 거의 성공할 뻔 했다. 클레오파트라는 비록 자살로 생을 마감하기는 했지만 자신의 선택이 곧 불멸의 삶을 위한 결정이라고 굳게 믿었다.

부 디 카   여 왕 과   침 략 자 들

이대로
종속당할 것인가

마침내 거사에 모여든 병사는 어림잡아 총 10만 명에 이르렀다.
단순히 한 여인의 폭발하는 감정과 절망 속의 몸부림이 낳은 결과로 보기에는
어려운 숫자였다. 부디카는 자신의 고통과 분노를
대규모 군사 행동을 가능케 하는 원동력으로 바꾸었다.

Boudica

오늘날 영국인들은 그녀를 '부디카Boudicca'라고 부른다. 한편 로마 연대기에는 '보아디케아Boadicea'로 기록되어 있다. 그녀는 1세기 당시 이스트 앵글리아오늘날 영국 노포크 근교의 남동부 지역를 점령한 켈트 족의 한 부족인 이케니 족을 다스렸는데, 이들 사이에는 '부디가Boudiga'로 불렸다. 켈트 족 승리의 여신의 이름을 따서 백성들이 그녀에게 지어준 이름이었다. 그녀의 출생 당시 이름은 알려진 바가 없다. 뿐만 아니라 기원후 30년경 켈트 족 귀족 가문에서 태어나 48년 또는 49년에 이케니 족의 왕 프라수타구스와 결혼했다는 것 역시 거의 알려지지 않은 사실이다.

켈트 족은 전반적으로 민족적 자존심이 강했다. 그중에도 이케

니 족은 특별했다. 이들은 정복자 로마인들을 궁지에 몰아넣은 만큼 호전적인 민족이었다. 하지만 기원후 43년 프라수타구스 왕은 자신이 이케니 족과 그 영토를 계속해서 통치한다는 조건하에 자신의 왕국을 로마제국에 예속시킴으로써, 로마의 권위에 그대로 항복했다. 이로 인해 이케니 왕국이 얻는 이익은 상당했다. 제국 차원의 예산 지원은 물론이고 부족의 안전 보장, 교육의 질 향상, 고용 확대 등의 이점이 있었다. 하지만 그에 따른 희생 역시 만만치 않았다. 이는 곧 노예 상태나 다름없는 것이었고 세금 부담은 점점 늘어만 갔다. 그러나 로마의 지배 하에서도 프라수타구스와 부디카는 나날이 번영하였으며, 켈트 족의 여왕 부디카는 딸 둘을 낳아 남편 품에 안겼다. 딸들의 이름은 기록에 남아 있지 않다.

기원후 60년경 프라수타구스는 아내 부디카에게 자신을 대신해 이케니 족을 섭정攝政하고 딸들의 상속재산을 잘 관리해달라는 당부를 남기고 세상을 떠난다. 그 상속재산은 프라수타구스가 네로에게 자신의 땅과 다른 재산 대부분을 조공으로 바치고 남은 돈과 조상 대대로 물려받은 가보들이었다. 당시 로마에 빚을 지고 있는 분봉왕들은 네로에게 조공을 바치는 것이 의무 사항이었다. 켈트 족 왕 프라수타구스가 저지른 실수는 네로가 전형적인 로마 황제들에게서 찾아보기 힘든 정의감을 가지고 있다는 믿었던 것이다.

프라수타구스가 죽고 며칠 안 되어 브리튼 주재 로마 최고행정관 카토 데키아누스의 병사들이 부디카를 찾아와 프라수타구스가 그녀와 딸들에게 남긴 모든 재산을 강탈해갔다. 그러더니 각지로 흩어져 이케니 족 귀족들의 집을 노략질하고 파괴하면서 집집마다 일

가족을 붙잡아 노예로 팔아넘겼다. 부디카를 다시 찾아온 병사들은 이케니 족 궁정 운영을 위해 로마로부터 빌린 자금을 즉시 갚으라고 위협했다. 부디카가 상환능력이 없다며 버티자 그들은 그녀를 포로로 데려가 공개적으로 채찍질을 해댔다. 그사이 그녀의 딸들은 로마 군단의 병사들 손에 넘어가 성적 노리개로 전락했다.

감옥에서 풀려나 딸들과 재회한 부디카는 결단을 내려야했다. 계속해서 백성들을 로마에 종속하는 길로 이끌고 갈 것인가, 아니면 백성들의 힘을 모아 역사상 가장 막강한 제국을 상대로 반란을 일으킬 것인가. 부디카는 반란을 택했다.

많은 역사가들이 부디카의 반락을 끔찍한 모욕을 당한 한 여인의 필사적인 몸부림으로 치부해버리고 만다. 그녀가 반란군을 조직한 과정에 대해서도 정확히 알려진 바가 없다. 하지만 몇 가지 역사적 기록을 보면 그녀의 반란이 단순히 개인적인 몸부림만은 아니었음을 알 수 있다. 부디카는 이미 여러 부족들이 로마에 항거하는 폭동을 산발적으로 일으켰다는 것을 잘 알고 있었다. 그녀는 자신의 백성들을 규합하는 데 그치지 않고 다른 부족의 리더들에게도 도움을 요청했다. 마침내 거사에 모여든 병사는 어림잡아 총 10만 명에 이르렀다. 단순히 한 여인의 폭발하는 감정과 절망 속의 몸부림이 낳은 결과로 보기에는 어려운 숫자였다. 충분히 승산이 있다는 판단 하에 치밀하게 계획을 세우고 빈틈없이 조직한 결과였다. 부디카는 자신의 고통과 분노를 대규모 군사 행동을 가능케 하는 원동력으로 바꾸었다.

부디카의 반란은 실로 끔찍했다. 그녀는 퇴역 로마 장교들과 그 일가족들이 주로 모여 살던 카물로두눔 콜로니아^{오늘날의 콜체스터}를 공격하는 것으로 반란의 시작을 알렸다. 그녀는 콜체스터에 미리 심어둔 첩자들과 긴밀한 협조를 유지하면서 며칠 동안 공격을 퍼부었다. 가까스로 마을을 탈출한 전령 하나가 론디니움^{런던}으로 가서 콜체스터의 잔혹상을 설명했지만 사람들의 반응은 시큰둥했다. 행정관은 불과 2백 명의 병력만 콜체스터로 급파하는 데 그쳤고, 그나마도 부디카가 이끄는 대군에 순식간에 전멸 당했다.

콜체스터를 초토화시키고 주민들을 남김없이 모조리 살해한 뒤에도 부디카는 공격을 멈추지 않았다. 페티리우스 케리알리스가 지휘하는 로마 제9군단 병력 5천여 명과 충돌하자 순발력 있는 매복 작전으로 단 한 명의 보병도 남기지 않고 전멸시켰다. 페티리우스와 그의 기병이 가까스로 몸을 피해 달아나자 부디카는 런던을 향해 진격에 나섰다. 당시 면적 약 150만 평방미터에 이르렀던 이 상업 도시의 방어를 책임지고 있던 로마 주둔군은 부디카 반란군의 반격 소식을 듣자 바로 줄행랑을 쳤다. 부디카는 런던을 불바다로 만들었고 눈에 띄는 사람마다 모조리 살해했다. 그 불이 얼마나 엄청났던지 도시 전체가 25센티미터 두께의 단단한 직토^{赤土}층으로 변했다는 말이 전해지며, 지금도 런던 시가 곳곳 지하에 그 잔재가 남아 있다고 한다.

이어 부디카는 북서쪽으로 방향을 돌려 베르라미움^{성 올반즈}을 공격했다. 이곳에는 로마의 식민 통치를 지지했던 브리튼 족이 주로 살고 있었다. 이 무렵 부디카의 병사는 대략 20만 명으로 불어나 있었다. 반면 브리튼 주재 로마 총독 수에토니우스 파울리누스가 모을 수 있는 병력은 기껏해야 만 명 남짓이었다. 성 올반즈를 무너뜨리는 일에만 온통 신경을 쓰고 있는 부디카는 그만 자신에게 대항하기 위해 파견된 군단을 섬멸할 수 있는 기회를 놓치고 말았다. 치명적인 실수였다. 수에토니우스 장군은 로마의 역사가 타키투스가 '좁은 길'이라고 묘사한 협곡 안쪽의 비탈진 언덕 꼭대기에 부대를 배치했다. 부대 뒤편에는 숲이 있었다. 이렇게 되면 공격하는 쪽은 언덕 위로 전격해야 하는데, 그것도 오직 한 방향에서만 올라갈 수밖에 없었다. 부디카는 이 점을 염두에 두었어야 했다. 그러나 그녀는 인해전술로 밀어붙이면 확실히 승산이 있다고 자신했다.

타키투스는 이날 전투에 임한 켈트 족 여왕 부디카의 모습을 "소름 끼칠 지경"이었다고 묘사한다. 여기서 타키투스는 분명히 말을 아끼고 있다. 부디카 역시 병사들처럼 온몸을 섬뜩한 공포를 불러일으킬 것 같은 푸른색으로 칠했다. 다른 건 몰라도 병사의 숫자만으로는 상대를 주눅 들게 하기에 충분했다. 하지만 로마 군단은 정예병으로 구성된 데다가 수에토니우스 장군에 대한 신뢰 또한 절대적이었다. 그는 병사들에게 모든 방패를 일렬로 세워 하나의 거대한 방패를 형성하는, 이른바 밀집 대형을 이루도록 지시했다. 부디카의 병사들이 있는 힘을 다해 언덕 위로 투창을 던졌지만 소용없었다. 수에토니우스는 이때를 놓치지 않고 진열을 쐐기^{V자} 모양으로 바꾼 뒤 병사들에게 일제히 투창을 던지라고 명령했다. 수에토니우스의 보병과 기병이 연합하여 전방과 측면에서 쉬지 않고 투창을 던지자 부티카의 병사들은 사방으로 흩어졌다. 이렇게 양쪽에서 옥죄어 들어오는 공격으로 어림잡아 8만여 명의 병사들이 전사했고 부디카 여왕의 반란은 순식간에 막을 내렸다.

첫 전투에서 대승을 거두었던 부디카는 결국 마지막 전투에서 수에토니우스의 전술에 말려드는 바람에 대패하고 말았다. 전설에 따르면 그녀는 고향으로 돌아가 독약을 마시고 자살했다고 한다. 일부 역사가들은 노포크에서 발굴된 브리튼·로마 관련 인공유물人工遺物 과거의 문화에 나타나 있는 인간의 기술을 반영하여 인위적으로 만든 일상생활의 유물이 별로 없다는 점을 지적하면서, 이를 로마 당국이 반군들을 교외로 데려가 무자비하게 살해했다는 증거로 간주한다. 죽은 자는 인공유물을 남기지 않는 법이다.

한편 부디카의 반란이 막을 내리자 브리튼 소재 로마 당국이 한층 더 관대해진 유화정책을 썼다고 지적하는 역사가들도 있다. 만일 이것이 사실이라면 부디카는 백성들의 큰 짐을 덜어주는 데 성공한 셈이다. 하지만 이보다 더 중요한 것이 있다. 불의와 폭정에 항거한 그녀의 투쟁은 노예가 되기를 거부하고 폭정에 맞서 싸우기로 결심한 하나의 감동적인 사례로 영국 역사와 진설에 지금끼지 남아 있다는 사실이다. 그것은 누가 봐도 버겁고 힘겨운 일이었다. 그러니 부디카의 반란으로부터 2천여 년이 지난 어느 날, 영국의 수상 윈스턴 처칠이 또 다른 제국의 군단에 맞서는 범국민적 저항 운동을 이끌면서 이케니 족 여왕이 남긴 선례를 인용한 것도 그리 놀랄 일이 아닐 것이다.

엘리자베스 1세와 스페인의 무적함대

내게는 왕의 심장과
용기가 있다

폭군들은 두려워 떨라.
나는 지금까지 부끄럽지 않은 삶을 살아왔다.

Elizabeth R

1533년 9월 7일 엘리자베스 튜더[1533~1603]가 태어났을 때 그리니치 왕궁에는 실망이 가득했다. 국왕 헨리 8세와 왕비 앤 불린은 사실상 남자만이 대접받는 왕가에서 후계자가 될 수 있는 아들을 원했기 때문이다. 딸도 여왕이 될 수는 있었지만 16세기 초 영국에서 여왕이라는 존재는 허수아비나 다름없었다. 엘리자베스 여왕의 대관식 직후 여왕과 눈이 마주쳤던 한 런던 시민은 너무나 어안이 벙벙한 나머지 이렇게 외쳤다고 한다.

"맙소사! 저분은 여자네!"

태어나는 순간부터 부모에게 실망을 안겨준 엘리자베스는 어린 시절 역시 순탄치 않았다. 엘리자베스가 태어난 뒤로도 왕비 앤 불린은 아들을 낳기 위해 온갖 노력을 기울였지만 1534년에는 유산을 하고, 1536년 1월 오랜 고생 끝에 낳은 아기는 사산아가 되고 말았다. 1536년 5월 2일, 헨리 8세는 앤 불린을 체포한 뒤 그녀가 여러 차례 불륜을 저질렀으며 심지어 남동생과 근친상간을 했다는 허위 사실을 혐의로 씌워 기소했다. 앤 불린은 5월 19일 참수형에 처해졌다. 그로부터 11일 뒤 헨리 8세는 제인 시모어와 재혼을 했고 그 사이에서 아들 에드워드가 태어났다. 날 때부터 병약했던 에드워드를 두고 사람들은 얼마 살지 못할 것이라고 이야기했지만, 예상과 달리 에드워드는 건강하게 쑥쑥 자랐다. 이에 헨리 8세는 의회를 구슬려 엘리자베스가 서자라는 선언을 이끌어냄으로써 에드워드에게 왕위를 물려줄 발판을 마련했다. 엘리자베스는 왕궁에서 쫓겨나 하트필드의 사유지에서 성장했다.

1547년 헨리8세가 세상을 떠난 뒤에도 어린 엘리자베스의 상황은 별로 나아지지 않았다. 왕의 마지막 후처이자 미망인이 된 캐서린 파는 영국 해군 사령 장관이었던 토머스 시모어와 재혼했다. 그는 재혼을 하자마자 당시 열 살짜리 에드워드 6세를 섭정하던 자신의 동생 에드워드 시모어를 몰아낼 음모를 꾸민다. 하지만 에드워드 시모어가 선수를 쳐서 자신의 형을 처형하라는 명령을 내림으로써 토머스 시모어의 계획은 물거품이 된다. 뿐만 아니라 에드워드 시모어는 엘리자베스가 자신의 형과 정을 통하고 반역 음모를 꾀했다는 혐의로 그녀를 기소했다. 분명 부당한 음모였다. 설상가상으로 병치레가 끊이지 않던 에드워드 6세가 1553년 열여섯 살의 나이로 세상을 떠났다. 이런 상황에서 엘리자베스의 배다른 누이인 메리 1세가 영국 여왕으로 등극했다. 가톨릭 신자였던 그녀는 개신교도 엘리자베스가 줄곧 자신에게 반대하는 음모를 꾸미고 있다는 혐의를 씌워 죄를 추궁한다.

한편 1554년 1월 개신교도 토머스 와이엇의 주도로 켄트에서 반란이 일어났고 이에 메리 1세는 자신의 배다른 여동생 엘리자베스를 공모자로 몰아 앤 불린이 처형되기 전에 갇혀 있던 런던탑에 가두었다. 엘리자베스는 참수의 위기 속에 2개월간의 옥살이를 마치고 우드스톡이라는 사유지로 이송되어 가택연금을 당했다. 1년 정도 지나 가택 연금이 해제되었지만 메리 1세가 통치하는 동안에는 언제 다시 체포될지 모른다는 불안감에 시달려야 했다. 1558년 11월 17일 메리 1세가 후사 없이 세상을 떠난 뒤에야 엘리자베스는 자유의 몸이 되었다.

우여곡절 끝에 엘리자베스 1세가 여왕에 오르기는 했지만, 나라는 가난에 허덕이고 곳곳에서 소요가 끊이지 않았다. 백성들 사이에서 '피의 메리Bloody Mary'라고 불렸던 이복 언니 메리 1세는 부친 헨리 8세의 개신교 개혁 정책을 파기하고 영국을 가톨릭 국가로 되돌리기 위해 개신교도들을 무자비하게 탄압했다. 게다가 스페인의 필리페 2세와 결혼한 그녀는 스페인의 이익을 대변하기라도 하듯, 영국을 끔찍한 전쟁으로 끌어들였고 그 결과 영국은 국가 경제의 파탄과 심각한 내전 위기에 직면했다. 엘리자베스가 물려받은 영국을 일컬어 당시 한 여행객은 "세상의 궁둥이"라고 묘사하기도 했다. 그러나 강인한 성품, 경제적 수완, 정치적 의지의 집합체였던 엘리자베스 1세는 유럽의 침체된 섬나라 영국을 세계의 중심 국가로 빠르게 변모시키며, 로마 이후 가장 강력한 제국이 될 수 있는 발판을 마련해나갔다. 하지만 1558년 5월, 메리 1세와 사별한 필리페 2세가 리스본 항에 전함 122척과 병사 1만 9천 명으로 구성된 스페인 무적함대를 소집하는 순간, 영국이 점차 누리게 될 영광은 여전히 너무 먼 나라 이야기처럼 보였다.

16세기 말의 스페인은 유럽에서 가장 막강한 군사력과 경제력을 자랑하는 나라였다. 당시 영국 역시 성장세에 있긴 했지만, 해군은 여전히 미약했고 육군은 유럽 대륙 기준으로 볼 때 명함도 못 내미는 수준이었다. 헨리 8세가 창설했던 해안경비대는 거의 유명무실해져서 근대식 함포의 사격 앞에서 속수무책이었다. 필리페 2세는 영국을 스페인 제국의 일부로 만들 생각은 없었다. 대신 영국을 '진정한 교회'로 돌아가게 하려는 강한 열망에 불타올랐다. 그는 헨리 8세가 강탈해간 가톨릭교회의 땅과 재산을 되찾아 수도원의 문을 다시 열고 가톨릭 미사를 회복하며, 무엇보다도 가톨릭 신자를 영국 왕위에 앉힐 계획이었다. 스페인의 영국 침략을 지지하기로 합의한 교황은 개신교도인 엘리자베스 1세를 파문했으며 (이는 가톨릭교회 영역 밖의 일이었다) 신하들로 하여금 더 이상 그녀의 시중을 들지 못하게 했다. 필리페 2세는 자신의 무적함대에 출동 명령을 내리고 영국과 플랑드르^{벨기에 서부를 중심으로 네덜란드 서부와 프랑스 북부에 걸쳐 있는 지방} 사이의 좁은 바다를 장악하라고 지시했다. 플랑드르에서는 명민한 장군 파르마 공장이 스페인 육군을 지휘하고 있었다. 이제 무적함대는 파르마 공작의 부대를 위한 안전한 수로를 확보해, 대량의 군수물자와 중포重砲뿐 아니라 추가 병력을 수송해야 했다.

영국이 스페인의 침략을 성공적으로 물리칠 가능성은 희박해 보였다. 엘리자베스의 궁정에는 조신과 보좌관들이 적지 않았는데, 그들은 결국 그들에게는 한낱 여자에 지나지 않을 여왕에게 필리페 2세와 적당히 타협해 영국과 여왕 자신을 구하라고 진언했다. 하지만 엘리자베스는 이런 식으로 나라를 '구하는 것'은 나라를 빼앗기는 것과 다를 바 없다고 생각했다. 그녀는 맞서 싸우기로 결심했다.

이는 혹독했던 유년기부터 산전수전 다 겪으면서 터득한 교훈들을 잊지 않고 있었기에 가능한 결정이었다. 세상의 기준으로 볼 때 엘리자베스는 냉철한 현실주의자였다. 그녀는 투쟁을 선포하는 것과 스페인의 무적함대와 싸워 승리하는 것이 전혀 별개의 문제라는 사실을 잘 알고 있었다. 그렇기 때문에 영국의 약점으로 인해 주눅 들기보다는 오히려 백성들과 자기 자신에게서 확인한 영국의 강점을 최대한 활용하는 쪽을 선택해, 프랜시스 드레이크 경에게 도움을 청하게 된다. 그는 영국에서 가장 노련한 뱃사람이자 배짱이 가장 두둑한, 사략선私掠船 전시에 적의 상선을 나포할 수 있는 허가를 받은 민간 무장선의 선장이었다. 1572년에 엘리자베스는 이미 드레이크 경에게 상선 나포 권한을 공식 위임하면서 스페인이 개척한 신세계의 여러 항구들을 노략질하라는 임무를 부여한 바 있다. 1577년, 엘리자베스는 그 권한을 재위임하였고, 드레이크 경은 불과 2백 명 남짓한 병사들을 배 다섯 척에 나눠 태우고 다니면서 남아메리카 곳곳에 흩어져 있는 스페인 마을과 선박들을 노략질했다. 심지어 그는 캘리포니아가 영국 여왕의 땅이라고 주장하면서 캘리포니아를 '뉴 앨비언' 앨비언Albion은 영국의 옛 이름이라고 명명했다. 이듬해인 1585년, 영국과 스페인의 관계가 급속히 악화되자 엘리자베스는 휘하의 국무장관 버글리 뿐만 아니라

리처드 그렌빌이나 마틴 프로비셔 같은 귀족 가문 출신 뱃사람들의 진언에는 귀를 기울이지 않은 채 재차 드레이크를 파송해 스페인의 해외 식민지를 공략하게 했다. 당시 스물다섯 척의 배로 구성된 선단을 지휘하고 있던 드레이크는 케이프 베르데 군도의 산티아고, 콜롬비아의 카르타제나, 플로리다의 성 어거스틴과 히스파뇰라의 산토 도밍고를 접수했다. 일개 뱃사람이 작은 선단을 이끌고 이룬 이 혁혁한 승리 앞에서 스페인은 아연실색했다. 스페인 은행이 파산하고 필리페 2세가 거액을 대출한 베니스 은행이 소송에 휘말렸으며 영향력 있는 아우구스부르크 은행이 대출 기간 연장을 거부하면서 스페인의 국가 신용도가 완전히 땅에 떨어진 것이다. 1587년 필리페 2세가 공격을 개시하겠다고 위협해오자 엘리자베스는 드레이크에게 "스페인의 모든 군수품과 물자를 박살내라"는 임무와 함께 배서른 척을 붙여주었다. 드레이크는 이 선단을 이끌고 스페인의 카디즈항을 공격해 불과 36시간 만에 군수품뿐만 아니라 필리페 2세가 영국을 공략하기 위해 준비해둔 무적함대의 중추인 수십만 톤의 선박들까지 모조리 격파했다.

하지만 드레이크의 작전이 무적함대의 진격을 지연시키기는 했어도 완벽히 저지하지는 못했다. 이에 당황한 엘리자베스는 이제 믿을 사람은 자신밖에 없다고 생각했다. 1588년, 엘리자베스는 스페인 무적함대의 공격을 방어하기 위해 해군을 다수 투입하는 한편 손수 보병을 소집해 육지와 바다에서 동시에 상륙하는 스페인 병사들을 저지하도록 했다. 핵심 전략이라고 해봤자 무장 상선들로 구성된 예비 소형 선대와 해군 전함뿐인 영국 함대가 스페인의 막강한 무적함대를 막을 수 있으리라고 믿는 영국인은 별로 없었다.

엘리자베스의 보좌관들은 여왕에게 위험을 무릅쓰면서까지 틸베리 캠프에 가지는 말라고 전언했다. 그곳은 침략자 스페인에 맞서기 위해 영국군이 집결해 있는 곳이었다. 스페인의 침공을 눈앞에 둔 몹시 불안한 상황에서, 엘리자베스의 지인들은 영국 내 가톨릭 동조 세력이 여왕 암살을 기도하여 스페인에 유리한 국면을 만들지 않을까 우려했다. 허다한 무장 군인들의 소굴로 들어가는 것은 "나를 암살하라"고 말하는 것이나 다름없이 어리석은 짓이었다.

그러한 위험이 늘 도사리고 있다는 것은 엘리자베스도 잘 알고 있었다. 하지만 엘리자베스는 일촉즉발의 위기 상황인 이때 자신의 왕국을 지키는 병사들을 여왕이 몸소 찾아가지 않는다면, 오히려 여왕의 임무를 소홀히 하고 있다는 인상을 주어 더 큰 위험을 불러올지 모른다고 생각했다. 그녀는 자신 역시 고통을 분담할 각오가 되어 있다는 것을 병사들에게 알리고 싶었고, 그렇게 해야 병사들이 승리에 대한 기대를 품을 수 있을 것이라고 확신했다. 그리하여 스페인의 침공이 예상되는 바로 전날 엘리자베스는 틸베리 캠프를 전격 방문하여 기병장교의 갑옷으로 무장하고 병사들과 대화를 나누었다. 여왕은 자신의 용기를 과시하며 체면을 차리는 대신 병사들을 향한 절대적인 신뢰를 보여주었다. "사랑하는 나의 병사들이여!"로 시작한 그녀의 연설은 힘차게 이어진다.

사랑하는 나의 병사들이여! 나의 안전을 염려한 몇몇 측근들이 나에게 많은 무장 병사들이 반란을 일으킬지도 모르니 각별히 주의하라고 당부했었다. 하지만 나는 여러분에게 분명히 말한다. 나를 사랑하는 충직한 병사들을 신뢰하지 못하면서까지 구차하게 살 생각은 없다.

폭군들은 두려워 떨라. 나는 지금까지 부끄럽지 않은 삶을 살아왔다. 신께 맹세하건대, 내가 이처럼 큰 힘을 행사하고 안전을 누릴 수 있었던 것은 오로지 여러분의 충직과 선의善意 덕분이라고 확신한다. 그렇기 때문에 나는 이 시간 여러분과 함께 있는 것이다. 내가 온 것은 기분 전환이나 여흥을 위해서가 아니다. 전투가 임박한 이 시점에 여러분과 생사고락을 같이하겠다는 결심을 다지기 위해서이다. 신과 나의 왕국, 그리고 나의 백성들을 위한 일이라면 내 명예와 목숨을 티끌같이 여길 것이다.

엘리자베스는 병사들과 운명을 같이하겠다는 자신의 의지를 강력하고 단호하게 밝혔다. 뿐만 아니라 자신을 따르는 한 엘리자베스 자신과 충직한 부하들은 공동 운명체의 희생자가 아닌 주인이 될 것이며, 다가올 전투에서 승리를 거둘 경우 한 사람도 빠짐없이 포상할 것임을 분명히 했다.

비록 갈대처럼 연약한 여자의 몸이지만 내게는 왕의 심장과 용기가 있다. 특히 영국의 왕으로서 나는 겁낼 것이 없다. 파르마나 스페인, 또는 유럽의 어느 왕자 나부랭이들이 감히 우리 영토를 넘볼 생각을 한다는 것은 한마디로 가소로운 일이다. 이러한 수치를 더는 보고만 있을 수 없기에 나는 직접 무기를 들고, 여러분을 지휘하는 장군이 될 것이며, 여러분 각자가 전쟁터에서 보여주는 고결함에 대하여 합당한 보상을 할 것이다. 나는 여러분의 진취적 기상을 익히 알고 있으며, 여러분 모두 합당한 성과급을 받을 자격이 충분하다고 생각한다. 왕의 자리를 걸고 약속하노니 여러분에게 틀림없이 정당한 보상이 지급될 것이다.

나라를 구하기로 결심한 엘리자베스 1세는 애국심이라는 추상적 관념에 호소하지 않았다. 그보다는 자신의 목숨을 걸었고, 자신을 따르는 병사들에게 구체적이고 현실적인 포상을 약속했다. 그녀는 즉각적인 판단에 따라 생각을 정리하고 행동으로 옮겼다. 스스로 직접 명령을 내리면서 군대의 사령관을 자처한 것이다. 그러나 변함없는 현실주의자였던 엘리자베스는 자신에게 실전 군사 경험이 부족함을 자각하고, 경험이 풍부한 사령관을 '중장'으로 지명해 자신을 대리할 부관으로 삼았다. 그녀는 기품 있고 소중한 병사들을 지휘하는 데 있어서 어떤 왕족도 군 지휘관을 따라갈 수 없다고 병사들을 향해 힘주어 말했다. 나아가 "여러분이 총사령관인 내게 충성을 맹세하고, 전장에서 똘똘 뭉쳐 용맹을 보여준다면 우리의 신과 조국과 백성을 괴롭히는 저 적들에 대해 일거에 승리를 거두게 될 것"이라면서 강한 자신감을 내비쳤다.

병사들 앞에서 몸소 행한 사려 깊은 연설은 병사들의 심금을 울리기에 충분했다. 병사들에게 저항하라는 명령을 내리기로 결심했으나, 그 저항에 따르는 위험을 말단 병사들과 함께 감수하겠다고 공개적으로 천명함으로써, 엘리자베스 여왕은 저 높은 옥좌에서 내려와 백성들을 품을 수 있었다. 그렇게 함으로써 그녀는 제왕의 면모를 지킬 수 있었고 감동의 물결이 들불처럼 퍼져 나갔다.

나중에 밝혀진 일이지만, 틸베리 캠프의 병사들은 단 한 번도 진격 명령을 받지 않았다. 왜냐하면 스페인 병사들이 정작 영국 땅에 얼씬도 할 수 없었기 때문이다.

영국 함대는 6월과 7월 두 차례에 걸쳐 이베리아 해역에서 스페인 무적함대의 전진을 차단하려 했지만 폭풍으로 인해 무산되었다. 설상가상으로 플리머스에서 전함을 재정비하던 방어 함대는 영국 해역에 출몰한 스페인 무적함대에 허를 찔리고 말았다. 함장들은 사력을 다해 영국 해협까지 무적함대를 추격했지만, 가까스로 적선 두 척만을 침몰시켰을 뿐이다. 그러던 중 메디나 시도니아의 공작이었던 스페인 제독이 돌연 칼레^{프랑스 북부. 도버 해협에 면한 항구 도시로, 영국과 유럽 대륙을 이어주는 관문이다}에 닻을 내리겠다는 결정을 내린다. 8월 6일의 일이었다. 영국군 입장에서는 스페인 함대를 신속히 나포할 수 있는 절호의 기회가 찾아온 것이다. 영국 함대는 불타는 폐선을 화공선火攻船으로 삼아 항구에 성박 중인 스페인 함대를 향해 돌진시켰다. 스페인 전함 네 척이 화염에 휩싸여 가라앉았으며, 그보다 주목할 만한 성과는, 무적함대가 어쩔 수 없이 북쪽으로 도망쳐 스코틀랜드와 아일랜드를 지나 가까스로 스페인에 귀환했다는 사실이다. 귀환 과정에서 스페인 함대는 엄청난 폭풍에 휘둘려 서른네 척 이상의 배를 잃어버리는 결정적인 패배를 맛보았다. 결국 영국은 침략자들로부터 스스로를 지켜낼 수 있었다.

루트비히 판 베토벤과 청각장애

그럼에도 불구하고
내게는 음악뿐

나는 운명의 목을 조르고야 말겠어!
나는 어떤 운명에도 굴하지 않을 걸세!
아, 산다는 것은 얼마나 아름다운 일인가!
천 번이고 만 번이고 산다는 것은!

Ludwig van Beethoven

　수세대에 걸쳐 음악학자와 음악 애호가들 사이에서 인류 역사상 가장 위대한 작곡가로 칭송받는 루트비히 판 베토벤1770~1827에 관해 사람들이 늘 입버릇처럼 말하는 사실이 있으니, 즉 살아생전에는 철저한 오해 속에 진가를 인정받지 못하고 명성에 걸 맞는 대우도 받지 못하다가 세상을 떠난 다음에야 비로소 그 진면목이 드러났다는 것이다. 사실 베토벤은 명성 하나는 자자했다. 음악계에 발을 막 들여놓은 초창기부터 비범한 작곡가와 탁월한 피아니스트로 이름을 날렸던 것이다. 그는 벌이도 꽤 괜찮았을 뿐만 아니라, 어쩌면 작곡가들이 자신의 작품으로 생계를 유지해나가는 방식에 일대 혁신을 가져온 예술가였는지도 모른다. 17~18세기 작곡가들은 전통적으로 부유한 귀족들의 후원에 의지해 살아가야 했다. 귀족들에게 예술가란 전문 지식을 갖춘 하인 정도의 존재나 다름없었다. 베토벤도 여느 작곡가들과 마찬가지로 몇몇 귀족 후원자가 있었지만, 그의 주된 생계 수단은 대중들을 상대로 한 연주회와 작품 판매였다.

데뷔 초기의 엄청난 성공으로 전성기를 구가하던 1801년 여름, 베토벤은 자신의 전도유망한 미래에 먹구름이 드리워지고 있음을 깨달았다. 1801년 7월 1일 친구 카를 아메다에게 보내는 편지에서 베토벤은 이렇게 쓰고 있다.

> 정말 비참한 삶이라네. 이 세상을 지으신 조물주와 완전히 틀어져버렸지. 나는 아주 사소한 사고에도 당신의 피조물들을 한없이 상처받게 만드신 그분을 원망하고 있다네… 내게 있어 가장 중요한 기능인 청력이 극도로 나빠져 버렸어.

베토벤은 적어도 아메다에게 편지를 쓰기 3년 전부터 자신의 문제가 심상치 않음을 알고 있었다. 하지만 그가 점점 이상해지고 있다는 것을 친구들이 눈치채기 시작한 것은 바로 이즈음이었다. 베토벤은 두문불출한 채 사람들 만나는 것을 꺼리고 말수도 점점 줄어들고 있었다. 1801년 말 또 다른 친구인 프란츠 베겔러에게 쓴 편지에서처럼 "명색이 음악가인" 베토벤이 "어떻게 사람들에게 '나 귀머거리요!'라는 말을" 할 수 있었겠는가! 하지만 한편으로는 "할 수만 있다면…이 기구한 운명에 맞서리라"라는 다짐을 하기도 했다. 다섯 달쯤 지났을 무렵 베토벤은 베겔러에게 다시 편지를 썼다.

나는 운명의 목을 조르고야 말겠어! 나는 어떤 운명에도 굴하지 않을 걸세! 아, 산다는 것은 얼마나 아름다운 일인가! 천 번이고 만 번이고 산다는 것은!

한편으로는 절망하면서도 다른 한편으로는 고난을 헤쳐 나가겠다는 결심을 다지는 모습 속에서 그가 느꼈을 고뇌와 갈등이 짐작되고도 남는다.

그간 베토벤이 찾아갔던 여러 의사들 가운데에는 그를 빈 외곽의 전원 마을 하일리겐슈타트로 보낸 사람도 있었다. 평화롭고 고즈넉한 마을에서 지내다 보면 청력이 회복될지 모른다는 기대에서였다. 기대와 달리 귀는 좀처럼 나아지지 않았지만 새로운 환경 덕분에 베토벤은 잠시나마 원기를 되찾을 수 있었다. 당시 내적 절망의 흔적이 조금도 드러나지 않는, 밝고 경쾌한 〈제2번 교향곡〉을 작곡한 것도 바로 이곳 하일리겐슈타트에서였다. 일찍이 운명의 목을 조르겠다고 벼르면서 삶의 환희를 절박하게 예찬하기도 했지만, 그의 청력은 조금도 나아질 기미를 보이지 않았다. 봄과 여름이 지나 쓸쓸하고 우울한 가을이 찾아오자 당시 서른두 살이었던 베토벤은 유언장을 작성했다. 그의 전기 작가들이 「하일리겐슈타트 유서」라고 부르는 이 편지는 1802년 10월6일 날짜로 남동생 카를과 요한에게 보낸 것이었다. 이 유서는 언젠가 그가 단언했듯이 "죽으나 사나 음악만이 전부"였으나 인생 최대의 위기로 벼랑 끝에 몰린 한 거장의 속내를 들여다보게 해주는 흔치 않은 자료이다. 베토벤은 이렇게 쓰고 있다.

너희들은 내가 다른 사람들이 잘되는 것을 못 봐주고, 고집불통인 데다가 염세적이라고까지 하는데, 그게 얼마나 큰 오해인지 알고 있느냐? 그런 모습을 보일 수밖에 없는 나의 속사정을 너희들은 제대로 알지 못하기 때문이지. 어린 시절부터 지금까지 내 마음과 영혼은 선의善意의 민감한 감정들로 가득 차 있었고, 심지어 위대한 업적을 이루고 싶다는 열망도 있었어. 하지만 한번 생각해보자. 지난 6년 동안 나는 몰상식한 의사들 때문에 속수무책으로 고통을 겪어야 했다. 상태가 호전되리라는 나의 소망은 해가 가면서 점점 무너져 내렸고, 결국 나는 언제 끝날지 모를 병을 안고 살아가게 되었어(치료 기간이 몇 년이 될지, 어쩌면 회복 불가능일지 알 수 없는 일이다).

나는 천성적으로 사람들과 어울리는 걸 좋아하지만, 이제 어쩔 수 없이 세상을 피해 고독하게 살아갈 수밖에 없다. 이따금씩 이 모든 것을 잊으려고 애쓸 때면, 귀가 들리지 않는다는 사실, 그래서 사람들을 만날 수 없다는 사실 때문에 슬픔은 두 배로 커졌고, 그렇게 세상에 내동댕이쳐진 느낌에 얼마나 몸서리쳤던지! 그렇다고 내가 사람들에게 '크게 좀 말해 주세요. 더 크게요, 전 귀가 먹었단 말이에요'라고 말힐 수는 없지 않느냐. 내게는 다른 어떤 기관보다 완벽해야 할 감각기관에 치명적인 손상을 입었다는 사실을 어찌 내 입으로 말할 수 있겠냐. 게다가 한때는 그 어떤 음악가도 누려본 적이 없을 만큼 완벽한 상태를 자랑하던 귀였는데 말이다. 나는 죽어도 그렇게는 못한다. 그러니, 내가 예전처럼 너희들과 어울리는 것을 달가워하지 않는다 해도 용서해다오.

베토벤의 이러한 절망은 전적으로 예술이나 직업 때문만은 아니었다. 그것은 인간적인 고뇌였다.

나는 지금 까딱하면 오해받기 쉬운 상황이다. 이는 사람들과 함께 있으면 긴장하기 일쑤고 세련된 대화는커녕 서로 생각을 주고받지도 못한다. 사회에서 버림받은 사람처럼 나는 외톨이로 살아가야할 것 같다… 사람들 근처에라도 가려고 하면 태산 같은 걱정, 사람들이 내 상태를 눈치채는 것은 아닌가 하는 조바심 때문에 견딜 수가 없다. 내 옆 사람은 멀리서 들려오는 플루트 연주를 감상하는데나는 그럴 수 없다든지, 내 옆 사람은 '목동의 노래'를 음미하는데 나는 그럴 수 없을 때… 정말 비참하다. 그런 일을 겪을 때마다 나는 절망의 수렁에 빠진다. 이런 고통이 조금만 더 계속된다면 나는 삶을 마감할지도 모르겠다.

당시 삶을 놓아버리고 싶은 그를 붙들어준 것은 오로지 음악뿐이었다고 베토벤은 토로한다. 그런데 편지의 끝맺음을 보면 베토벤이두 남동생들에게 마지막으로 유언을 남기고 있음이 더욱 분명해진다. 그는 이렇게 당부하고 있다.

내가 눈을 감거든 그 즉시 주치의에게 부탁해 나의 이 질긴 병이어떤 것이었는지 설명해달라고 하거라…. 죽은 뒤에라도 세상과 화해할 수 있는 길이 열리지 않을까 해서 그런다.

이는 세상과 담을 쌓은 듯 사람들을 피해왔던 자신의 행동을 이해하고 용서해달라는 부탁이었다. 이어서 베토벤은 재산이라고 부를 수 있을지 모르겠지만, 남동생들에게 자신의 "얼마 되지 않는 재산"을 둘이서 공평하게 나누어 가지라고 당부하면서 마지막으로 그들의 용서를 빌었다. 그리고 몇 가지 조언을 덧붙였다.

너희 아이들에게 덕행을 가르치거라. 행복의 지름길은 돈이 아니라 덕행이다. 내 경험으로 보건대, 고통의 시간에 나를 지탱해준 것은 바로 덕행이었다. 이 모든 것과 나의 음악에 감사한다. 그래도 자살로 생을 마감하지는 않는구나. 이제 펜을 놓아야겠다. 서로 사랑하기를.

앞서 아멘다와 베겔러에게 보낸 편지처럼 「하일리겐슈타트 유서」역시 진술문이나 선언문이라기보다는 오히려 자기 자신과의 대화에 더 가깝다. 그는 자신이 어떻게 운명을 극복하고 그것과 화해하게 되었는지를 담담히 풀어내고 있다. 말하자면 이 편지는 베토벤이 결정을 내리기까지의 과정을 들여다보게 해주는 하나의 창이다. 어쩌면 그는 굴복할 수밖에 없는 운명에 따라 피아니스트의 거장으로서 생명력이 끝났다고 스스로 생각했는지 모른다. 이는 정신적으로나 재정적으로나 가혹한 시련이었다. 베토벤은 단순히 연주 자체를 즐거워하고 좋아하기만 한 게 아니었다. 연주를 통해 얻는 수입은 전업 작곡가의 벌이보다 훨씬 높고 안정적이었다. 그러나 이처럼 더 이상 경제적인 안정을 기대할 수 없게 되었다는 사실을 깨달은 뒤에도 베토벤은 여전히 계속해서 예술을 위해 살겠다고 결심했다. 이는 귀가 들리든 들지 않든 작곡 활동만큼은 계속 이어가겠다는 고백이었다. 귀가 점점 더 안 들리게 되면서 더 이상 살롱이나 무대에 설 수 없게 된 베토벤은 어쩔 수 없이 더욱 치열하게 작곡에 매달렸다. 어쩌면 그는 이를 계기로 과거보다 한층 깊이 있는 음악을 만들 수 있을 것이라고 예감했는지도 모른다. 귀가 들리지 않는 덕분에 일상적인 소음의 세계로부터 차단된다면 그것이 오히려 상상력을 발휘하는 음악 세계로 보다 깊이 빠져들 수 있는 기회가 될 터였다.

베토벤의 귀가 멀지 않았더라도 말년의 피아노 소나타와 현악 4중주, 〈제9번 교향곡〉이 탄생할 수 있었을까? 알 수 없는 일이다. 다만 우리가 알 수 있는 것은 베토벤 자신이 상상 가능한 최악의 파국 앞에서도 결코 굴복하지 않겠다고 결심했다는 사실이다. 또한 장애를 최후의 치명적인 비극으로 받아들이기를 거부하고 그것을 뛰어넘으려 했던 그의 결심이 불후의 명작들을 낳았다는 것 역시 우리는 잘 알고 있다. 그리고 그렇게 남겨진 작품들 앞에서 우리는 도저히 대답하기 힘든 여러 질문들에 휩싸이게 된다.

전 사 테 컴 세 와 인 디 언

단결은 언제나
분열을 이긴다

백인들이 오랫동안 인디언들 사이의 분열을 이용해왔듯이
테컴세 또한 백인들 사이의 분열을 이용하기로 결심했다.
그는 조심스럽게 영국과 인디언 사이의 동맹을 진척시켜 나갔다.

Tecumseh

테컴세가 태어난 아메리카는 종말을 향해 가고 있었다. 그는
1768년경 지금의 오하이오 주 스프링필드 근교 피쿠아에서 쇼니
족 추장인 아버지와 크리크 족과 체로키 족의 혈통을 지닌 어머니
사이에서 태어난 것으로 추정된다. 아버지 푸크신와는 1774년 소
위 던모어 경의 전쟁쇼니 족 인디언의 비옥한 켄터키 수렵지를 계속해서 잠식해 들어간 버지니아 민병
대가 1774년 피트 요새를 빼앗은 뒤 자신들의 총독인 던모어 백작 4세 존 머리의 이름을 따서 던모어 요새라 부른 데
서 유래의 주요 접전지였던 포인트 플레전트 전투에서 사망했다. 아버
지가 세상을 떠난 뒤 테컴세를 맡아 키웠던 형은 미국 독립전쟁이
한창인 와중에 세상을 떠났으며, 또 다른 형제는 독립전쟁에 뒤이
어 일어난 리틀 터틀즈 전투1790~1795에서 사망했다. 이 전투에는 테

컴세도 직접 참가했었다.

가족들 대부분이 전투에서 목숨을 잃었음에도 불구하고 테컴세의 비범한 재능은 전쟁터에서 특히 두드러졌고, 그 결과 그는 올드 노스웨스트^{지금의 오하이오 주, 인디아나 주, 미시건 주, 위스컨신 주, 및 일리노이 주를 망라하는 지역} 전역의 부족들을 통치하게 되었다. 그는 싸울 때는 물불을 안 가리면서도 포로들을 대할 때는 예우를 갖추고 고문 따위는 하지 말라고 동료 전사들에게 당부하는 등 공명정대하고 인정이 많기로 유명해서 적군인 백인들로부터도 존경을 받았다.

한편 테컴세가 용맹스럽게 싸웠던 폴른 팀버즈 전투에서 '정신 나간 안토니'라는 별명으로 불린 웨인 대장이 승리를 거둠으로써 리틀터틀즈 전투는 막을 내렸다. 이와 동시에 웨인 대장은 포트 그리빌 조약을 공포하는데, 이는 패전 부족으로부터 올드 노스웨스트 대부분의 지역을 넘겨받는다는 약속을 주 내용으로 하는 것이었다. 물론 테컴세는 이 조약에 서명하기를 거부했다. 웨인 대장에 대한 도전이나 혹은 막연한 분노 때문이 아니었다. 그는 어떤 인디언도, 심지어 부족 전체가 나선다 해도 조상들의 땅을 포기하고 백인들에게 내줄 권리는 없다고 확신했던 것이다. 나아가 그는 올드 노스웨스트의 땅은 모든 인디언과 모든 부족의 것이라고 선언했다. 지금 살고 있는 땅과 인디언들의 분리는 그들이 태어난 땅을 아마겟돈과 같은 참혹한 전쟁의 구렁텅이로 몰고 가는 것이나 다름없었으며 이는 곧 모든 인디언 부족들의 파멸을 의미했다.

테컴세가 그린빌 조약에 서명하지 않기로 결심한 것은 이처럼 서명의 결과가 어떨지 훤히 꿰뚫고 있었기 때문이다. 하지만 서명 거부가 단순히 백인들의 요구를 뿌리친다는 의미는 아니었다. 실로 테컴세의 독특한 면이라면, 인디언들의 세계를 구하는 일에 헌신하면서도 백인들의 세계에 등을 돌리지 않기로 했다는 것이다. 오히려 그는 백인들의 세계를 포용했으며 자신이 할 일이 무엇인지를 간파했다. 글을 읽고 쓸 줄 알았던 테컴세는 당시 교사였던 레베카 갤로웨이의 도움으로 역사, 문학, 성경 등을 공부했다. 그는 자신의 동족을 보다 효과적으로 자키기 위해서는 백인에 대해 알아야 한다고 생각했다.

그런데 또 한편으로는 그린빌 조약에 서명하지 않기로 한 결정 때문에 테컴세는 도저히 해법이 없어 보이는 딜레마에 빠졌다. 그는 인디언 세계의 완전한 파멸만큼은 피할 수 있도록 인디언 형제들을 강하게 단련시키는 방법을 찾아내야 했다.

하지만 대체 어떻게 한단 말인가?

이 시점에 테컴세가 할 수 있는 선택은 서쪽으로, 즉 지금의 인디애나로 이동하는 것뿐이었다. 인디애나에 도착한 그는 그 지역 인디언들을 규합했고, 언제나 그랬듯이 수많은 백인 개척자들에 대한 존경과 경탄을 아끼지 말라는 지시를 내렸다. 그사이 영도를 오하이오와 인디애나까지 확장하는 일에 몰두하고 있는 토머스 제퍼슨 대통령은 인디언과 관련된 새로운 방침을 내놓았다. 인디언과 맞붙어 싸우는 대신 그들을 변화시키기로 한 것이다. 남부 변경의 촉토 족, 치카소 족, 크리크 족은 한 곳에 정착해 농사를 짓는 인디언들이었다. 그래서 이들은 법적으로 구획이 정리된 땅에서 살고 싶어 했다. 하지만 사냥으로 생계를 유지하는 올드 노스웨스트의 인디언들 역시 생업을 포기할 수 없었다. 그들은 광활한 사냥터를 요구하면서 사냥터 제한에 저항했다. 제퍼슨은 이 사냥꾼들을 농사꾼으로 변모시켜 각자가 소유하고 있는 여러 필지의 땅을 경작하는 법을 가르쳐주겠다고 제안했다. 뿐만 아니라 그들은 소유하고 있는 땅을 팔 수도 있었다. 백인 개척자들에게 땅을 팔고 싶어 하는 인디언은 누구든 서부지역의 루이지애나 준주準州 아직 주의 자격을 얻지 못한 지역로 '이동할' 수 있었다.

제퍼슨은 인디애나 준주의 주지사로 임명한 윌리엄 헨리 해리슨에게 가능한 한 인디애나의 땅을 최대한 구입해서 등기를 마치라고 지시했다. 제퍼슨은 백인 공동체가 인디언 소유의 땅이나 근처에서 조용히 뿌리를 내리면 인디언들이 어쩔 수 없이 백인들과의 거래에 의존하게 될 것이며, 자연스레 채무가 감당할 수 없을 정도로 늘어나 결국에는 땅을 팔 수밖에 없을 것이라고 내다보았다. 이렇게 하면 피 한 방울 흘리지 않고 인디언들을 서부로 내 몰수 있게 될 터였다. 그리하여 해리슨이 그린빌 조약으로 생겨난 백인 정착지와 인디언 정착지 사이의 경계선 서쪽 땅을 1803년과 1806년 사이에 무려 7천만 에이커나 사들였다. 테컴세는 우려를 금할 수 없었다. 그는 백인들과의 전쟁이든 밀월이든 양쪽 모두 장기화될 경우 인디언들의 생존에 큰 타격이 될 것임을 직감했다.

올드 노스웨스트와 미국 대다수 지역의 인디언들은 자신의 부족 사회에 헌신하는 것이 오랜 문화적 전통으로 몸에 배어 있었다. 이러한 전통은 한 부족 내의 결속을 다지는 데 크게 기여했지만, 다른 부족과의 연합을 시도할 경우에는 오히려 커다란 장애물이 되었다.

테컴세는 인디언들이 위대한 민족이지만 부족 단위로 나뉘다 보니 단단한 결속력을 자랑하는 백인들에 비해 상대적으로 취약할 수박에 없다는 사실을 깨달았다. 독학으로 공부한 백인들의 역사뿐 아니라 실제 현실을 통해 그가 알게 된 또 하나의 사실은 백인 세계에서는 단결이 언제나 분열을 이긴다는 것이었다. 그리고 그는 인디언 형제들이 이러한 사실을 인식하든 못하든 백인들의 '문명'에 의해 촉발된 사회적 대변혁으로 인해 이미 전체 인디언 부족들의 결속이 시작되고 있다는 사실 또한 간파했다. 백인들은 거주 지역을 분할하고 개별 부족과 조약을 체결하면서 인디언들의 분열을 가속화하려고 했지만, 오히려 인디언들을 괴롭힌 결과 실제로는 그들의 결속이 한층 강해지고 말았다.

그제야 테컴세는 인디언 형제들을 강인하게 단련시키는 법을 터득하고 두 번째 중요한 결정을 내린다. 즉 모두에게 비극일 수밖에 없는 인디언들의 부정적 결속을 가히 혁신적이라 할 인디언 문화를 창조하기 위한 토대로 변모시키기로 결심한 것이다. 그러기 위해서는 아메리카 전역의 모든 인디언들로부터 긍정적이고 적극적인 연합을 효과석으로 이끌어내야 했다. 테컴세는 이미 사람들의 마음을 사로잡는 웅변가로 알려져 있었다. 그는 성경을 비롯해 백인들이 쓴 책을 두루 섭렵한 경험과 인디언 웅변 전통이 한데 어우러진 설득의 기술을 갖추고 있었다. 그리하여 테컴세는 1800년대 초 인디언 부족 마을을 일일이 찾아다니면서 결속을 촉구하는 메시지를 전했다. '이곳저곳을 순회하다'라는 뜻을 지닌 인디언 이름 '테컴세 Tecumseh'에 어울리는 행보였다. 그리고 바로 이 시기에 그의 동생 텐스크와타와^{Tenskwatawa}에게 중요한 신앙적 변화가 일어났는데, 그는 곧 예언자, 일명 '쇼니 프로핏^{Shawnee Prophet}'으로 이름을 떨치게 된다. 텐스크와타와는 일식을 정확히 예언해 사람들을 놀라게 하고, 짐승 가죽이나 모피 대신 직물 옷을 입고 술을 마시는 백인들의 생활방식과 그들의 기도교적 전통을 거부하고 인디언의 전통적 생활방식으로 돌아갈 것을 촉구했다.

테컴세는 동생이 전하는 인디언 고유의 신앙적 메시지가 자신의 정치적 메시지와 결합한다면, 전체 인디언 부족들의 결속을 이끌어내는 데 엄청난 시너지로 작용할 것으로 판단했다. 하지만 안타깝게도 시간은 백인에게 유리한 쪽으로 흘러가고 있었다. 그들은 인디언들을 끊임없이 서로 갈라놓고, 살던 땅에서 내쫓았으며 백인과의 거래, 백인의 종교 및 백인의 관습에 의존하게 만들어 종국에는 가난으로 내 몰았다.

마침내 인디언들의 절망과 분노가 극에 달해 전쟁으로 표출되었다. 그것은 소수의 인디언들이 절대 다수의 백인들을 상대로 하는 싸움, 인디언들의 패배와 보다 많은 인명손실이 불 보듯 뻔한 전쟁일 수밖에 없었다. 시간을 좀 더 벌기 위한 요량으로 테컴세는 대규모 전면전이 될 것이라는 예고와 함께 백인들을 위협했다. 당시 서부의 변경 지역에는 아직 백인 개척자들의 손길이 미치지 않은 상태였다. 이 지역으로 전쟁을 끌고 간다면 그만큼 백인들의 정착이 지연되어 테컴세 형제가 각 부족들을 순회하며 인디언들의 단결을 도모할 시간이 충분히 확보될 수 있었다. 테컴세는 그레이트 레이크에서 멕시코 만에 이르기까지 여기저기 흩어져 있는 인디언 마을들을 찾아다니면서 백인들과의 모든 관계를 단절하고 단결할 것을 호소했다. 또한 테컴세는 백인 청중들 앞에서도 목소리를 아끼지 않았다. 즉 해리슨 주지사의 행위가 그린빌 조약으로 형성된 경계를 위반했기 때문에 법적으로 문제가 있으며, 토지를 매각할 권한이 전혀 없는 소수의 추장들이나 소수 부족에게서 땅을 구입했기 때문에 도덕적으로도 문제가 있음을 낱낱이 고발함으로써 인디언들의 단결을 위한 터를 다졌다.

해리슨 주지사는 테컴세와 텐스크와타와의 합동 작전에 차츰 위협을 느끼기 시작했다. 두 형제가 델라웨어의 인디언들을 상대로 연설하고 있을 때 모습을 드러낸 주지사는 당시 주위의 백인 개척자들과 이런저런 관계를 맺고 있던 부족들을 향해 '쇼니 프로핏'과 그의 형을 쫓아내라고 선동했다. 해리슨은 텐스크와타와를 거짓 예언자라고 비난하면서 어디 한번 신성을 입증해보라고 몰아세웠다. 테컴세를 과소평가한 해리슨의 결정적 실수였다. 며칠 뒤 테컴세는 1806년 6월 16일 텐스크와타와가 태양을 정지시키고 어둠에 가려 보이지 않게 감출 것이라고 공표했다. 해리슨은 테컴세가 책력冊曆을 해독할 수 있으리라고는 꿈에도 생각하지 못했던 것이다. 테컴세가 약속한 그날 개기일식이 일어났고 델라웨어 인디언들 뿐 아니라 도처의 인디언들 사이에 그가 기적을 일으켰다는 소식이 전해지면서 예언자의 명성은 더욱 높아만 갔다.

테컴세와 텐스크와타와는 여세를 몰아 동쪽으로 이동했다. 그곳은 백인들의 정착이 상당 부분 이루어진 상태였다. 형제는 황폐화된 포트 그린빌에 본부를 설치했다. 그리고 1807년 쇼니 족, 포타

와토미 족, 오타와 족, 위네바고 족, 오지브와 족(치피와 족)과 와인도트 족의 리더와 전사들이 포트 그린빌로 속속 모여들었다. 테컴세가 인디언들을 찾아가는 것이 아니라 오히려 그들이 테컴세를 찾아오면서 인디언 부족의 단결이라는 꿈이 점차 현실이 되어가고 있을 무렵, 테컴세는 백인들의 세계가 또다시 분열되기 시작하는 것을 목격했다. 달이 갈수록 미국인들과 영국인들 사이의 전쟁 가능성이 점점 고조되었다.

1808년 4월, 테컴세 형제와 그들의 추종자들은 포트 그린빌을 떠나 인디애나로 돌아가기 위해 다시 서진했다. 인디애나에 도착한 그들은 와바시 강과 티피카누 지류가 합류하는 곳에 예언자의 마을을 세웠다. 그리고 한 달 뒤 캐나다 온타리오 주재 영국 왕립 행정관인 프랜시스 고어가 테컴세와 1,500여 명의 추장들을 캐나다령 에리 호湖 옆에 있던 앰허스트버그에서 개최된 대회의에 초청했다. 백인들과의 완전한 분리를 주장해오던 테컴세는 기꺼이 초대를 수락했다. 백인들이 오랫동안 인디언들의 분열을 이용해왔듯이 테컴세 또한 백인들의 분열을 이용하기로 결심했다. 그는 영국과 인디언 사이의 동맹을 조심스럽게 진척시켜 나갔다. 영국인들은 캐나다를 경유해 테컴세가 이끄는 부족 연합체에게 무기, 탄약, 병력 등을 제공했다.

해리슨 주지사를 비롯한 아메리카 백인 지도자들은 전사 테컴세의 용맹과 노련함은 인정했지만 뛰어난 정치적 감각과 지식을 과소평가했다. 테컴세가 영국인들과 협상을 벌이고 있을 동안 텐스크와타와는 해리슨과 대화를 나누었다. 그는 자신과 형이 평화를 원하고 있다고 전하며 주지사로부터 조약에 따른 물품을 공급하겠다는 약속을 받아냈다.

한시름 놓은 해리슨은 다시 여느 때처럼 인디언들의 땅을 추가로 사들이기 시작했다. 1809년 가을, 해리슨은 포트웨인 조약 체결을 마무리하면서 와바시 골짜기의 땅을 300만 에이커나 매입했다. 테컴세가 예상했듯이 이 일은 협상 테이블에서 배제된 부족과 추장들의 노여움을 샀다. 이를 계기로 이제까지 테컴세와의 동맹을 망설이고 있던 사크 족과 폭스 족이 그와 형제관계를 맺었다. 마이애미 족 절반과 와이언도트 족의 대다수도 이 동맹에 함께했다. 1810년 7월 해리슨 주지사는 제임스 매디슨 대통령에게 인디언들이 총궐기를 준비하고 있다고 보고했다. 그리고 8월 해리슨과 테컴세가 인디애나 주 빈센느에서 회동했다. 이 자리에서 테컴세는 인디언들의 증오를 사고 있는 포트웨인 조약의 파기를 요구했다. 처음에는 몹시 분개하며 거부하던 해리슨이 나중에는 테컴세의 요구 사항을 대통령에게 보고하겠다고 한 발 양보했다.

테컴세는 이렇게 대답했다.

"바라긴대, 우리의 주신主神이 해리슨에게 분별력을 주셔서 그로 하여금 이 땅을 포기하게 하셨으면 한다. 말이 나왔으니 말이지, 해리슨은 원래 여기서 꽤 먼 곳에 있는 사람이니 전쟁이 일어나도 무사할 것이다. 그는 자기 고향 마을에서 느긋하게 포도주 잔이나 기울이고 있을 것이다. 여러분과 내가 사생결단을 내려야 할 때도 말이다."

그해 가을, 한층 더 많은 부족들이 테컴세의 동맹에 가입했고 전사들이 힘을 합쳐 변경을 공격하기 시작했다. 1811년 7월 말, 해리슨과 다시 만난 테컴세는 인디언 연합에 대한 구상을 밝히면서 자신은 전쟁을 원치 않는다고 선언했다. 아울러 이번만큼은 인디언들이 분열되거나 호락호락 당하는 일은 없을 거라고 경고했다. 당장이라도 테컴세가 부릴 수 있는 전사들은 수천 명에 달했다. 이는 이미 해리슨이 동원할 수 있는 병사들을 능가하는 숫자였다.

테컴세는 실로 주목할 만한 업적을 일궈냈다. 미국 역사상 그 유례를 찾아볼 수 없는 인디언 부족들 간의 단결을 이끌어낸 것이다. 이에 고무된 테컴세는 1811년 늦은 여름 치카소 족과 촉토 족 그리고 크리크 족 가운데 병사를 모집하기 위한 원정에 나섰다. 그 부족들 가운데 모집 가능한 전사들의 숫자는 5만 명을 상회했다. 하지만 호전적인 크리크 족을 제외한 나머지 부족들은 그의 제안에 시큰둥한 반응을 보였다. 엎친 데 덮친 격으로 해리슨 주지사는 테컴세가 없는 틈을 이용해 '예언자의 마을'을 공격했다. 1811년 11월 6일, 해리슨은 인디언 개척지에서 2마일 떨어진 곳에 진지를 구축했다. 그날 밤 텐스크와타와는 집결한 전사들에게 마법의 안개에 몸을 숨기고 전투에 돌입하게 될 것이라고 예언했다. 다음 날 아침, 인디언들은 공격에 나섰지만 나중에 해리슨 주지사의 백악관 입성을 앞당기는 데 일조하게 될 티퍼카누 전투에서 패하고 말았다. 텐스크와타와는 큰 부상은 없었지만 전투의 최대 희생자가 되었다. 테컴세의 추종자들이 그의 예언을 더 이상 신뢰하지 않았으며 상당수가 인디언 연합에서 탈퇴했다.

1812년 마침내 전쟁이 터지자 테컴세는 영국과의 동맹에 의존했다. 그는 영국군 준장의 자리를 수락했으며, 많은 인디언들을 영국군 편으로 끌어들임으로써 자신이 영국군에 없어서는 안 될 협력자임을 입증했다. 하지만 테컴세나 영국군이나 자신의 맹우盟友를 무턱대고 신뢰한 것은 아니었다. 1813년 10월 5일, 템즈 전투에서 영국과 인디언의 연합군은 해리슨에게 대패하고 말았다. 이미 노쇠할 대로 노쇠해진 테컴세는 바로 이날 인디언들의 연합을 꿈꾸었던 자신의 기대가 무너져 내리는 것을 목격했다. 그리고 자신도 무너져 내리는 것을.

존 F. 케네디와 쿠바 미사일 위기

위기일수록 더욱
멀리 봐야 한다

만일 쿠바 공습에 자극을 받은 소비에트가
베를린을 침공한다면 미국으로서는 단 하나의 선택,
곧 핵무기 사용이라는 최악의 대안이 남는다.
그렇다면 핵전쟁은 불가피하다는 이야기였다.

John F. Kennedy

　많은 미국인들. 어쩌면 대부분의 미국인들은 케네디[1917~1963]가 대
통령으로 재임했던 3년 가까운 기간을 용기와 이상이 꽃피운 시절
로 회상한다. 하지만 실상은 이렇다. 케네디는 미국 역사상 상대 후
보를 막상막하의 접전 끝에 간신히 누르고 백악관에 입성한 대통령
중 하나였고, 의회와는 아주 불편한 관계였으며, 행정부의 출범과
함께 1961년 4월 17일 피그 만에서 시도한 쿠바 침투 작전이 어설
프게 끝나는 바람에 굴욕적인 패배를 맛보았다. 미국이 이처럼 군
사적으로나 외교적으로나 완벽한 패배를 당하자 당시 소비에트연
방 수상이었던 니키타 흐루시초프는 내심 미소를 지었다. 미국의 새
행정부가 별 것 아니라고 판단한 흐루시초프는 때를 놓치지 않고 쿠

바에 핵미사일을 보냈다. 뿐만 아니라 미사일을 설치하고 가동하는 데 필요한 기술 및 군사 인력도 은밀히 딸려 보냈다.

1962년 10월 14일, 미국의 U-2 정찰기는 쿠바에서 진행 중인 미사일 기지 거널 현장과 발사 준비 단계에 돌입한 소비에트연방의 SS-4 미사일을 촬영했다. 그리고 10월 16일 아침 식사 중이던 케네디 대통령에게 사진이 전달되었다. 플로리다 해안에서 불과 90마일 떨어진 곳에 핵무기가 설치되어 미국을 위협하는 긴박한 상황이었다. 케네디는 향후 대응 전략을 논의하기 위해 최측근 참모들로 구성된 국가안보회의를 즉시 소집했다. 그는 가능한 한 빠른 시간 내에 상황을 분석하고 전략을 마련하라는 지시를 내렸지만, 명확한 행동 방침이 정해질 때까지는 U-2 정찰기가 보내온 정보를 언론에 공개하지 않기로 했다. 이미 쿠바 문제로 크게 곤욕을 치른 터라 이번에는 자신의 배짱과 결단력을 보여주고 싶었다. 주변 사람들의 우려에도 불구하고 케네디는 정해진 일정에 따라 공무 여행을 떠나고 회의를 주재했다.

10월 18일 저녁 케네디는 보좌관들과 함께 안보회의를 열었다. 트루먼 대통령 밑에서 국무장관을 지낸 딘 애치슨이 선제 공습을 감행해 미사일을 파괴하자고 강력하게 제안했다. 미국이 뜸을 들이는 사이 쿠바가 먼저 핵 공격을 할지 모른다는 말을 덧붙였다. 그렇게 되면 미국 또한 핵무기로 응수할 것이고, 이는 곧 소비에트연방의 개입과 전면적인 핵 공격으로 이어질 터였다. 결과는? 제3차 세계대전이 일어나서 인류 문명이 완전히 파괴될지도 모를 일이었다.

전 국방장관이자 또 다른 보좌관인 로버트 러빗은 해상 봉쇄를 감행해 미사일과 기타 공격용 무기를 싣고 쿠바로 향하는 소비에트 선박의 진로를 차단해 뱃머리를 돌리게 하자는 제안을 내놓았다. 케네디 대통령의 국가안보 보좌관인 맥조지 번디는 사태를 관망하는 것이 어떻겠느냐고 조언했다. 선제 공습은 3차 대전으로 이어질 또는 저지할 가능성이 있고, 반면 해상 봉쇄는 소비에트의 신경을 자극해 소비에트가 관할하는 동베를린에 둘러싸여 있으면서 서방 연합국의 지배를 받는 민주주의 진영인 서베를린에 대한 군사행동을 개시하게 만들지도 모른다. 번디는 쿠바의 미사일 설치가 서베를린에 대한 군사행동을 포함한 소비에트의 포괄적인 공격 전략의 일환인지 일단 지켜보자고 제안했다.

10월 18일 회동의 결론으로 케네디는 제한적인 해상 봉쇄 실시 의사를 밝혔으며, 19일에는 국방장관 로버트 맥나마라와 합참본부의 수뇌들과 만났다. 합참의장인 맥스웰 테일러 대장은 합참의 수뇌들이 해상 봉쇄와 아울러 공습을 실시하는 것이 유일하게 효과적인 대처 방안이라는 결론을 내렸다고 보고했다. 하지만 토론이 점차 진행되자 공습을 하더라도 쿠바의 모든 미사일을 파괴할 수 있을지는 장담할 수 없다는 데 생각이 모아졌다. 게다가 공습을 하면 십중팔구 소비에트가 자극을 받아, 파괴되고 남은 미사일을 발사할 가능성도 있었다. 한 걸음 더 나아가, 테일러는 공습이 미국의 군사 동맹국들에게 역효과를 줄 수도 있다고 말했다. 케네디 역시 공습은 소비에트에게 베를린을 점령할 수 있는 확실한 명분을 주는 격이라며 이에 동의했다. 아울러 동맹국들이 미국을 가리켜 쿠바 사태를 성급하게 처리하는 바람에 베를린을 소비에트에게 내주었다는 비난과 함께 "총 쏘기 좋아하는 미국인들trigger-happy Americans"의 집단으로 매도할 것이라고 지적했다. 미국 입장에서야 엎드리면 코 닿을만한 거리에 있는 쿠바의 미사일이 즉각적인 위협이지만 대략 6천마일 정도 떨어져 있는 유럽 동맹국들은 그 일에 신경도 쓰지 않을 수 있었다. 케네디는 더 나쁜 상황도 가정했다. 만일 쿠바 공습에 자극을 받은 소비에트가 베를린을 침공한다면 미국으로서는 단 하나의 선택, 곧 핵무기 사용이라는 최악의 대안이 남는다. 그렇다면 핵전쟁은 불가피하다는 이야기였다. 위기는 언제나 심각할 정도로 근시안적인 사고를 낳는다. 너나 할 것 없이 당장 눈앞에 닥친 일만 신경쓰다 보면 장차 다가올 위협과 그로 인한 결과는 남의 이야기가 된다. 하지만 케네디는 사태를 예의주시하고 있었다.

이처럼 절박한 상황에서 케네디 대통령의 동생이자 법무장관인 로버트 케네디가 "제 생각에는 마땅한 대안이 없는 것 같군요."라고 비관적인 의견을 개진했다. 문제의 초점을 쿠바에만 맞춘다면 공격적인 대응을 하는 것은 그다지 어렵지 않을 것이다. 하지만 문제는 쿠바와 베를린이었다. 로버트 케네디는 이런 전망도 내놓았다.

"우리가 손을 쓰지 않는다면 베를린 문제는 해결의 기미가 보이지 않을 것입니다. 그러니까 우리는 어떤 식으로든 움직여야 합니다."

2차 대전 당시 20공군의 사열관으로 히로시마와 나가사키에 원자탄을 투하하는 책임을 맡았던 미 공군 참모총장 커티스 르메이 대장이 로버트 케네디의 주장에 동조하고 나섰다. 그는 공습과 육상 침투가 배제된 해상 봉쇄와 정치 회담만으로는 3차 대전을 막기는커녕 오히려 부추길 것이라고 주장했다. 쿠바를 바짝 조이지 않는다면 케네디 대통령이 공언한 바와 같이 소비에트로 하여금 베를린을 점령할 빌미를 제공해 핵전쟁을 초래할지도 모를 일이었다. 르메이 대장은 참석한 모든 이들의 기억 속에 각인되어 있는 역사적 선례를 언급했다. 공습과 육상 침투가 배제된 해상 봉쇄는 뮌헨 조약에서의 비위 맞추기만큼이나 잘못된 것이라는 이야기였다. 르메이는 당시 영국의 수상이었던 네빌 챔벌레인이 아돌프 히틀러의 비위를 맞추려 뮌헨 조약에 서명했던 일을 상기시켰다. 조약의 체결과 함께 히틀러는 더 이상 영토 확장에 나서지 않겠다는 약속의 대가로 영국과 프랑스로부터 체코슬로바키아의 일부를 받았다. 그러나 이런 유화 정책도 2차 대전을 막기에는 역부족이었다. 르메이의 지적이 적절하다고 생각한 참석자들은 그의 말에 귀를 기울였다. 한편 케네디의 아버지 조지프 케네디가 1938년 당시 영국 주재 미국 대사로 있으면서 유화 정책을 열렬히 지지했다는 사실까지 밝혀졌다. 르메이가 자신의 의견을 정리했다.

"저로서는 지금 당장 쿠바에 대해 군사작전을 펼치는 것 외에는 달리 뾰족한 수가 없다고 봅니다."

합참의 다른 수뇌들도 르메이의 주장에 가세해 여기서 물러선다면 쿠바가 핵으로 미국을 협박할 것이라면서 전면적인 공습과 육상 침투를 감행하자고 목소리를 높였다.

존 F. 케네디는 이제 역사상 그 유례를 찾아보기 힘든 중대한 결정을 내려야 했다. 그에 따른 위험 또한 미국과 민주주의와 인류 문명을 담보로 할 만큼 매우 큰 결정이었다. 물론 역사 속에서 유사한 선례를 찾아볼 수는 있었다. 가장 가깝게는 1914년 여름을 들 수 있다. 오스트리아의 대공이 발칸 반도 사라예보의 한 후미진 도시에서 암살당한 것에서 비롯된 여러 사건들로 인해 유럽 전역과 지구상의 나라 대부분이 1차 대전에 속수무책으로 휘말리고 말았다. 퓰리처상을 수상한 역사가 바바라 터크만이 1차 대전의 발발에 얽힌 장대한 역사를 서술한 『8월의 총성』을 손에서 내려놓으며 케네디 대통령은 1914년과 같은 실수 따위는 하지 않겠다고, 걷잡을 수 없는 사건들이 연이어 터지더라도 지성과 판단, 의지와 권위를 굴복시키지 않겠다고 다짐했다. 피그 만 사건에서의 큰 실패와 부친의 유화 정책 지지라는 치명적 실수로 인한 정신적 부담, 군사 보좌관들과 상원 지도자들의 거센 압박, 촌각을 다투는 쿠바의 미사일의 위협으로 예민해질 대로 예민해졌음에도 불구하고 케네디는 쿠바의 미사일 위기를 둘러싼 처음이자 가장 중요한 결정을 내렸다. 그는 두려움 때문에 판단력이 흐려지거나 몇 안 되는 출구가 닫히는 일은 없게 하겠다고 다짐했다. 케네디는 한 번 내린 결정을 디딤돌로 삼아 다른 결정이 나올 것이고, 아무리 중차대한 문제라 해도 노력하면 어떤 식으로든 해결책을 찾을 것이라고 스스로 되뇌었다. 그는 잘못된 결정도 나쁘지만, 눈앞에서 벌어지는 사건에 휩쓸려 내린 결정은 더더욱 나쁘다는 것을 간파하고 있었다. 암울하기만 하던 그해 10월, 케네디가 내린 가장 중요한 결정은 순간순간 다가오는 결정을 회피하지 않고 행동하겠다는 것이었다. 계속해서 머리를 짜내는 데 집중하자 삶과 죽음을 가르는 최후의 위기에 대한 바람직한 해결책이 나올 수 있다는 소망이 생겼다.

10월 20일 케네디 대통령은 이미 정해진 공식 일정대로 시카고를 방문했다. 그러나 기존의 미사일 외에 다른 미사일이 추가로 발견되었다는 보고에 따라 일정을 중단하고 급거 워싱턴으로 돌아왔다. 10월 21일 일요일에 열린 국가안보회의에서 케네디는 공습을 할 경우 소비에트와 쿠바의 사상자 수가 1~2만 정도 예상되기 때문에 위험부담이 너무 크다고 말했다. 그렇게 되면 동맹국들이 등을 돌릴 게 분명했고 이는 대량 보복으로 이어질 게 뻔했다. 그러나 10월 22일 케네디가 쿠바 사태를 상원의 지도자 회의에 상정하자 그들은 거의 한 목소리로 공습을 개시하자는 의견을 제시했다. 케네디 대통령이 전국적으로 방송되는 TV 연설이라는 극적인 방식을 통해 국민들에게 쿠바 문제를 알리겠다고 결심한 것은 바로 이 시점에서였다.

22일 저녁, 케네디는 카메라를 정면으로 응시하며 말문을 열었다.

친애하는 국민 여러분, 국민 여러분께 약속드린 바와 같이 우리 정부는 소비에트가 쿠바에 미사일 기지를 건설하는 것을 주시해왔습니다. 지난주 장막에 쌓인 저 섬에서 일단의 공격용 미사일 발사 기지를 세우기 위한 공사가 시작되었다는 결정적 단서를 포착했습니다. 이러한 기지를 세우려는 목적이 무엇이겠습니까? 서반구를 향해 핵공격을 시도하려는 데 있지 않겠습니까?

그는 덧붙여 말하기를 해상 '차단quarantine'을 시작했다고 했다. '봉쇄blockade'라는 단어는 국제법상 전쟁 행위를 뜻하기 때문에 대신 조심스럽게 이 단어를 택했다.

국적과 출항 항구가 어디든 모든 쿠바행 선박은 공격용 무기를 적재한 것으로 드러날 경우 회항 조치될 것입니다. 이러한 차단 정책은 필요한 경우 다른 운반선이나 화물선으로 확대될 수도 있을 것입니다. 하지만 이 시점에 우리는 소비에트가 1948년 베를린을 봉쇄하면서 시도했던 것처럼 생필품의 반입까지 차단하려는 것은 아닙니다.

케네디 대통령은 또한 미국의 행동이 전 세계의 지지를 얻기 위해 미주기구 회의를 소집했다고 선언했다. 다음 날 열린 미주기구 회의에서 참석자들은 전원 대통령의 차단 정책을 지지한다고 결의했다. 그사이 케네디 대통령은 미국의 방위 준비 태세를 평시보다는 두 단계 높고 전시보다는 두 단계 낮은 데프콘^{DEFCON, Defense Readiness} ^{Condition의 약자. 미국의 경계 상태를 나타내는 기준으로 1부터 5까지의 단계로 나뉨} 3으로 조정했다. 쿠바에서는 피델 카스트로가 전군에 징집 명령을 내렸다.

해상 차단이 공습과 육상 침투에 훨씬 못 미치기는 하지만 그렇다고 수동적이거나 미온적인 조치라고는 볼 수 없었다. 정선^{停船} 명령을 받은 모든 전함이 제자리를 지키고 있던 10월 23일 화요일, 항공정찰대가 새로 찍은 사진에서 몇몇 소비에트 미사일이 발사 준비를 완료한 상태로 드러났다. 이 같은 일촉즉발의 상황에서 소비에트 전함이 먼저 저지선에 도달한다면 과연 어떤 사태가 벌어질 것인가? 항해를 멈출까? 미군의 조사를 허용할까? 서로 총격전을 주고받지는 않을까? 소비에트 전함이 침몰하면 쿠바는 미사일을 발사할까? 아니면 소비에트가 베를린을 침공할까?

23일이 시작되면서 사태는 걷잡을 수 없는 상태로 전개되었다.

케네디는 공격용 무기를 적재한 소비에트 전함이 저지선에 도달하기 전에 모스크바 당국에서 회선 지시를 내릴 것이라는 자신의 생각을 맥나마라 국방장관에게 전했다. 그리고 흐루시초프 수상이 최후의 대결을 원하지는 않는 것 같다고 말했다. 그 와중에도 케네디는 미국의 정찰기를 격추시킨 쿠바의 지대공 미사일 기지를 파괴하는 계획안을 승인하는 여유를 보였다. 그러나 10월 27일 U-2 정찰기가 격추되었을 때에는 공습 명령을 내리지 않았다.

몇 척의 소비에트 화물선이 전속력을 다해 접근하던 10월 24일 수요일, 저지선을 사이에 두고 최초의 대치 상황이 벌어지는 것은 시간 문제였다. 그런데 미국 선장들과 승무원들이 걱정스러운 눈길로 지켜보는 가운데 소비에트의 화물선들이 갑자기 항해를 멈추었다. 현 위치를 고수하라는 모스크바의 명령을 받았기 때문이다. 그 사이 미국 전역에서는 민간 방위 단체들이 공습 대비 훈련을 시작했다. 대다수 학교에서는 경계경보에 대비해 아이들에게 책상 밑에 쪼그리고 앉아 몸을 숨기는 훈련을 시켰다. 국가안보회의가 열리자 대통령과 참모들은 쿠바의 침공 계획에 대한 논의를 시작했고 이 회의에서 케네디는 쿠바가 침공할 경우 미사일 몇 발 정도는 틀림없이 발사할 것이라는 결론을 내렸다.

10월 25일 목요일, 유엔UN 주재 미국 대사인 애들레이 스티븐슨이 유엔 주재 소비에트 대사에게 미사일 발사 기지에 대한 입증 자료를 건넸다. 소비에트 대사는 미국 정보기관의 역량과 치밀함에 혀를 내두르는 눈치였으며 자신의 조국이 자기를 기만한 것이 아닌가 하는 표정을 지었다. 어쨌거나 그는 그 입증 자료에 대해 이렇다 저렇다 말이 없었는데, 바로 이 시각 케네디 대통령은 미사일의 목표를 소비에트에 고정시킨 상태에서 전투 개시 직전의 준비 태세인 데프콘 2를 발동했다. 2차 대전 이후 미국 역사상 최고 수준의 경계 태세였다.

10월 26일 금요일, 모스크바에서 보낸 장문의 텔렉스가 백악관에 도착했다. 흐루시초프 수상은 케네디 대통령이 쿠바를 침공하지 않겠다고 공개적으로 선언하면 쿠바에서 미사일을 철수하겠다고 제안했다. 하지만 그와 동시에 미국이 입수한 첩보에 따르면 같은 시각 미사일 발사 기지 공사가 보다 빠른 속도로 진행되고 있었다. 한편 로버트 케네디가 미국 주재 소비에트 대사인 아나톨리 도브리닌을 은밀히 만나 소비에트연방과 인접한 터키에 설치된 미국의 미사일 기지 폐쇄 문제를 논의하던 바로 그 시각에 피델 카스트로는 미군이 쿠바 섬에 발을 들여놓을 경우 소비에트연방은 핵무기로 미국을 선제공격해야 한다고 목소리를 높이고 있었다. 흐루시초프가 보낸 텔렉스로 희망의 조짐이 보이던 바로 그날 미국은 미리 정해진 일정에 따라 태평양 상공의 고도高度에서 핵실험을 하였다. 핵실험을 취소해야 한다고 생각한 사람은 아무도 없었다. 다만 케네디는 소비에트가 미국의 핵실험을 노골적인 도발 행위라고 비난하지 않을까 우려했다.

10월 27일, U-2 정찰기가 부주의로 소비에트 영공을 침범하고 쿠바 상공에서 또 다른 U-2기가 추락하는 사고가 일어나면서 사태는 꼬여들었다. 엎친 데 덮친 격이라고나 할까. 두 번째 폭탄 실험으로 이번에는 열원자핵 장치를 이용한 실험이 태평양에서 이루어졌다. 이때 국가안보회의 앞으로 소비에트 수상이 보낸 두 번째 친서가 날아들었는데 첫 번째보다는 덜 회유적이었다. 케네디는 새로운 친서를 무시하고 첫 번째 텔렉스에 대한 회신만 보내기로 함으로써 새로운 친서를 둘러싼 국가안보회의의 열띤 토론을 잠재웠다. 그는 쿠바 침공을 자제하겠다고 약속했으며, 개인적인 경로와 비공식적인 외교의 이면 경로를 통해 터키의 미사일 기지를 폐쇄하는 데 합의했다.

10월 28일, 흐루시초프는 라디오 모스크바 방송을 통해 쿠바의 소비에트 미사일 기지가 해체 단계에 있음을 공식 발표했다. 쿠바에 설치된 소비에트의 미사일 철수를 둘러싸고 양측의 합의가 마침내 이루어진 11월 21일까지도 미국의 해군 함정들은 경계를 늦추지 않았지만 쿠바의 미사일 위기는 마침내 대단원의 막을 내렸다.

chapter four

위험을 무릅쓴 결정

실패할 가능성이
성공을 부른다!

실패할 가능성과 성공하겠다는 결단이
음양의 조화를 이루면서 에드먼드 힐러리에게 활력을 불어넣었고
결단을 내리도록 촉구했다.

―에드먼드 힐러리와 에베레스트―

Profiles
in
Audacity

윌 리 엄 1 세 와 노 르 만 정 복

나는 날마다
강해지고 있다

불안정과 무질서는 손이 닿는 곳에 있는
모든 것을 정복했을 때에만 통제할 수 있다.
이 세상 그 무엇이든 나 자신의 소유가 아니라면
무질서에 속한 것이다.

William 1

노르망디의 윌리엄1027~1080 공이 영국 해협을 횡단해 영국을 침략
하겠다는 엄청난 모험을 결정했던 1066년, 그는 이전의 어떤 노르
망디 통치자들보다 자신의 영토를 확실히 장악하고 있었다. 그는
자신의 자리를 노리는 반란 세력들을 진압했고 모든 경쟁 세력들을
물리쳤다. 1054년부터 1060년 사이에는 프랑스의 앙리 1세 왕과
앙주의 조프루아 마르텔이 펼친 합동 공격을 성공적으로 막아냈다.
1060년 앙리 1세와 마르텔 모두 세상을 떠나자 그들의 뒤를 이어
연약하기 그지없는 통치자들이 자리에 올랐다. 기회가 왔다고 판단
한 윌리엄은 1063년 노르망디의 남쪽에 이웃한 멘느를 침공해 정
복했다. 1064년경 영국의 대다수 지역을 통치하던 참회왕 에드워

드가 매제인 웨섹스의 백작 헤럴드를 노르망디의 대사로 파견했다. 윌리엄은 헤럴드를 설득해 노르망디의 동남쪽에 위치한 브리타뉴 공략에 함께 나서 승리를 거두었다. 노르망디의 질서가 확립되고 자신의 영토가 점차 확장되자 이제 윌리엄은 영국 침략이라는 승부수를 던지기로 결심했다.

윌리엄과 동시대 인물로 그의 통치를 기록으로 남겼던 프와티에의 윌리엄은 이렇게 쓰고 있다.

"영국은 당연히 윌리엄의 소유였다. 1051년 참회왕 에드워드가 윌리엄에게 영국의 왕위를 물려주겠다고 약속했기 때문이었다."

프와티에의 윌리엄은 이어 1064년 혹은 1065년에 에드워드 왕이 헤럴드를 노르망디의 윌리엄에게 보내 그가 영국 왕실의 약속된 후계자임이 확실하다는 선서를 하게 했다고 주장했다. 에드워드의 약속과 헤럴드의 선서에도 불구하고 에드워드가 1066년 1월 5일 대를 잇지 못한 채 세상을 떠나자 왕위에 오른 사람은 영국의 백작들과 실력자들의 후광을 입은 헤럴드였다. 약속이 파기된 것을 그러려니 하고 넘어가는 지도자는 자신의 자리를 오래 유지하지 못하는 법이나. 이리하여 노르망디의 윌리엄 공은 일전을 불사하기로 결심했다.

이상은 프와티에의 윌리엄이 전하는 기록이다. 대다수 현대 역사가들이 신뢰하는 기록이기는 하지만, 온갖 위험을 감수하더라도 영국을 정복하고야 말겠다는 노르망디의 윌리엄의 결심에 대한 이야기를 모두 담고 있는 것은 아니다.

윌리엄의 살아온 내력이 그로 하여금 이 같은 결정을 내리게 했다고 말하는 편이 보다 진실에 가깝다. 그는 1028년 노르망디의 로베르 1세와 팔레즈 마을의 장의사인 딸이자, 아틀레트로도 알려져 있는 에르레바 사이의 서자로 태어났다. 중세 시대의 통치자들이 흔히 서자를 후계자로 삼기도 하고 로베르 1세가 윌리엄이 자신의 아들이자 후계자임을 전적으로 인정했지만 그의 탄생을 둘러싼 이러저런 상황은 그의 앞날이 순탄치만은 않을 것으로 예고했다. 실로 불안정한 시대였다. 아버지 로베르는 노르망디 공이라는 직책을 지녔지만 결코 확고한 권력을 행사하지 못하고 있었다. 그가 다스리는 영토는 수많은 경쟁자들이 서로 차지하겠다고 언제나 으르렁거리는 상황이었다. 로베르가 예루살렘 순례 여행 도중 급사하면서 일곱 살짜리 윌리엄이 아버지의 뒤를 잇자 노르망디는 걷잡을 수 없는 혼란과 극심한 내전에 휩싸였다. 윌리엄은 어린 나이에 끔찍한 죽음이란 것과 이내 친숙해졌다. 윌리엄이 어른이 되기도 전에 그의 경호원 중 세 명이 살해되었고, 심지는 그의 개인 가정교사마저도 살해당했다. 어린 윌리엄을 보호해야 할 친척들마저도 그가 죽기를 바랐다. 그의 어머니가 경계를 게을리 했더라면 윌리엄은 필시 세상을 떠났을 것이다.

"나를 죽이지 못한다면, 나를 더 강하게 만들 뿐이다."

19세기 독일의 철학자 프리드리히 니체의 말이다. 어쩌면 이 말은 윌리엄에게 딱 들어맞는 것처럼 보인다. 그는 어른이 되면서 노르망디의 질서와 치안을 회복해야겠다고 결심했다. 자신의 뜻대로 차츰 일이 이루어졌지만 윌리엄은 결코 만족할 수 없었다.

윌리엄은 어려서부터 어른이 될 때까지 살아남을 궁리만 했다.

그러려면 내부의 적들을 진압해야 했고 이는 곧 무자비한 통치로 이어졌다. 예컨대 1051년에서 1052년 사이에 윌리엄은 앙주의 백작을 응징하기 위해 알렌송 마을을 공격했다. 그가 알렌송을 포위 공격하자 몇몇 주민들은 위리엄이 장의사의 서자 신분으로 노르망디 공의 자리를 물려받은 것을 조롱하기 위해 동물의 모피와 가죽을 후려치고 뼈만 앙상하게 남은 동물의 시체를 시위하듯 내놓았다. 윌리엄은 마을을 장악하자마자 자신을 조롱한 자들을 추적해 찾아내고 그들의 수족을 절단하라는 지시를 내렸다. 이 소식을 들은 인근의 동프롱 마을 주민들은 투쟁할 생각은 아예 접고 백기 투항했다.

적수들을 제거한 후 몇 년이 지나 성인이 되었을 때 윌리엄은 단순한 생존뿐 아니라 영토 확장에 대한 야심도 품었다. 비록 그러한 야심이 자신의 생존을 보다 확고히 하려는 일념에서 나온 것이기는 했지만 말이다. 앞에서 살펴보았듯이 그는 먼저 주변의 마을들을 정복했고 그 다음으로는 바다 건너를 응시했다. 만일에 영국 침략이 실패로 끝난다면 노르망디 공의 자리를 빼앗기지는 않을까? 그럴 가능성은 충분했다. 하지만 에드워드가 약속했고 헤럴드가 선서했듯이 당연히 자신의 소유라고 생각한 것을 손에 넣지 못하면, 즉 자신의 제국을 바다 건너까지 확장하지 못하면 결과적으로는 모든 것을 잃는 것이나 다를 바 없다고 윌리엄은 판단했다. 그가 어린 시절에 터득한 교훈은 이랬다.

"불안정과 무질서는 손이 닿는 곳에 있는 모든 것을 정복했을 때에만 통제할 수 있다. 이 세상 그 무엇이든 나 자신의 소유가 아니라면 무질서에 속한 것이다."

월리엄이 자신의 권력을 강화하기 위해 테러에만 매달린 것은 아니었다. 1066년 그는 영국 정벌의 발판을 다지기 위해 노르망디에서 가장 영향력 있는 가문들을 선별해 자신의 친위 세력으로 만들었다. 이 그룹에 속한 사람들은 월리엄에게 충성을 맹세한 지지자들이 되었고 그를 지지한 대가로 두둑한 보상을 받기도 했다. 월리엄은 또한 파리 서쪽에 위치한 캉에 거대한 요새 도시를 세워, 이를 자신의 권력 기반과 상징으로 삼았다. 이 도시는 북유럽 그 어느 곳도 주눅이 들게 할 정도였으며, 봉건제가 시행되는 대다수 지역에서는 생소하기만 한 영원한 권력의 상징이었다.

1066년 월리엄은 노르망디의 유력한 지도자들에게 영국 정벌이 기꺼이 모험을 할 만한 가치가 있는 일이라는 것을 납득시키기 위해 릴르본느에서 회의를 소집함으로써 침략을 준비했다. 그는 노르망디가 강력하기는 하지만 영국의 공격 앞에서는 무력해질지 모른다면서, 영국 정벌은 노르망디 제국을 보다 안전하게 할 뿐 아니라 한층 강력하면서도 부유한 제국으로 만들어줄 것이라고 역설했다. 월리엄은 자신의 생각을 차근차근 설명하면서 플랑드르, 브리타뉴 및 아키텐느를 자기편으로 끌어들였다.

이웃 지역들뿐 아니라 봉신封臣과 추종자들로부터 확고한 지지를 끌어낸 월리엄은 로마에 사절단을 보내 교황 알렉산더 2세의 축복을 받음으로써 자신의 계획이 영적으로도 타당한 측면이 있음을 과시했다. 한편 헤럴드는 영국의 영향력 있는 백작과 귀족들로부터 적법한 군주로 인정받으며 많은 지지를 확보했다. 월리엄은 영국을 제외한 전 세계가 이러한 입장에 동조하기보다 헤럴드를 권좌에서

끌어내리는 데 지지를 보내주기를 바랐다. 중세 유럽에서 정당성을 확보하는 유일한 길은 교황의 재가를 받는 것임을 그는 알고 있었다. 이에 윌리엄은 교황의 재가를 얻어냈고, 이를 명분으로 권력을 차지하기 위한 침략 전쟁을, 권력을 찬탈한 왕을 권좌에서 쫓아내기 위한 거룩한 전쟁으로 변모시켰다. 이제 윌리엄은 영국 침략에 따른 온갖 위험을 감수하기로 작정했다.

마침내 1066년 7월 7천여 명의 병사들을 태운 공격 함대와 선박들이 디브강 어귀와 노르망디 서부 항구에 집결했다. 한 달 가까이 역풍이 불면서 함대와 선박들은 꼼짝도 못하다가 퐁티유의 성 발레리 쉬르 솜므 해안을 향해 항해를 시작했다. 발이 묶여 있는 동안 윌리엄은 수시로 병사들을 찾아가 훈계하기도 하고 격려하기도 했다. 퐁티유로 항해하는 도중 몇몇 병사들이 익사하자 그는 비보가 퍼지지 않도록 안간힘을 썼다. 윌리엄은 병사들의 사기가 꺾이지 않도록 늘 신경을 썼다. 해협을 횡단하던 9월 27일 그가 승선한 배가 함대로부터 이탈하는 사고가 일어났다. 다음 날 아침 윌리엄은 병사들의 동요를 막기 위해 향신료를 넣은 포도주를 곁들인 진수성찬을 아침상으로 차렸다. 미침내 배는 피벤시에 도착했다. 전하는 바에 의하면 백사장으로 하선하던 윌리엄이 비틀거리다가 넘어졌다고 한다. 그는 백사장의 모래를 한 움큼 손에 집어 들고 주위의 병사들에게 보여주면서 영국 땅이 이제 자신의 손아귀에 있음을 상징적으로 드러냈다고 한다. 병사들이 자칫 불길한 징조로 여겼을 법한 일을 잠깐의 기지로 무사히 넘겼다.

윌리엄은 전투를 서두르지 않았다. 대신 그는 헤럴드를 자신에게 끌어들이기로 했다. 윌리엄은 헤럴드가 아닌 자신이 가장 막강한 힘을 발휘할 수 있는 곳에서 결정적인 전투를 치르고 싶었다. 그곳은 바로 가능한 한 해안에서 가까운 곳이었다. 그런 곳이라면 윌리엄의 병사들이 빠른 시간 내에 안정적으로 물품을 공급받을 수 있는 반면 헤럴드의 병사들은 시간도 오래 걸리고 제대로 공급받기가 어려웠기 때문이다. 따라서 윌리엄은 피벤시, 헤이스팅스와 주변 지역을 둘러 기지를 구축했다. 기지가 완성되자 그는 무차별 공격에 나서 마을을 잿더미로 만들고, 사람들을 죽이고, 여자들과 아이들을 생포함으로써 헤럴드로 하여금 자신의 백성들을 구하러 오지 않을 수 없게 만들었다.

윌리엄이 영국 남부에 상륙했을 때 헤럴드는 북부의 스탬포드 브리지에서 노르웨이인의 침략을 막아내고 있었다. 침략을 성공리에 저지시킨 헤럴드는 자신의 병사들을 이끌고 요크에서 런던까지의 2백 마일을 불과 일주일 만에 행군했다. 병사들은 완전히 녹초가 되었지만 그것은 실로 주목할 만한 성과였다. 이로 인해 헤럴드는 노련한 군사 지도자로 부상했다. 하지만 10월 13일 저녁 센락 힐의 언덕을 따라 포진하고 있는 윌리엄의 병사들과 마주 섰을 때 헤럴드의 색슨 족 병사들은 지칠 대로 지쳐 있었다. 그 언덕은 런던으로 진입하는 길을 가로막는 마을인 헤이스팅스에서 북쪽으로 7마일 떨어진 곳에 위치한 전략적 요충지였다.

한편 윌리엄은 색슨 족 병사들이 녹초가 되어 있을 것으로 판단, 10월 14일 아침 일찍 서둘러 공격에 나섰다. 헤럴드는 언덕 꼭대기에 방어 진지를 구축했는데 그곳은 오히려 헤럴드의 행동반경을 좁

혀서 작전을 제대로 펼칠 수 없게 만들었다. 윌리엄은 자신이 공격해야 한다는 의무감을 이용하는 한편 헤럴드가 선점한 방어의 이점을 함정에 빠뜨리기로 했다. 그는 기병대를 활용하여 보다 전략적으로 배치된 헤럴드의 보병에 맞서기로 했다.

처음에는 색슨 족 병사들이 도끼와 창을 휘두르며 윌리엄의 기병들을 손쉽게 저지시켰다. 측면에 있던 노르망디 병사들이 우왕좌왕하며 퇴각하자 색슨 족 보병들은 이때다 싶어 언덕 위에 구축한 강력한 방어 진지를 벗어나 그들을 추격하기 시작했다. 윌리엄은 본대에 있던 기사들을 집결시켰고, 그들은 이제 완전히 노출되어 있는 색슨 족 공격자들을 소탕했다. 그럼에도 불구하고 헤럴드는 윌리엄이 두 번째 공격을 시도하기 전에 자신의 보병을 재편성하고 개편하는 리더십을 발휘했다. 노르망디 기병들이 겉으로는 꿈쩍도 않는 듯이 보이는 색슨 족 보병들에게 맹공격을 퍼부었지만 피비린내 나는 몇 시간의 사투 끝에 그들은 여전히 자신의 영토를 지켜냈다.

땅거미가 지자 윌리엄은 새로운 직진을 펼쳐야겠다고 생각했다. 그는 돌연 자신의 기병대가 총퇴각하는 것처럼 위장했다. 한마디로 대담한 작전이었다. 하지만 헤럴드는 속지 않았다. 그러나 헤럴드의 노력과 달리 좌절감을 느낀 색슨 족 병사들은 그만 윌리엄의 꾐에 넘어가고 말았다. 노르망디의 기병들을 성공적으로 저지시켰던 질서 정연한 전열이 흐트러지면서 색슨 족 병사들은 미친 듯이 노르망디 병사들의 뒤를 추격했다. 언덕을 반쯤 내려왔을 때 윌리엄의 기병들은 180도 선회해 한 열을 이루어 산발적으로 공격해 들어오는 색슨 족 보병들과 정면으로 맞섰다. 그리고 그들은 색슨 족 보병들을 들판에서 모조리 쓰러뜨렸다.

노르망디 병사들이 거꾸로 헤럴드를 향해 공격해 들어오자 그의 개인 경호원들이 왕을 보호하기 위해 빙 둘러섰다. 그러나 여기저기서 날아오는 화살들을 막기에는 경호원들의 숫자가 너무 적었다. 결국 화살이 헤럴드의 눈을 관통하자 그는 쓰러졌고 이내 목숨을 잃었다. 이 광경을 보고 겁에 질린 경호원들이 하나둘씩 도망쳤고 나머지 병사들도 싸움을 포기했다. 새벽 무렵에 시작된 전투는 해질녘에 끝이 났다. 정복자 윌리엄은 런던으로 거침없이 진격했다. 그리고 1066년 성탄절에 노르망디의 윌리엄은 마침내 영국의 왕위에 올랐다.

메리웨더 루이스와 미국의 황무지

상상력에 이끌린
훈련받은 방랑자

위험은 모험의 일부이다.
모험에는 위험 요소와 그 모험을 더욱 매력적인 것으로 만드는
그 무엇이 함께 섞여 있다.

Meriwether Lewis

미시시피 강과 태평양 사이의 200만 평방 마일이나 되는 미지의 넓은 황무지, 이 땅을 어쩐다? 토머스 제퍼슨 메리웨더 루이스는 그곳을 탐사하기로 결정했다.

1804년 5월 14일 미주리 주 세인트루이스를 출발해 1806년 9월 23일 귀환으로 막을 내린 긴 여정은 역사적으로 '루이스와 클라크 대탐사'로 알려져 있지만, 탐사를 결정하기까지 막후에서 가장 중요한 역할을 했던 사람은 미국의 3대 대통령 토머스 제퍼슨[1743~1826]과 그의 개인 비서인 메리웨더 루이스[1774~1809]였다. 그들이 어떤 과정을 거쳐 그런 결론에 이르렀는지는 어떤 점에서는 수수께끼이거나 혹은 분석이 불가능하다. 에베레스트 산을 등반하는 이유가 뭐

냐는 질문에 산악인 조지 멜로리는 "산이 거기에 있으니까!"라는 유명한 말을 남겼다. 서부의 광활한 황무지를 개척하겠다고 결심한 제퍼슨과 루이스가 비슷한 질문을 받았다면 멜로리의 답변을 인용했을지도 모른다. 스콧 피츠제럴드가 쓴『위대한 개츠비』의 웅장한 마지막 단락에는 소설의 화자인 닉 캐러웨이가 롱아일랜드에 있는 개츠비의 저택과 한때 그 저택으로 구현된 아메리칸 드림을 곰곰이 생각하는 장면이 나온다. 그러면서 캐러웨이는 '새로운 세계'에 대한 비전을 품는다.

> 새로운 세계는 한때 인간의 모든 꿈 가운데 마지막이자 가장 위대한 꿈에 낮은 목소리로 영합했던 땅이다. 잠시나마 인간을 매혹시키는 순간, 이 대륙 앞에 선 인간은 숨을 죽였으며, 깨닫지도 갈망하지도 못하는 사이 아름다움에 대한 묵상에 빠져들었다. 있는 힘껏 경탄해 마지않을 그 무엇과 역사상 마지막으로 얼굴과 얼굴을 맞대고서 말이다.

마찬가지로 제퍼슨과 루이스에게는 광활하게 펼쳐진 미지의 서부가 곧 경탄의 대상이었다. 그곳을 향해 과감히 모험을 나서겠다는 결정, 곧 상상력이 이끄는 대로 행동하겠다는 결정은 피할 수 없는 일이었다. 관심사가 같았던 제퍼슨과 루이스는 누가 먼저랄 것도 없이 동시에 결정을 내렸다.

토머스 제퍼슨에 관한 이야기를 읽어본 사람이라면 누구나 그가 지성과 상상력을 동원해 법과 정치, 철학과 문학, 과학과 자연을 자유자재로 넘나든, 무한한 호기심의 소유자였음을 알게 된다. 일곱 살 소년 시절의 제퍼슨은, 백인으로는 처음으로 컴벌랜드 갭 너머 미지의 땅을 답사했던 토머스 워커의 이야기에 넋을 잃고 귀를 기울였다. 특히 대농장주였던 제퍼슨의 아버지는 그 땅의 투자 가치에 큰 관심을 보였다.

독립전쟁이 끝난 직후 제퍼슨은 극서 지역 여러 곳을 탐험할 수 있도록 분위기를 띄웠다. 1783년에는 독립전쟁 당시 변경 전쟁터의 영웅이었던 조지 로저스 클라크를 미시시피 강에서부터 캘리포니아 주에 이르는 탐험 프로젝트에 투입했다. 제퍼슨은 영국보다 앞서고 싶었다. 듣기로는 영국이 이미 오래전부터 그러한 탐험에 대해 모종의 구상에 돌입했다는 소식이었다. 하지만 클라크가 팔과 다리에 큰 부상을 입는 바람에 프로젝트는 물거품이 되고 말았다. 프랑스 주재 미국 공사로 재임하던 1785년 제퍼슨은 루이 16세가 극서 지역 탐사를 후원하고 있다는 사실을 알게 되었다. 그는 미국 혁명의 동맹국이 신생 국가를 희생시키면서까지 미국 땅에 자신의 입지를 구축하려 하지는 않을 것이라는 견해를 펼치면서 미국의 주의를 환기시키려 했다. 다행히 아무런 일도 일어나지 않았다. 이듬해 제퍼슨은 유명한 영국인 탐험가 쿡 선장과 함께 항해한 적이 있던 동료 미국인 존 레디야드와 고무적인 만남을 가졌으며, 그와 함께 미국의 북서태평양을 잠시 탐사하기도 했다. 레디야드는 제퍼슨에게 모스크바를 출발해 시베리아를 거쳐 베링 해협을 횡단하는 육로 여행을 제안했다. 알래스카에 도착한 뒤에는 도보로 미 대륙을 횡단해 워싱턴의 국회의사당까지 갈 생각이었다. 그리고 그곳에서 위대한 서부 탐험에 대한 보고서를 전달하자고 했다. 레디야드의 제안에 넋을 잃은 제퍼슨은 그의 제안을 액면 그대로 받아들여 물심양면의 지원을 아끼지 않겠다고 말했다. 그러나 막상 시베리아 탐험에 나선 레디야드는 예카테리나 여제의 요원들에게 체포되어 폴란드로 추방당하고 말았다.

제퍼슨은 영국이나 프랑스가 미국보다 먼저 서부를 탐험해 영유권을 주장하지 않을까 내심 우려했다. 하지만 서부 탐험에 대한 그의 열정에는 보다 심원한 동기가 있었던 것 같다. 그는 서부를 발견하기 위해 서부를 탐험하려고 했다. 즉 서부가 거기에 있기 때문에 탐험하고 싶었던 것이다.

그런데 그사이 조지 워싱턴의 국방장관인 헨리 녹스가 1790년 군사 탐험대를 비밀리에 극서로 파견하겠다는 결정을 내렸다. 국제 정치라는 보다 구체적인 상황에 자극받아 오로지 다른 나라의 탐험대를 앞지르는 것이 주된 관심사였다. 그는 존 암스트롱 대위에게 탐험 대장의 임무를 맡겼지만, 암스트롱과 대원들은 미시시피강 너머의 땅을 밟은 적이 단 한 번도 없었다. 암스트롱 팀의 탐험은 실패로 끝났고 그로부터 2년 뒤 제퍼슨은 원점으로 돌아와 자신이 회원으로 몸담고 있던 미국철학협회에 과학 탐험에 대한 비용을 부담해줄 것을 요청했다. 그리고 로버트 모리스, 알렉산더 해밀턴, 조지 워싱턴 같은 저명인사들의 승낙과 재정 지원을 약속받았다.

제퍼슨의 탐험 프로젝트에 대한 소식을 들은 사람 중에는 열여덟 살의 청년 메리웨더 루이스가 있었다. 루이스는 제퍼슨처럼 버지니아 주 앨브말 카운티의 변경에서 성장했다. 제퍼슨이나 루이스

둘 다 황무지 태생은 아니었지만 변경에 인접해 살다 보니 안정적인 교양과 지식의 세계인 동부와 모든 것이 새로운 미지의 서부 세계를 모두 경험할 수 있었다. 말 그대로 제퍼슨과 루이스는 두 세계를 가르는 변경에서 성장했던 것이다. 그래서 그런지 그들에게서는 탐험가가 되려는 열망이 자연스레 싹텄다. 두 사람 모두 한편으로는 문명사회가 제공하는 지식과 여러 혜택을 누리면서 다른 한편으로 미지의 세계에 대한 호기심을 강하게 느꼈다. 루이스의 아버지와 친구 사이였던 제퍼슨은 루이스 일가를 잘 알고 지냈다. 루이스는 호기심이 강하고 용감했다. 그는 주변의 허브와 동식물에 대해 제퍼슨에게 종종 질문을 하곤 했는데 제퍼슨은 그런 루이스가 마음에 들었다. 특히 제퍼슨은 나이 어린 메리웨더 루이스가, 제퍼슨의 표현대로 "마음대로 거닐며 이리저리 돌아다닐" 필요가 있다고 판단했다. 루이스 역시 자유로운 방랑을 특히 좋아했다. 처음부터 제퍼슨은 루이스의 그런 면모가 인상적이었다.

탐험 프로젝트 소식을 접한 루이스는 제퍼슨을 찾아가 탐험의 목적을 달성하는 데 일조할 수 있게 해달라고 간청했다. 제퍼슨은 대륙 횡단 도보 여행은 인디언들 사이에서 쓸데없는 소요를 일으키지 않도록 단 한 명만 동행할 수 있다고 그에게 겁을 주었다. 하지만 이러한 경고에도 불구하고 루이스는 뜻을 굽히지 않았다.

결국 제퍼슨은 루이스를 제쳐두고 기초가 탄탄한 프랑스인 식물학자 앙드레 미소에게 탐험 임무를 맡겼다. 그는 혈기왕성한 십대라는 점이 루이스에게 불리하게 작용했다는 점을 따로 설명하지는 않았다. 그런데 미소가 켄터키까지 갔을 때 제퍼슨은 새로운 사실을 알게 되었다. 그 자연주의자에게는 자기 나름의 계획이 있었다. 즉 미국인 지원자들을 용병으로 채용해 미시시피 강 서부에 있는 스페인 소유의 재산을 강탈하라는 임무를 조국으로부터 부여받았던 것이다. 제퍼슨은 프랑스 정부로 하여금 미소를 강제 소환하게 했다. 이 탐험은 결과적으로 물거품이 되었다.

하지만 제퍼슨이 탐험에 대한 생각이나 메리웨더 루이스를 까맣게 잊은 것은 아니었다. 젊은 루이스는 국민군에 자원입대해 1794년에 일어나 위스키 반란 사건을 진압하는 데 기여했다. 군대가 자신의 체질에 맞는다고 판단한 그는 이듬해 육군에 입대해 기수旗手로 복무했다. 그 일 역시 루이스의 적성에 잘 맞았다. 당시의 군대는 변경 여기저기에 널리 흩어져 임무를 수행하는 일종의 경찰력으로서 장교와 사병의 숫자가 3,500명이 채 안 되는 소규모 조직이었다. 황야 변두리에 자리 잡은 전초부대에서의 삶은 적적했고, 개별 수비대는 백여 명 미만의 병사들로 구성되어 있었다. 특히 오하이오 전역에 흩어져 있던 여러 전초부대에 봉급을 전달하는 경리관이 된 이후로 루이스는 "마음대로 거닐며 이리저리 돌아다닐" 기회가 그야말로 무궁무진했다. 한편 군대에서는 훈련뿐 아니라 리더십을 배우고 실습할 수 있는 기회도 있었다. 1800년 12월 5일 루이스는 대위로 승진하는 등 승승장구했다.

3월 4일로 예정된 대통령 취임식을 며칠 앞둔 1801년 2월 23일, 토머스 제퍼슨은 메리웨더 루이스에게 편지를 보내 자신의 개인 비서가 되어줄 것을 요청했다. 그는 루이스가 그저 그런 비서 역할을 하지는 않을 것이라고 분명히 밝혔다. 제퍼슨은 루이스가 백악관

내부의 업무 처리뿐 아니라 행정부에 필요한 대부분의 정보들을 다루는 일에도 관여해줄 것을 기대했다.

"귀하가 서부 변경에서 쌓은 경험으로 판단하건대… 백악관에서 일하는 것이… 매우 적절하다고 생각됩니다."

루이스는 제퍼슨의 요청을 흔쾌히 수락했고, 두 사람 사이에서는 이제 형제에 버금가는 동반자 관계가 시작되었다.

역사가들과 전기 작가들에 따르면 부인과 사별한 제퍼슨에게는 장성해서 결혼한 두 딸이 있었다고 한다. 어려서 아버지를 여윈 메리웨더 루이스는 대통령과 함께 식사도 하고 종종 밤늦게까지 대화를 나누는 등 아들 노릇을 톡톡히 했다. 제퍼슨의 인품과 폭넓은 관심사를 고려할 때 이러한 대화는 루이스의 마음을 사로잡았을 뿐 아니라 더없이 소중한 산교육이 되었을 게 분명했다. 두 사람의 대화는 차츰 지리, 자연과학, 인디언 문제 등으로 옮겨 갔을 것이며, 제퍼슨은 루이스에게 지형학, 생물학, 식물학에 대한 자신의 해박한 지식을 전수하기 위해 의식적으로 노력했을 가능성이 크다. 다만 제퍼슨이 탐험 프로젝트를 염두에 두고 루이스를 비서로 임명했는지는 확실하지 않다. 그런 생각이 있었는지도 모르겠다. 이미 여러 차례 있었던 탐험 시도가 번번이 실패로 끝나 실망이 컸음에도 제퍼슨은 단 한 순간도 탐험에 대한 미련을 버리지 않았다.

마침내 제퍼슨은 다시 한 번 탐험에 나서기로 결정했다. 앨브말 카운티에서 보낸 어린 시절에 뿌려진 씨앗의 열매와 같은 결정이었지만 사람들의 눈에는 다소 느닷없게 느껴질 게 분명했다. 그리고 1801년 런던에서 스코틀랜드의 탐험가 알렉산더 메켄지가 쓴 『

몬트리올의 성 로렌스 강에서 출발해 북미 대륙을 거쳐 극한 지대와 태평양에 이르는 항해』라는 긴 제목의 책이 출간되었다. 출간 소식을 듣자마자 주문한 책이, 1802년 제퍼슨과 루이스가 몬티첼로_{^{제퍼슨이 직접 설계한 대통령의 사저}}에서 여름을 보낼 때까지도 도착하지 않았다. 한참 뒤에 이 책을 읽은 두 사람은 경각심을 느끼고 충격을 받기까지 했다. 비록 매켄지가 상업적 가치가 있는 항로를 찾아내지는 못했지만 미국인이 아닌 사람이 먼저 태평양에 다다랐다. 결코 달갑지 않은 일이었지만 동시에 바람직한 일이기도 했다. 어쨌든 그러한 항해가 가능하다는 것을 보여주었으니까. 매켄지의 책에 자극을 받은 제퍼슨은 행동에 착수하기로 결심했다.

미국의 학교에서는 대대로 제퍼슨이 거대한 면적의 루이지애나 준주를 프랑스로부터 매입한 뒤 루이스와 클라크를 탐험대로 파송했다고 가르친다. 무려 80만 평방 마일이 넘는 땅을 매입했다면 그 땅에 무엇이 있는지 살피는 게 당연할 것이다. 하지만 사실상 루이지애나 매입은 서부 탐험에 대한 결정을 내리는 데 아무런 역할을 하지 못했다. 그 결정을 내리던 시점에 제퍼슨은 루이지애나 준주가 매물로 나왔는지조차 모르고 있었다. 제퍼슨은 신생 국가의 무역에 더없이 중요한 미시시피 강변의 핵심 항구도시를 미국의 수중에 넣어야겠다는 생각으로 나폴레옹 1세와 뉴올리언스 매입 문제를 협상하기로 되어 있었다. 훗날, 루이스와 클라크의 탐험 계획이 최종적으로 완성되자 나폴레옹의 약삭^{빠른} 탈레랑 장관은 기회를 놓치지 않고 제퍼슨에게 뉴올리언스뿐 아니라 루이지애나를 비롯한 북미 대륙의 프랑스 영토를 몽땅 매입할 것을 제안했다.

루이지애나를 매입하기 전인 1803년 여름에서 가을 사이에 토머스 제퍼슨은 메리웨더 루이스에게 태평양 탐험대를 이끌라는 지시를 내렸다. 이러한 결정에 대한 상세한 기록이 남아 있지 않다는 사실은 그 자체로 시사하는 바가 크다. 그것은 제퍼슨이, 루이스를 제외한 어느 누구와도 상의하지 않고, 스스로 결정을 내렸음을, 그리고 가장 중요하게는 다른 후보자나 지원자들을 물색하는 데 시간을 쏟지 않았음을 암시한다. 제퍼슨은 루이스가 적임자라고 생각했고 그래서 그가 순순히 응할 것으로 알고 있었다. 훗날 제퍼슨은 루이스에 대해 "식물학, 자연사, 광물학, 천문학 등 과학에 정통하면서 탐험 여행에 필수적인 단단한 체격과 과단성, 신중함, 숲에 익숙한 기질, 인디언들의 풍습과 성품에 대한 해박한 지식을 두루 갖춘 인물을 찾기가 어려웠지만, 루이스는 과학에 대한 지식을 제외한 나머지 모든 자질을 갖추고 있었다"고 털어놓았다. 하지만 그런 사람을 찾기 어려웠다기보다는 제퍼슨이 물색조차 하지 않았다는 게 더 옳은 표현일 것이다.

　　제퍼슨은 그럴 필요조차 느끼지 않았다. 그는 결국 메리웨더 루이스를 양사로 삼았다. 제퍼슨과 서른한 살 차이가 나는 루이스는 그의 분신과도 같았다. 앞서 말했듯이 두 사람 모두 변경 근처, 즉 알려지지 않은 세계와 알려진 세계를 가르는 경계에서 성장했다. 두 사람 모두 "마음대로 거닐며 이리저리 돌아다니고" 싶어 미칠 지경이었다. 제퍼슨은 정치라는 덤불과 철학이라는 들판을, 루이스는 미국의 황야라는 풀이 무성한 신비의 세계를! 제퍼슨 자신을 쏙 빼닮은 이 젊은이보다 더 나은 밀사를 어디에서 찾아 대륙의 미지의 심장부로 보낼 수 있었겠는가? 갑작스러운 결정이기는 했지만 제 퍼슨에게는 일생의 과제였다.

그것은 동시에 메리웨더 루이스를 위한 결정이기도 했다. 어린 시절부터 자연의 삼라만상에 대한 호기심을 주체할 수 없어서 이리 저리 돌아다니기를 좋아하고, 군에 입대해서는 훈련받은 방랑자가 되었던, 루이스 또한 자신이 모시는 대통령에게 "네, 제가 가겠습니 다"라고 대답한 그 순간을 내내 가슴에 간직하면서 살았다.

위험은 모험의 일부이다. 모험에는 위험 요소와 그 모험을 더욱 매력적인 것으로 만드는 그 무엇이 함께 섞여 있다. 제퍼슨과 루이 스는 위험이란 관리할 수 있는 것이라고 굳게 믿고 있었다. 어쩌면 두 사람은 위험이 주는 매력을 각기 달리 해석했는지도 모른다. 제 퍼슨은 군사적인 업적에 대해서는 별로 애착이 없었지만, 개화된 정신, 상상력 그리고 탐험 정신이라는 위업에 토대를 둔 새로운 형 태의 영웅주의를 신생 국가에 선보이고 싶어 했다.

메리웨더 루이스의 말년에 대해 잘 알고 있는 사람들은 탐험에 대한 그의 열정이 조금씩 사그라지는 모습을 발견하게 될지도 모른 다. 말년에는 늘 술독에 파묻혀 지내면서 걸핏하면 의기소침해졌 다. 제퍼슨을 비롯한 동시대인들은 그를 가리켜 "우울한 사람" 혹은 "심기증心氣症환자"라고 표현하기도 했다. 말년에는 루이스가 군대 에서 예편하자 제퍼슨 대통령은 1807년 그를 루이지애나 준주의 주 지사로 임명했다. 1809년 10월 메리웨더 루이스는 워싱턴으로 가 는 도중 테네시주 내슈빌 근교의 한 여인숙에서 거나하게 술에 취 했다. 10월 11일, 그는 자신의 머리에 총을 겨눴다. 탄환이 두개골을 가볍게 스치고 지나갔다고 판단한 루이스는 이번에는 가슴을 향해 방아쇠를 당겼다. 그리고 얼마 후에 숨이 끊어졌다.

📖

　미지의 세계를 탐험하고 싶다는 그의 열정은 죽음에 대한 염원이 잠재되어 있던 징후였을까? 어쩌면 그랬을지도 모른다. 하지만 그런 것은 별로 중요하지 않다. 루이스는 온갖 위험이 도사리고 있던 탐험 여행에서 죽은 것이 아니었고, 또한 탁월한 리더십을 발휘해 서른한 명의 대원 중 오직 한 사람의 인명 손실만 입었다. 당시 대도시 어느 곳에 살더라도 틀림없이 목숨을 앗아갔을 맹장 파열이 원인이었다. 루이스와 그가 직접 임명한 공동 대장 윌리엄 클라크는 광활한 미주리 지역의 코스를 도표로 만들고 50여 인디언 부족들과 접촉했다. 당시까지 알려지지 않았던 동식물의 분포를 일목요연하게 정리했으며 심지어는 길이가 54피트나 되는 공룡의 화석을 발굴하기도 했다. 한편 8천 마일을 여행하면서 태평양으로 이어지는 전설상의 아메리카 '북서수로'를 찾고 싶어 했지만 뜻을 이루지 못하자 상입적으로 가치가 있는 항로는 존재하지 않는다는 결론을 내리기도 했다. 그러나 분명한 것은 루이스와 클라크의 탐험으로 서부 시대가 활짝 열렸고 이후 한 세기 동안 광활한 서부로의 이주가 계속되었다는 점이다. 메리웨더 루이스로 하여금 죽음을 무릅쓰고 이같이 엄청난 탐험에 나서게 만든 것이 설령 악마의 장난이라 할지라도 그러한 결정은 삶을 부정하는 것이라기보다는 오히려 긍정하는 것이었다.

해리 트루먼과 베를린 공수작전

후퇴도 무력도 아닌
제3의 방법

방법은 하나였다.
서베를린에 식량과 연료를 공급함으로써
소비에트연방의 봉쇄를 무력화시키는 것이었다.

Harry S. Truman

1945년 8월, 일본이 항복을 선언한 후 미국 전역을 휩쓸다시피
한 구호는 미국인들의 안도감과 환희를 극적으로 보여주었다.

"평화! 이 얼마나 멋진가!"

하지만 기쁨도 잠시였다.

2차 대전이 채 끝나기도 전에 미국과 서방 연합국들은 그들의 손
길이 닿을 수 있는 유럽 대부분에 군침을 흘리고 있던 소비에트와의
일전을 불사해야 할 상황이었다. 모스크바에 파견된 미국 사절단의
부대표인 조지 케넌은 임기가 끝날 무렵 모스크바에서 자신의 상관
인 국무장관 제임스 번스에게 8천 단어짜리 장문의 전보를 보냈다.
핵심내용은 소비에트 연방과의 외교 관계를 다지기 위한 미국의 새

로운 전략을 구상하자는 것이었다. 케난은 크레믈린 당국이 세계정세에 관해 신경과민에 가까운 견해를 지니고 있으며, 그 뿌리는 러시아인들의 전통적이며 본능에 가까운 불안감이라고 주장했다. 3차 대전을 일으키지 않으면서 소비에트의 팽창 정책에 제동을 걸 수 있는 유일한 길은 미국이 전략상 중요하다고 여기는 지역에서 소비에트의 영향력 확산을 견제할 수 있는 조치를 취하는 것이었다.

트루먼1884-1972 대통령은 이를 주목했고, '공산주의의 견제'는 트루먼 행정부의 정책이자 이른바 냉전시대 미국의 국가적 목표가 되었다.

새로운 정책을 처음으로 시험할 수 있는 기회는 그리스에서 내전이 일어나는 사이 찾아왔다. 1946년 실시된 국민투표를 통해 조지 2세가 그리스의 왕권을 되찾았는데 그가 세상을 떠나자 불과 여섯 달 후에 그의 동생인 폴이 왕위를 계승했다. 이러한 과도기에서 그리스 공산당은 민주군을 창설해 새로 등극한 왕을 권좌에서 쫓아내려 했다. 소수 야당이었지만 그리스 공산당이 내전에서 승리할 경우 그리스를 손아귀에 넣기 위해 호시탐탐 기회를 노리고 있던 소비에트 연방의 후원을 받을 게 자명했다. 1947년 3월 12일, 트루먼 대통령은 상하원 합동회의 연설에서 선거를 통해 정권을 차지한 그리스 다수당을 미국이 직접 지원함으로써 그리스의 공산당에 맞서 그들을 견제하자고 촉구했다. 그는 이러한 정책이 공산주의자 타도를 위해 싸우는 '자유민들'을 위한 미국의 지원 정책이라고 선언함으로써 그 의미를 확대하고자 했다. 언론에서는 유럽의 힘센 나라들을 향해 서반구의 내정에 간섭하지 말라고 경고했던 1823년 제임스 먼로 대통령의 도발적 선언인 먼로주의에 빗대어 트루먼의 요구에 '트루먼주의Truman Doctrine'라는 이름을 붙였다. 트루먼 자신은 그러한 과장된 표현을 달가워하지 않았지만 어쨌거나 그 표현은 오늘도 여전히 남아 있다.

그리스에 대한 전략이 제대로 효과를 발휘하자 공산당은 패배를 맛보았다. 그사이 케난은 자신이 보냈던 장문의 전보를 가다듬어 「소비에트 행위의 원천」이라는 기사를 작성해 'X'라는 익명으로 1947년 7월에 《포린 어페어스》에 실었다. 이른바 'X 기사'로 불린 이 글은 트루먼주의와 냉전의 모든 것을 한층 더 뒷받침하는 토대가 되었다. 그 기사는 오랜 기간 인내하는 가운데 단호하면서도 신중하게 러시아의 팽창주의를 견제하고자 하는 지속적이며 강력한 방침이었다. 케난은 "서구 사회의 자유 체제에 압력을 가하는 소비에트에 대해서는 소비에트 정책의 변동과 책략에 부합하여, 끊임없이 변화하는 일련의 지리학적이며 정치적인 국면에 기민한 반대 공격을 가함으로써 견제해야 한다"고 조언했다.

케난이 'X 기사'에서 밝힌 여러 구상은 뜨거운 논란을 불러일으켰는데, 트루먼은 그러한 구상이 새로운 세계대전을 감당할 만한 여유가 없는 세상에서 공산주의자들의 침략에 대응할 수 있는 길을 제시했다고 확신했다. 그러나 3차 대전에 불을 지피지 않으면서 공산주의자들의 폭동과 지배에 맞서 싸우는 자유 국가를 지원하고자 하는 이러한 정책은 결과적으로 2차 대전 이후 소비에트가 지배하는 동독과 미국, 영국, 프랑스가 지배하는 서독으로 갈라진 독일에 대해 강력한 입장을 취하게 했다. 독일의 전통적인 수도 베를린은 소비에트의 영역 안에 깊숙이 들어 있었지만 그마저도 소비에트가 지배하는 동베를린과 서구 연합국이 지배하는 서베를린으로 갈라졌다. 1948년 3월부터 병사들과 보급품을 실은 서베를린행 열차를 억류하는 것을 일삼은 소비에트로서는 이러한 분할에 처음부터 속을 끓였다.

1948년 6월 7일, 소비에트의 이러한 위협을 비웃기라도 하듯 서구 연합국들은 서베를린이 포함되는 서독이라는 별도의 자본주의 민주국가를 영구히 세우겠다고 선언했다. 그로부터 2주 뒤 소비에트는 그들 나름의 대응책을 발표했다. 소비에트가 다스리는 영역에 속해 있는 도시가 서독에 편입되는 것에 항의하는 조치로 서베를린에 봉쇄망을 설치하겠다는 것이었다.

국제법에 따르면 봉쇄망 설치는 일종의 전쟁 행위였다. 소비에트는 3차 대전이라는 대재앙이 일어날 수도 있다고 은근슬쩍 협박을 가하면 서구 연합국들이 뒤로 물러서지 않을까 내심 기대했다.

트루먼은 여기서 한 발짝 물러서면 오히려 자신의 트루먼주의가 괜한 놀림감으로 전락하고 말 것이라고 생각했다. 그렇게 되면 소비에트가 보다 용이하게 공격하고 팽창할 수 있도록 문을 활짝 열어놓는 꼴이 될 게 분명했다. 방법은 하나였다. 서베를린에 식량과 연료를 공급함으로써 소비에트연방의 봉쇄를 무력화시키는 것이었다. 최대한 관건은 소비에트와의 전면전을 피하면서 베를린에 계속 주둔하는 방법을 찾는 것이었다.

그로서는 후퇴도 노골적인 무력 사용도 아닌 다른 행동 노선을 찾는 일이 급선무였다. 바로 그때, 소비에트가 에워싸고 있는 도시에 보급품을 공수하면 어떨까 하는 생각이 떠올랐다. 그러나 공군 참모총장 호이트 반덴버그 대장은 그럴 경우 전후의 위태로운 상황에서 다른 지역의 공군력이 약화되어 미국과 서구 연합국들이 위험에 노출된다는 이유를 내세우며 반대했다.

트루먼은 주의 깊게 경청했다. 잠시 후 그는 차량의 호위를 받으며 육로로 베를린에 보급품을 실어 나르는 것을 선호하는지 반덴버그 대장에게 물었다. 그리고는 반덴버그 대장의 대답을 듣기도 전에 러시아에서 육로를 봉쇄해 세계가 전쟁의 수렁에 빠져든다면 공군으로서는 나라를 지키는 일에 한 몫 거들어야 하지 않겠느냐고 말했다. 트루먼은 훗날 비망록에서 이렇게 회상했다.

"무장 차량의 호위를 받는 육로 수송보다는 공수가 훨씬 더 안전하다. 그래서 나는 생필품 부족을 겪고 있는 베를린에 최대한 공수하라는 지시를 공군에 내렸다."

반덴버그는 현대 공군의 틀을 획기적으로 다진, 상상력이 풍부하고 적극적인 군인이었다. 하지만 이번만큼은 해리 트루먼의 비전을 따라잡을 수 없었다. 반덴버그는 공수할 경우 단기적으로 안보에 위협이 된다고 판단했던 반면 트루먼은 단기적인 위협 너머를 내다보았다. 공수가 아닌 다른 대안, 즉 차량의 호위를 받으며 육로 수송을 할 경우 전면전 발발이라는 훨씬 더 심각한 위험이 초래될 수 있다고 판단한 것이다. 결정을 효과적으로 내리면 눈앞의 필요와 장기적인 결과 사이에 균형이 잡힌다.

나중에 밝혀졌지만, 베를린 공수는 냉전시대 초기에 거둔 뛰어난 승리 가운데 하나였다. 트루먼이 반덴버그를 설득해 자신의 장기적 판단을 관철시킨 것은 반덴버그의 지시를 받은 공군이 이룩한 보기 드문 성과로 입증되었다. 미국의 항공기들은 1948년 6월 26일부터 1949년 9월 30일까지 24시간 연속으로 소비에트 점령 지역을 넘어 서베를린으로 무려 189,963 차례나 공수를 실시했다. 미 공군은 식량, 석탄 및 기타 물품을 1,783,572.7톤(영국은 541,936.9톤)을 공수했다. 그리고 25,263명을 베를린으로, 37,486명을 본국으로 실어 날랐으며, 영국은 34,815명을 베를린으로, 164,906명을 본국으로 귀국시켰다.

1949년 5월 12일, 소비에트는 봉쇄를 풀었고, 그달 말 동독과 서독이 공식 탄생했다. 공수는 서베를린을 구했을 뿐 아니라 소비에트의 침공에 대한 서구의 주된 군사동맹인 북대서양조약기구[NATO]를 결성하는 초석이 되었다.

에드먼드 힐러리와 에베레스트

실패할 가능성 VS. 성공하겠다는 결심

실패할 가능성과 성공하겠다는 결단이 음양의 조화를 이루면서
에드먼드 힐러리에게 활력을 불어넣었고
결단을 내리도록 촉구했다.

Edmund Percival Hillary

1953년 6월 2일, BBC 라디오는 엘리자베스 2세 여왕의 대관식 중계를 잠시 중단하고 급박한 메시지를 전했다.

"국민 여러분께 정말 기쁜 소식을 알려드립니다. 영국의 에베레스트 등정 팀이 마침내 에베레스트 산을 정복했습니다."

에드먼드 힐러리라는 뉴질랜드 출신의 양봉가와 그의 셰르파sherpa 히말라야 산맥에 사는 티베트계 종족으로 히말라야 등산대의 짐을 운반하고 길을 안내함인 텐징 노르가이 두 사람은 5월 29일 마침내 에베레스트 정상에 올랐다. 그들은 지구상에서 가장 높은, 해발 29,035피트(약 8,848미터)의 산을 세계 최초로 정복했다. 이처럼 놀라운 업적이 전 세계에 알려지자 사람들은 이구동성으로 질문을 던졌다. 왜 그런 등정을 했을까?

힐러리보다 앞서 에베레스트 등정을 시도했던 그 유명한 조지 멀로리는 1924년 6월 에베레스트 봉우리의 노스 페이스에서 죽음을 맞이했다. 등정에 나서기 전, 왜 에베레스트 등정을 결심했느냐는 질문에 멀로리는 "산이 거기에 있으니까"라는 유명한 말을 남겼다.

멀로리는 비록 살아 돌아오지 못했지만 그의 대답은 당당할 뿐 아니라 신비스럽기까지 하다. 그런데 이제 에드먼드 힐러리라는 사람이 산을 등정하고 살아 돌아왔다. 그러자 사람들은 속 시원한 답변을 들려달라고 아우성이었다. 일찍이 그 누구도 정확한 높이를 측정하는 데 성공한 적이 없었고 멀로리조차 전혀 아는 바가 없었던 산이다. "인간의 힘으로 에베레스트 정상에 오르는 것이 과연 가능할지 우리로서는 확신이 서지 않았습니다"라고 힐러리는 입버릇처럼 말하곤 했다.

힐러리는 호기심 많은 대중들에게 만족스러운 답변을 주려고 애를 썼지만, 등반을 결심하게 된 순간에 대해서는 이렇다 할 설명을 하지 못했다. 한 인터뷰에서 힐러리는 이렇게 말했다.

"저는 에베레스트를 등정하겠다는 비전을 의도적으로 품은 적이 단 한 번도 없었습니다. 나른 일도 마찬가지겠지만 그 비전은 저도 모르는 사이에 천천히 생겨났다고 할 수 있지요."

1919년 뉴질랜드 오클랜드에서 태어난 에드먼드 퍼시벌 힐러리는 아버지의 대를 이어 양봉업에 종사했다. 어린 시절, 그는 방 안에 틀어박혀 공상에 잠기고 모험에 관한 책들을 닥치는 대로 읽고는 했다. 그는 악당들을 검으로 무찌르고 미녀를 차지하며 온갖 영웅적인 일을 해내는 공상을 즐기는 한편 홀로 뉴질랜드 시골을 돌아다녔다. 시골길을 걸으면서도 그의 마음은 온갖 영웅적인 공상에 쏠려 있었다.

고등학교에 진학한 힐러리는 시골집에서 오클랜드까지 매일 두시간을 걸어 통학했다. 그는 도시에서 공부한 친구들을 따라잡기가 힘들다는 것을 깨달았다. 학교에 갈 때마다 몸에 맞지 않는 옷을 입고 있는 듯한 느낌이 들었고 또래 친구들과도 어울리지 못했다. 기 댈 곳은 독서밖에 없다고 생각한 힐러리는 미칠 듯이 책을 파고들었다. 열여섯 살이 되었을 때 그는 친구들과 함께 오클랜드 시에서 대략 2백마일 떨어진 국립공원으로 여행을 갔다. 때는 한 겨울이었고, 거대한 활화산은 눈으로 덮여 있었다. 그는 거의 열흘 동안 스키를 타면서 주변의 산을 오르락내리락했다. "바로 이거다!"

그는 마침내 자신이 해야 할 일을 찾았다. 그 순간부터 그의 머릿속에서만 펼쳐지던 영웅적인 모험담이 등산이라는 물리적 현실과 합류하기 시작했다. 힐러리는 뉴질랜드의 서던 알프스에서 여러 등산팀에 가입했다. 겉으로 보기에 치유 불가능한 불안 증세가 등산에 대한 주체할 수 없는 애정과 어우러지면서 힐러리는 서서히 등산의 대가로 변신했다.

하지만 전문 산악인이 되겠다는 구체적인 야망은 아직 없었다. 그가 알고 있는 것이라곤 그저 모험적인 활동에 뛰어들고 싶다는 것이었다. 그는 또한 사람들에게 자신의 모험담을 들려주는 일도 즐겼다.

2차 대전 당시 공군에서 복무하느라 등산에 대한 열기가 잠깐 식기도 했지만 전쟁이 끝나면서 그 열기에는 다시 불이 붙었다. 이때 힐러리는 자신에게 뛰어난 리더십이 있음을 깨달았다. 그가 리더십의 역할 모델로 삼은 사람은 1902년, 1907년, 1914년 세 차례에 걸쳐 남극 탐험에 나섰던 영국의 유명한 모험가 어니스트 헨리 새클턴이었다. 그가 남극 탐험에 나섰다가 세 차례 모두 실패한 것은 힐러리에게 별 문제가 되지 않았다. 새클턴이 대원들을 격려하고 그들을 위험한 상황으로 내몰기도 하고 거기서 구출해내면서 보여준 리더로서의 뛰어난 능력과 자질에 힐러리는 경탄했다. 철저한 계획과 준비가 중요하다고 여겨 결정을 내리기까지 만반의 태세를 갖추지만 상황이 여의치 않을 경우에는 자신의 생각을 지체 없이 바꾸었던 새클턴에 대해 힐러리는 임기응변에 아주 능한 사람이라고 생각했다. 힐러리가 새클턴의 리더십을 공부하면서 터득한 사실은 원래의 목표 자체는 바뀌지 않지만, 그 목표를 달성하는 방식은 언제나 다양하다는 것이었다. 힐러리는 자신 역시 계획을 철저하게 세우지만 동시에 그 계획을 바꾸는 일 또한 즐겨하고 있음을 깨달았다. 그는 리더십을 발휘하는 일이 적성에 맞으면서도 사람들에게 이래라저래라 하는 것은 내키지 않았다. 대신 그는 사람들이 자신의 능력을 마음껏 발휘하도록 리더십을 발휘했다. 그는 어느새 특정한 목표를 늘 염두에 두면서 상황에 매우 유연하게 대처할 줄 아는 리더가 되어 있었다.

힐러리는 자신이 태어날 때부터 모험을 즐기거나 리더십을 발휘하게 되리라고는 생각하지 않았다. 하지만 활동적인 기질을 갖고 있었던 그는 모험에 대한 갈망을 채우면서 자연스럽게 리더십을 계발하게 되었다. 그가 생각하기에 이러한 자질은 누구나 키울 수 있

는 것이었다. 힐러리와 대화를 나누었던 사람들은 그런 신념에 박
수를 보내기도 하고 실망을 나타내기도 했다. 그는 신념이 지극히
평범한 사람이라도 무언가 성취할 수 있다는 새로운 인식을 심어주
었다는 점에서 환영을 받기도 했고 동시에 실망스럽다는 반응을 듣
기도 했다. 힐러리는 자신 역시 내세울 것 없는 지극히 평범한 사람
이라고 이야기하곤 했다.

하지만 힐러리를 유달리 돋보이게 하는 한 가지 자질이 있었다.
힐러리는 그것을 '동기부여'라는 한 단어로 표현했다. 등산을 할 때
강인한 육체와 뛰어난 기술 역시 중요했지만, 힐러리가 보기에 가
장 중요한 요소는 일종의 근본적인 동기부여, 즉 자신의 잠재 능력
을 최대한 이끌어내 열매를 맺게 하겠다는 열망이었다. 하지만 그에
게 용기를 북돋아주고, 동기를 부여한 사람이 누구냐는 질문에 힐러
리는 딱히 떠오르는 사람이 없었다. 그에게 등산을 하도록 적극 권
유한 사람은 친구도, 선생님도, 부모님도 아니었다. 그는 자신에게
동기를 부여한 원천은 목표를 크게 잡으려고 하는 본능적인 욕구라
고 답했다. 뜻하는 바를 크게 세우면 자연스레 동기부여가 이루어
진다. 그렇다면 실패 가능성은 아예 생각하지 않았다는 말인가? 그
와는 정반대였다. 힐러리는 목표를 크게 잡고 실패하는 편이 목표
를 적당히 잡고 성공하는 것보다 훨씬 낫다고 생각했다. 실패 가능
성이야말로 동기부여가 일어나도록 자극하는 긍정적 요소였다. 만
일 힐러리가 성공을 확신했다면 그는 동기부여에 문제가 있다고 생
각했을 것이다. 그는 이런 질문을 던졌다.

"당신이 알고 있다고 해서 그것이 성공할 것이라는 보장이 어디

있는가?"

실패 가능성은 일단 시작을 한 이상 결론에 이를 때까지 자신의 뜻을 관철시키겠다는 결심과 합쳐지면서 업적을 이루어내는 데 필요한 촉매제가 되었다. 실패할 가능성과 성공하겠다는 결단이 음양의 조화를 이루면서 에드먼드 힐러리에게 활력을 불어넣었고 결단을 내리도록 촉구했다.

하지만 매사가 언제나 순조로운 것만은 아니었다. 힐러리는 등정에 나설 때마다 자신보다 학문적으로 훨씬 더 뛰어난 대원들을 팀에 합류시켰다. 하지만 매일 밤 침낭에 몸을 누일 때마다 다음 날 일어날지도 모를 일에 대비하는 훈련을 함으로써 정신력 면에서는 언제나 그들을 앞질렀다. 자신의 우려가 하나둘씩 현실로 나타날 때마다 힐러리는 그때그때 필요한 결정을 내려 사태를 원만히 수습하곤 했다. 다음 날 어떤 상황이 전개되더라도 그는 언제나 대응할 준비가 되어있었다. 이에 반해 배울 만큼 배웠다는 다른 대원들은 도무지 어찌할 바를 몰랐다.

밤과 휴식시간은 앞으로 일어날지 모를 일들에 대해 곰곰이 생각하는 시간이었다. 하지만 등반하는 동안에는 당장 눈앞에서 벌어지는 일에만 온통 신경을 쏟았다. 발걸음을 옮길 때마다 신중히 생각해야 했고, 에베레스트의 고도가 높아질수록 산소가 얼마나 빠른 속도로 소진되는지 머릿속에서 쉴 새 없이 계산해야 했다. 잠시라도 한눈을 팔다가는 추락해 목숨을 잃거나 생명과도 같은 산소가 부족해 질식사할 수도 있었다.

에베레스트를 등정할 기회가 찾아오자 에드먼드 힐러리는 자신의 고유한 능력, 특유의 기질, 독특한 개성에 대해 꼼꼼히 점검했다. 그는 자신이 혹은 다른 어느 누구가 실제로 에베레스트를 등정하게 될 줄은 꿈에도 몰랐지만, 오히려 이 같은 불확실성으로 인한 두려움과 회의가 힐러리로 하여금 등정을 결심하도록 내몰았다. 그러니까 그의 등반 결정은 자신의 성공이 틀림없을 것이라는 강한 확신에 기초한 것이 아니라 죽기 전에 에베레스트 등반만큼은 꼭 하고 싶었다는 일념에 바탕을 둔 것이었다.

1951년, 그는 히말라야 중심부 등정에 나선 뉴질랜드 산악 팀의 일원이 되었다. 그들의 목표는 에베레스트 등정이 아니라 인도의 가르왈 히말라야 중심부와 주변을 오르는 것이었다. 2만 피트가 넘는 봉우리 여섯 개를 등정한 그해 말 힐러리는 뜻밖의 초대를 받았다. 네팔 정부가 역사상 처음으로 서구 방문객들에게 문호를 개방해 접근이 가능해진 에베레스트 남측을 답사하는 원정대의 일원이 되어달라는 것이었다. 수년 뒤 힐러리가 설명했듯이 그 원정대는 거의 축구팀과 같았다. 뛰어난 기량을 발휘하고 결정적인 실수만 저지르지 않는다면, 소속되어 있는 한 계속 그 팀에 있게 되며 다음번에도 지명될 가능성이 높았다는 이야기다. 그 '다음 번'의 기회가 1953년에 찾아왔다. 사우스 페이스를 경유해 에베레스트 정상 등정에 나서게 된 것이다. 힐러리는 이어 셰르파 텐징 노르가이를 첫째 가이드이자 등반 동료로 선택했다.

에드먼드 힐러리는 뛰어난 업적을 일궈내면서 이름을 크게 떨쳤다. 엄청난 부를 거머쥐었을 뿐 아니라 기사 작위와 함께 다른 영예도 누렸다. 에베레스트를 등정하기까지의 33년에 대해 힐러리는 "행복과는 거리가 멀고 늘 불안이 엄습하던" 시간이라고 토로했다. 등정에 성공한 그에게 주어진 최대의 보상은 다름 아닌 "평온한 만족감"이었다. 힐러리에게 있어 자신의 결정이 결국 옳았다는 증거는 탁월한 업적 그 자체가 아니라 이처럼 무언가를 일궈냈다는 평온한 성취감이었다.

상호 이익을 위한 화해

이 회담에서 중국은 다소 모양새가 이상하긴 했지만,
미국의 탁구팀이 중국을 방문해
중국팀과 한번 겨루어보는 것이 어떻겠느냐고 제안했다.
그리하여 이른바 '핑퐁 외교'가 시작되었다.

Richard Milhous Nixon

만약 1972년 이전으로 돌아간다면 우리는 리처드 닉슨[1913-1994]과 중국에 대해 '화해할 수 없는implacable'이라는 동일한 형용사를 사용해야 할 것이다.

닉슨은 1913년 캘리포니아 주 요버린더에서 식료 잡화상과 주유소 주유원으로 일하는 부모 사이에서 태어났다. 이후 캘리포니아 주 휘티어대와 듀크대학교 법대를 졸업한 뒤 휘티어에서 변호사 사무실을 운영하였고, 워싱턴의 물가관리국으로 자리를 옮겨 잠시 근무했다. 2차 대전 중에는 해군에 입대해 항공 지상군 장교로 복무했다. 그리고 전쟁이 끝난 1946년 진보 성향의 민주당 5선 중진 의원인 제리 뷰리스를 누르고 하원에 입성했다. 그는 선거운동 내내 경쟁자 뷰리스의 흠집을 내기 위해 그에게 '공산주의 동조자'라는 꼬리표를 붙였다. 이 추잡한 선거운동 덕분에 닉슨은 '강경 노선의 반공주의자'라는 전매특허와 '부도덕하며 가차 없는 정치 투사'라는 명성을 얻게 되었다. 이 첫 번째 선거운동 이후 닉슨에게 반감을 품은 사람들이 늘어나기 시작했으며, 그를 존경하던 사람들까지도 그에게서 등을 돌렸다. 하지만 1948년 재선에 후보로 나선 닉슨은 예비선거에서 이미 민주 및 공화 양당에서 승리를 거두었기에 본선거에서는 경쟁할 필요가 없었다.

하원에서 두각을 나타낸 닉슨은 당시 막강한 영향력을 행사하던 반미활동위원회에 소속되었다. 이 위원회에서 닉슨은 프랭클린 루스벨트 대통령 정부의 국무부 직원이었다가 소비에트연방의 스파이 혐의로 기소된 앨저 히스를 조사하는 데 주도적으로 참여했다. 공청회 자리에서 하원의원 닉슨이 히스에게 노골적인 적대감을 드러내자 닉슨 적대 세력과 지지 세력이 극명하게 나뉘면서 팽팽한 긴장이 감돌았다. 닉슨이 '화해할 수 없는' 냉전주의자임이 확연히 증명되는 순간이었다.

1950년 닉슨은 민주당 하원의원 헬렌 게이허건 더글러스와 겨루면서 상원에 진출할 기반을 마련했다. 이는 뷰리스를 상대로 할 때보다 훨씬 더 추잡한 선거전이었다. "머리부터 발끝까지 좌경 사상으로 가득한 사람"이라는, 더글러스에 대한 닉슨의 비난은 독설이나 다름없었다. 그는 또한 더글러스의 좌경 성향을 문제 삼는 선전물을 대량 유포했다. 이는 물론 불법이었지만 더글러스의 투표 전력을 뉴욕 출신의 악명 높은 좌파였던 비토 마르칸토니오 하원의원과 비교함으로써 어느 정도 효과를 거두었다. 당시 캘리포니아에서 발행되던 《인디펜던트 리뷰》는 닉슨을 일컬어 '트리키 딕Tricky Dick '교활한 놈'이라는 뜻'이라는 호칭을 처음으로 사용했고, 이는 평생 동안 닉슨을 따라다닌 별명이 되었다.

1952년 상원의원 닉슨은 대통령 후보로 나선 드와이트 아이젠하워의 부통령 후보로 지명되었다. 이 선거전에서 닉슨의 비자금 조성의혹이 강력하게 제기되었고, 어쩌면 자신의 경력에 치명타가 될 수도 있는 이 스캔들에 대해 닉슨은 1952년 9월 23일의 그 유명한 '체커스 연설'checkers Speech 의혹을 해명하기 위해 나선 TV 연설에서 여담으로 자신의 어린 딸이 '체커스'라는 이름의 강아지를 갖게 된 사연을 말한 데서 비롯된 이름로 대응했다. 즉 비자금의 존재는 시인하면서도 부적절한 사용에 대해서는 교묘하게 부인했던 것이다. 그는 자신이 그럴 만큼 넉넉한 형편도 아니라고 주장하면서, 이를 증명하기 위해 자기 가족들의 얼마 되지 않는 재산과 수수한 생활상을 공개했다. 아내는, 이른바 민주당원의 부인들이 입고 다닌다는 '모피 코트'와 대비되는 '단정한 공화당원의 모직 코트'를 입고 다니고, 자신이 받은 정치적 선물이란 여섯 살짜리 딸 트리샤가 '체커스'라고 이름 붙인 코커스패니얼 강아지뿐이며, 애견 체커스만큼은 무슨 일이 있어도 계속 기를 작정이라고 이야기했다. 아울러 그는 이렇게 덧붙였다.

"사람들이 뭐라고 이야기하든, 우리는 전혀 개의치 않을 것입니다."

자신을 향한 냉전주의자라는 비판에 대해 말하는 대목에서는 극도로 감상적인 모습을 보이기도 했지만 이 체커스 연설 덕분에 닉슨은 공천을 받았고, 그와 아이젠하워는 민주당 후보인 애들레이 스티븐슨과 존 스파크맨을 가볍게 물리치고 대통령과 부통령에 각각 당선되었다. 이후 부통령을 두 차례나 역임한 뒤 1960년 공화당의 대통령 후보로 선출되었으나 존 F. 케네디에게 근소한 차이로 패배하고, 2년 뒤 캘리포니아 주지사에 출마했다가 역시 대중들의 지지도가 높았던 현직 주지사 에드먼드 브라운에게 패했다. 이에 닉슨은 서둘러 정계 은퇴를 선언하면서 평소 사이가 좋지 않았던 언론을 향해 "이제 건달 닉슨이 방랑할 일은 더 이상 없을 테니, 당신네들은 마음 푹 놓으시게!"라며 따끔하게 일격을 가했다.

이후 닉슨은 뉴욕에서 변호사 사무실을 다시 열어 많은 돈을 벌었고, 열렬한 반공주의자에서 온건한 보수주의자로 이미지 변신에 성공했다. 이를 높이 산 공화당은 1968년에 그를 대통령 후보로 다시 내세웠고, 그는 베트남전을 끝낼 묘안이 있다는 공약을 내세움으로써 민주당 후보 허버트 험프리와 제3당 후보 조지 월리스를 물리쳤다. 실제로 닉슨은 베트남 주둔 미 지상군의 숫자를 감축하는 대신 공습을 강화하면서 이웃의 캄보디아와 라오스로 전쟁을 확대했다. 그 사이 국가안보 보좌관 헨리 키신저는 파리에서 북베트남 외무장관 레둑토와 평화 협상을 진행하고 있었다. 닉슨은 베트남에서 철수하되 공산주의에 무릎을 꿇지는 않는, 이른바 '명예로운 평화'를 암중모색하면서 누구도 상상할 수 없는 일을 구상하기 시작했다. 즉 화해는 꿈조차 꿀 수 없는, 세계 최대의 공산주의 국가인 중화인민공화국과의 관계 정상화였다.

맹렬한 혁명 끝에 1949년 탄생한 중화인민공화국의 마오쩌둥이 이끄는 공산당 정부는 전 세계에 공산주의의 씨앗을 뿌리겠다고 호언장담했다. 뿐만 아니라 1950년부터 3년간 계속된 한국전쟁에서 미국이 주도하는 유엔UN군과 맞선 북한을 군사적으로 지원함으로써 중국은 미국과 극한 대립 구도를 형성했다. 양국의 외교 및 경제 관계는 단절되었고, 미국인들은 '붉은 중국'을 향해 '미친 개'라는 맹비난을 서슴지 않았다. 세계 최대의 인구를 자랑하는 중국은 동시에 가장 폐쇄적이면서 베일에 싸인 나라가 되었다. 중국이 1960년대 중반 핵무기를 개발하자 미국과 서구의 여러 나라들은 경악을 금치 못했다. 기존의 핵무기 보유국인 미국과 소비에트연방 외에 중국이 추가됨으로써 이제 세계는 더 큰 위험에 직면하게 되었다.

그런데 1960년대가 진행되면서 그동안 공산주의 단일 블록을 형성하고 있었던 중국과 소비에트연방의 관계가 급속히 악화되었다. 이는 곧 미국이 중국과의 관계를 개선할 수 있으며, 이 세계를 둘러싼 위험이 보다 줄어들 수 있다는 청신호였다. 이제 필요한 것은 그러한 청신호를 알아차리고 호기를 움켜잡을 수 있는 식견, 의지, 정치적 자질을 갖춘 지도자였다. 그리고 미국, 중국을 비롯하여 전 세계에 놀라움을 안겨주며 리처드 닉슨이 그 지도자로 부상하였다.

1971년 7월 15일 저녁 7시 30분, 닉슨 대통령은 미국 전역에 생중계된 3분 30초간의 TV 연설을 통해 "이 땅에 평화를 정착시키고자 하는 우리의 노력에 커다란 진전이 이루어졌다"고 발표했다. 그리고 베이징에서 중화인민공화국의 지도자들과 만나 "양국의 관계 정상화를 추진할 뿐 아니라 서로의 관심사에 대해 의견을 교환하자"는 수상 저우언라이의 초청을 수락했음을 밝혔다.

닉슨은 훗날 설명하기를 자신이 대중국 관계의 중요성을 처음으로 공론화한 것은 1967년《포린 어페어스》에 기고한 글을 통해서였다고 하면서, 1969년 대통령 취임 연설에서도 이를 넌지시 내비쳤다. 그는 이 취임사에서 "열린 세계… 즉 위대한 민족이건 약소민족이건 서로 떨어져 으르렁거리며 살지 않는 세상"을 추구한다고 선언했다. 그리고 2주 뒤 닉슨은 헨리 키신저에게 "중국과의 화해 가능성을 모색하는 내각의 진지한 노력에 온갖 격려를 아끼지 말 것"이라는 메모를 건넸다. 닉슨은 꼬박 1년 가까이 이 일을 비공식으로 진행하다가 1970년 2월 의회에 제출한 외교정책 보고서에 대중국 관계를 언급하면서 처음으로 공식적인 행보를 내디뎠다. 그는 이 보고서에서 중국에 대해 "국제사회에서 따돌림을 받아서는 안 되는, 위대하면서도 더 없이 중요한 나라"로 언급했으며, "베이징과의 관계를 실질적으로 개선하기 위해 우리가 할 수 있는 모든 노력을 기울이는 것은 분명 미국의 국익과 아시아를 비롯한 전 세계의 평화와 안정에 도움이 된다"고 역설했다.

닉슨의 예상대로 중국의 지도자들은 그가 의회에 제출한 보고서를 읽었다. 그리고 이틀 뒤 폴란드 바르샤바 주재 미국 내사 월터 스토이셀과 만난 중국 대사는 회담 장소를 베이징으로 옮길 것을 제안했다. 미수교국이었던 미국과 중국의 대표들은 필요할 때마다 바르샤바에서 회동을 갖곤 했었다. 그리고 미국의 고위층 인사가 사절단 대표로 보내진다면 중국 정부가 더욱 환영할 것이라는 뜻을 넌지시 내비쳤다. 확실히 믿어도 될 만한 신호였다. 그리하여 1970년 3월 닉슨은 중국 여행에 따른 공식적인 제한 조치들을 완화하라고 국무부에 지시함으로써 중국의 제안에 화답했다. 그리고 다음 달 상당 수의 무역 제재 조치들이 추가로 완화되었다.

한편 베트남전이 캄보디아로 확대되면서 중국과의 회담 장소를 바르샤바에서 베이징으로 옮기는 시도는 잠시 보류되었지만, 닉슨이 먼저 잡았던 주도권은 점차 탄력을 받기 시작했다. 꽁꽁 얼어붙은 관계를 서서히 누그러뜨리고 화해의 손길을 조금씩 내밀겠다는 닉슨의 결단은 그가 이야기했던 "상호 이익을 위한 관심사에 대한 분명한 평가에 토대를 둔 숨은 논리"임를 드러냈다. 몇 달간의 침묵 끝에 중국은 1958년부터 구금 상태에 있었던 로마 가톨릭 주교 제임스 에드워드 월시를 석방함으로써 새로운 신호를 보냈다.

철저히 베일에 둘러싸여 어떠한 타협도 불허하던 공산주의 이데올로기의 상징과 같은 나라, 또한 닉슨을 지지하는 우파들이 가장 위협적이며 공격적이라고 생각하던 나라 중국과 관계를 맺는 과정에서 냉전주의자 닉슨을 움직인 것은 상호 이익을 위한 관심사에 대한 인식이기도 했지만, 또 한편으로는 닉슨의 지극히 개인적인 인식이 추동력으로 작용하기도 했다. 1970년 10월 초, 닉슨은 《타임》지와의 인터뷰에서 "제가 죽기 전에 꼭 이루고 싶은 일이 있다면 중국을 방문하는 것입니다. 그게 불가능하다면 저희 자손들에게서 그 꿈이 이루어졌으면 합니다."라고 말했다. 여기서 그가 말하려던 진의는, '미국인' 리처드 닉슨이 중국을 자유롭게 드나들지 못한다면 세계는 그만큼 더 위험해질지 모른다는 것이었다. 이는 닉슨 자신뿐만 아니라 그의 자손들에게도 커다란 위협이었다. 닉슨 시대에도 정치적 신념과 이데올로기에 대한 입장은 자녀의 목숨과 바꿀 만한 가치가 있는 것이 아니었다.

리처드 닉슨은 비밀이 많고 솔직하지 않은 사람이었다. 1974년 대통령직에서 물러난 것도 바로 이러한 성격 때문이었다. 마오쩌둥과 저우언라이와의 회동을 위한 그의 사전 준비는 세심하면서도 치밀했다. 닉슨의 표현을 빌리자면 마치 "세련된 미뉴에트"와 같은 과정이었다. 그러나 중국을 방문하겠다는 그의 결심은 단호하면서도 감상적이었고 개인적인 성격을 띠었다.

정상회담 준비가 허술했다가는 외교적으로 매우 난처한 결과를 낳아 양국 관계가 오히려 악화될 수도 있음을 닉슨은 잘 알고 있었다. 그리고 이보다 훨씬 더 심각한 문제는 닉슨 자신의 정치 생명에 심각한 타격이 올 수도 있다는 것이었다. 닉슨을 지지하고 편들었던 강경파 냉전주의자들은 그가 '공산주의 중국'과 교섭을 개시한 것을 마뜩치 않아 하며 비난을 퍼부었다. 그러나 닉슨은 강경론자들에 대해서도 이미 두 가지 대비책을 세워두었다. 첫째, 그는 자신만이 중국과의 접촉을 시도할 수 있는 적임자라고 굳게 믿었다. 만약 자유주의를 신봉하는 민주당 의원이었다면, 적지 않은 강경론자들의 반대와 비난에 부딪힐 게 뻔했다. 하지만 반공주의자이자 냉전주의사라는 변함없는 꼬리표가 붙은 닉슨이라면, 아무리 중국과 접촉을 시도해도 그가 공산주의자들에게 호감을 갖고 있다면서 맹비난할 사람은 없을 것이다. 둘째, 그는 중국과의 관계 정상화를 반대하는 우익의 주장이 무의미하다는 것을 역사의 수많은 사건들이 증명하고 있다고 믿었다. 지금 당장은 중국이 국제사회에서 여전히 상대적으로 고립을 면하지 못하고 있지만 서서히 변화의 조짐이 보였다. 닉슨은 이미 "따돌림으로 인한 분노"가 가져올지도 모를 위험에 대해 경고한 바 있었다. 전 세계적으로 중화인민공화국을 인정하는 나라가 하나둘 생기는 마당에 미국이 계속해서 그 공산주의 거인을 인정하지 않고 버틴다면, 미국은 머지않아 소수 의견으로 전락해버리고 국제사회에서 외면당할지도 모를 일이었다. 지난 수년간 미국은 국제사회가 대만을 공식적인 중국 정부로 인정하고 있다는 명분을 내세우며 중국의 유엔 가입을 방해해왔다. 하지만 이제는 유엔 내에서도 중국의 가입을 부결시키기 위한 유효 득표를 확보하기가 점점 어려워지고 있었다. 1978년 펴낸 회고록에서 닉슨은 이렇게 밝혔다.

"단순히 상황이 불가피하다는 이유만으로 그러한 상황에 굴복해서는 안 된다는 것이 나의 개인적인 소신이다. 하지만 이 경우 미국의 국가안보 이익은 중화인민공화국과의 관계 증진에 달려 있다는 생각이 든다."

중국 정부를 인정하는 일은 이제 더 이상 피할 수 없는 현실일 뿐만 아니라 긍정적으로 생각하면 바람직하기도 하다는 결론을 내린 것이다.

닉슨은 비밀 회담을 위해 키신저 국무장관을 중국으로 보냈다. 이 회담에서 중국은 다소 모양새가 이상하긴 했지만, 미국의 탁구팀이 중국을 방문해 중국팀과 한번 겨루어보는 것이 어떻겠느냐고 제안했다. 그리하여 1971년 1972년에 걸쳐 두 나라의 탁구팀이 서로를 방문하여 경기를 치르는, 이른바 '핑퐁 외교'가 시작되었고, 이를 발판으로 미국 대통령이 1972년 2월과 3월 사이에 중국을 방문할 수 있는 길이 열리게 되었다.

닉슨이 중국을 방문하고 그로 인해 두 나라 사이에 화해 분위기가 조성됨으로써 당장 얻을 수 있었던 이익 중 하나는 중국과 다른 공산주의 종주국인 소비에트연방 사이의 근본적인 불화를 적절히 활용할 수 있는 기회를 잡았다는 것이다. 그 결과 닉슨은 매우 유리한 고지에서 모스크바를 상대하면서 제1차 핵무기 제한 협정을 비롯한 여러 쟁점에 대한 합의를 이끌어낼 수 있었다. 보다 장기적으로는 중국이 정치 · 경제적인 고립 상태에서 벗어나 거대 산업국가이자 미국의 주요한 무역 파트너로 자리매김할 수 있었다.

닉슨 대통령의 숙명적인 베이징 방문 이후 몇 년이 지나 소비에트연방이 붕괴되었다. 중국은 공식적으로 공산주의 체제를 유지하고 있었지만, 자본주의 경제체제에서 무시할 수 없는 세력이자 국제 자본주의 기업의 동반자이기도 했다. 이 사실만으로도 중국은 미국과 서구 여러 나라들에게 새로운 도전이 되었다. 그리고 어느새 13억이 넘는 인구, 수백만의 군대, 핵무기를 보유하고 대화와 이성적 사고를 거부했던 이데올로기적 · 정치직 · 군사적 적敵이라는 망령은 사라지고 보다 밝고 생산적인 미래가 펼쳐질 전망이다.

보리스 옐친과 새로운 세계 질서

마지막 제국의 혁명

"아빠, 얼른 일어나세요! 쿠데타가 일어났어요!"
다급해진 딸의 목소리에 침대에서 몸을 일으킨 옐친은
비몽사몽 중에 어이없는 말을 내뱉었다.
"그건 불법이야!"
순간 그는 자신의 말이 코미디 같다는 생각이 들었다.

Boris Nikolayevich Yeltsin

보리스 니콜라예비치 옐친이 태어난 1931년에는 소비에트 시민
이든 다른 나라 사람들이든 소비에트연방과 공산당 정권이 영원히
계속되리라는 것을 의심할 수 없었다. 옐친은 우랄공대를 다녔고
1955년부터 1968년까지 자신의 고향 스베르들로프스크지금의 예카테린부
르크의 건설 현장에서 건축기사로 일했다. 1961년에는 직업적인 출
세에 여념이 없는 소비에트의 여느 젊은이들과 마찬가지로 공산당
원이 되었다. 1968년에는 기술 분야에서 정치 분야로 관심의 방향
을 바꿔 전임 당원이 되었다. 1976년에는 스베르들로프스크 당위
원회 제1서기로 승진하면서 스타프로폴 시 당위원회의 제1서기인

미하일 고르바초프와 친분을 맺었다.

성격이 난폭하고 모난 옐친과 달리 유순하고 호감을 주는 사람이었던 고르바초프는 예상보다 더 빨리 전국에 이름을 알리게 되었다. 고르바초프는 보리스 옐친을 늘 염두에 두고 있었고, 1985년 소비에트의 사실상의 실권자라 할 수 있는 공산당 총서기에 오르자 옐친을 불러 부패한 모스크바 시 공산당 조직을 개혁해달라고 주문했다. 1986년 옐친은 공산당 정치국의 비상임위원이자 모스크바 시장 겸 모스크바 시 당위원회의 제1서기가 되었다.

고르바초프는 이른바 글라스노스트^{개방 및 투명성}와 페레스트로이카^{경제개혁}라는 소비에트 개혁 정책을 추진하여 서구 세계로부터 높은 점수를 받았다. 그가 취한 유일하게 대담한 조처는 이른바 '브레즈네프주의'의 폐지였다. 고르바초프의 전임자이자 강경한 공산주의자인 레오니트 브레즈네프가 정착시킨 이 정책은 바르샤바 조약에 가입한 소비에트 위성 국가의 내정에 소비에트연방이 정치적으로나 군사적으로 언제든 개입할 수 있다는 선언이었다. 옐친이 보기에 고르바초프의 개혁은 광범위하지만 속도가 너무 느렸다. 두 사람의 관계는 차츰 서먹서먹해지기 시작했고 고르바초프와 의견 대립이 생긴 옐친은 1987년 모스크바 당 서기직에서, 다음 해에는 정치국 비상임위원직에서 강제로 물러났다.

하지만 주사위는 이미 던져졌다. 옐친은 소비에트 시민들로부터 이미 폭넓은 지지를 받고 있었다. 고르바초프가 소비에트의 의회 격인 인민대표대회에서 진정한 경쟁선거제를 도입하자 옐친은 1989년 3월 압승을 거두며 의회에 진출했다. 이어 1990년 5월 29일에는 고르바초프의 반대와 상관없이 의회가 옐친을 러시아공화국의 대통령으로 선출했다.

러시아공화국의 대통령이 된 옐친은 소비에트 공화국들의 자치권을 확대해줄 것을 요구했으며, 자유 시장경제와 다당제를 철저하게 포용하는 정책을 추진했다. 그는 1990년 7월 공산당과의 관계를 끊었고, 1991년 6월 처음으로 치러진 직접선거에서 극적인 승리를 거두며 러시아공화국의 대통령에 선출되었다. 그의 승리는 경제 및 정치 개혁을 가속화하라는 명령과 같았다. 고르바초프의 개혁으로 시작된 조용하면서 다소 점진적인 혁명이 이제는 고르바초프를 압도하였고 옐친은 그를 훨씬 앞지르면서 개혁의 선두 주자로 우뚝 섰다.

하지만 공산당이 몸살을 앓고 있는 데다 제구실을 다하지 못하고 있었지만, 고르바초프는 아직도 엄연한 수장이었다. 개혁이 중도에 지지부진해지자 나라의 경제와 정치는 답보 상태에 놓였다. 옐친이 이제 막 선보인 민주주의의 위력을 실감한 반면 고르바초프는 자신이 직접 추진한 정책으로 인해 마음의 갈피를 잡지 못했다. 그는 옛 소비에트 시절을 생각나게 하는 법령을 포고했으며, 정신없이 휙휙 돌아가는 변화의 속도를 늦추기 위해 옛 공산주의자들을 행정부에 대거 포진시켰다. 1990년이 저물어갈 무렵, 고르바초프는 공산당의 보수주의자들과 공공연하게 손을 잡았다. 이는 거의 자살 행위에 가까운 실수였다.

1991년 8월 19일 동이 트기가 무섭게 비밀경찰^{KGB} 출신의 강경론자들과 군부를 비롯한 보수 세력들이 미하일 고르바초프에게 반기를 들었다. 군부대에서는 고르바초프와 그의 가족들을 그들의 시골 별장에 감금시켰다. 군에서 파견한 또 다른 부대는 새벽 네 시에 아르한겔스코예에 있는 옐친의 시골 별장에 도착했다. 사전에 쿠데타 병사들은 무력을 사용해 옐친을 체포하라는 지시를 받았지만 선뜻 행동에 나서지 않았다. 보리스 옐친을 임의로 체포할 것이 아니라 그를 격동시켜 법을 위반하도록 유도하기로 쿠데타 세력이 이미 결정했기 때문이었다.

"아빠, 얼른 일어나세요! 쿠데타가 일어났어요!"

다급해진 딸의 목소리에 침대에서 몸을 일으킨 옐친은 비몽사몽 중에 어이없는 말을 내뱉었다.

"그건 불법이야!"

순간 그는 자신의 말이 코미디 같다는 생각이 들었다. 하지만 그날 하루가 지나면서 옐친이 내뱉은 그 한마디는 그냥 흘려버릴 수 없는 의미심장한 말이 되었다.

사실상 쿠데타의 본질적인 요소는 신속성과 과단성이다. 창밖으로 시선을 돌린 옐친의 눈에 병사들과 차량들이 보였다. 그러나 무슨 까닭인지 공격은 이루어지지 않았다. 돌격용 사동 소총을 소지한 병사들이 얼굴에 수심이 가득한 채 오가고 있었다. 신속하면서도 과단성이 있다고? 쿠데타 세력들은 안절부절 어쩔 줄을 몰랐다. 분명 AK-47 경기관총은 가공할 만한 위력을 지녔지만 정작 그 총을 들고 있는 병사들은 그와는 판판이었다. 힘과 권력을 만들어내는 주체는 무기가 아니라 사람임을 옐친이 모를 리 없었다. 그는 겁에 질려야 할 까닭이 없다고 생각했다.

군인들이 고르바초프와 옐친을 위협하는 동안 다른 부대와 탱크 종대들은 모스크바 시내를 덜커덕거리며 지나갔다. 여러 외부인들은 소비에트연방의 개혁이 1989년 천안문 광장 대학살 이후의 중국과 같은 전철을 밟는 것은 아닌지, 그래서 고르바초프가 일으킨 민주혁명이 꽃을 피우기도 전에 이내 시들어버리는 것은 아닌지 우려했다. 심지어 프랑스 대통령 프랑수아 미테랑은 TV 카메라 앞에 나타나 서구 지도자로서는 처음으로 쿠데타 주역 중 하나인 겐나니 야나예프를 소비에트연방의 새로운 지도자라고 열렬히 추켜세웠다. 그는 프랑스가 새로운 강경론자들과 거래를 틀 것이라며 국민들을 안심시켰다.

그러나 프랑스를 비롯한 대다수 국가들이 소비에트 사람들의 성향을 이해하는 방식은 보리스 옐친과는 판이하게 달랐다. 강경론자들은 비밀경찰과 군부를 장악하고 있었음에도 옐친이 이내 눈치 챘듯이, 여전히 권력에 대한 갈증을 느끼고 있었다. 아무튼 그들은 권력을 쟁취하고 싶어 했다. 소비에트 관료들은 반反혁명을 성사시키고자 할 때에도 규정에 어긋나면 도무지 움직이려고 하지 않았다. 옐친은 과단성이 결여된 쿠데타나 합법적인 쿠데타 모두 그 자체로 모순임을 간파했다. 따라서 권력의 명백한 균형이란 허울 좋은 구실이었으며, 쿠데타 음모자들에 당당히 맞서겠다는 옐친의 결정은 결코 허세나 무모한 짓도 혹은 지나친 애국심도 아니었다. 그것은 논리적인 판단 끝에 내린 결정이었다. 설령 자신과 다른 이들이 무릎을 꿇지 않는다 해도 어차피 쿠데타가 실패할 수밖에 없다고 옐친이 믿을 만한 근거는 충분했다.

아내와 두 딸에 둘러싸인 옐친은 아는 사람들에게 일일이 전화해 "지금 도움이 필요하다"고 말했다. 그들은 러시아 시민들에게 보내는 호소문을 작성하는 일부터 시작했다. 딸들이 호소문을 타이핑하는 동안 옐친은 계속해서 여기저기 전화를 걸어 자신의 호소가 가능한 한 신속하면서도 널리 전달되도록 했다. 옐친의 전화기와 팩시밀리 송수신기가 아직도 사용 가능하다는 것은 쿠데타가 사전에 치밀하게 계획되지 않았다는 징후 중 하나였다. 원고를 타이핑한 지 채 한 시간도 안 되어 옐친의 호소문은 팩시밀리를 이용해 모스크바와 여러 도시에 전송되었고, 전송 내용을 포착한 서구의 통신 기관에서는 이를 전 세계에 유포했다. 호소문은 라디오와 TV 같은 방송 매체를 타고 전달되었을 뿐 아니라 모스크바 전역과 다른 곳에서도 사람들의 손을 거쳐 유포되었다.

앞뒤가 꽉 막힌 소비에트 시대의 산물인 중년의 쿠데타 음모자들은 정보화 시대의 넓이와 크기에 대해서는 아는 바가 거의 없었다. 그들은 자신들의 꿈꾸었던 나라와는 전혀 딴판인 세상에 직면했다. 보리스 옐친과 그의 주변 인물들을 쉽게 제거할 수 있었을지는 몰라도 AK-47 경기관총으로도 러시아 국민들의 기는 꺾을 수 없었다.

이제 옐친은 군부가 쿠데타에서 어떤 역할을 하고 있는지 간파했다. 쿠데타가 일어나기 얼마 전, 그는 최정예 낙하산 부대 사령관인 파벨 그라체프와 대화를 나눈 가운데 "만일 러시아에서 합법적으로 선출된 정부가 위태로운 상황에 처하기라도 한다면… 군부를 신뢰해도 괜찮은가? 그리고 장군을 신뢰해도 되는가?"라고 그라체프의 의중을 떠본 적이 있었다. 그라체프는 충성을 맹세했다. 그러나 8

월 19일 옐친이 그라체프에게 전화를 걸었을 때 그는 이미 쿠데타의 군부 세력을 지휘하라는 명령을 받은 상태였다. 그럼에도 그라체프 장군은 옐친을 보호하기 위해 자청해서 파견대를 보냈다. 이는 쿠데타에 대한 군 수뇌부의 지지마저도 매우 미온적인 것임을 드러내는 증거였다. 옐친은 쿠데타가 오래가지 못할 것으로 판단했다.

1994년에 펴낸 비망록 『러시아를 위한 몸부림』에서 옐친은 8월 19일에서 21일 사이에 진행된 쿠데타 이후 몇 개월이 지나 "우리가 어떻게 해서 위험에서 벗어날 수 있었을까 숙고했다"고 기록하고 있다.

나는 마음속에서 이런저런 가능성에 대해 곰곰이 생각해보았다. 상대방에게 느닷없이 일격을 가하면 경기가 순탄하게 진행된다는 느낌과 함께 주도권을 잡을 수 있겠다는 확신이 올 때가 더러 있음을 나는 너무도 잘 알고 있다. 아르한겔스코예에 있던 나는 8월 19일 그런 느낌을 받았다. 오전 아홉시쯤 되었을까, 전화벨이 요란하게 울리고 있었다. 시골 별장 주위에는 병사들이 이동하는 모습이 보이지 않았다. 때가 되었다. 나는 백악관 모스크바의 러시아 의회 건물을 향해 발걸음을 옮겼다.

보리스 옐친은 시골 별장에 몸을 숨기거나, 해외로 도피해 망명 정부를 세우기보다는 쿠데타의 심장부를 향해 나아가겠다는 결심을 세웠다. 하지만 그의 아내가 만류했다.

"당신 대체 어디로 가시는 거예요? 밖에는 탱크들이 즐비하잖아요. 그냥 가게 내버려두지 않을 텐데요."

"우리 차에 작은 러시아 국기가 달려 있잖소. 저들이 그걸 보면 통과시킬 거요."

그러자 마음속 깊은 곳에서 자신의 말이 틀리지 않았다는 확신이 솟아올랐다.

조그만 러시아 국기, 정말이지 손바닥만큼 작은 국기였다… 우리에게 친숙한 땅이 발밑에서 무너져 내리고 있었지만 이 작은 국가야말로 참되면서도 의미 있는 그 무엇이었다.

우리 주위에 있는 사람들도 나와 마찬가지 느낌일거라는 생각이 든다. 우리에게는 투쟁할 그 무언가가 있었다. 우리에게는 희망의 상징이 있었다. 이것은 의회와 반대를 일삼는 언론에서 악의적으로 고발하는 정치적 게임이 아니었다. 오히려 정반대였다. 그것은 단한 번만이라도 이러한 쓰레기, 이러한 일련의 배신과 부도덕한 계획을 떨쳐버리고, 그 모든 것을 뒤로 하며 우리의 위대한 조국의 미래, 우리에게 더없이 호의적인 미래에 대한 신념을 상징하는 이 작은 러시아 국기를 지켜내고 싶다는 소망이 있다.

보리스 옐친은 모스크바와 의회를 향해 길을 나서면서 언제든 피격당할 수 있음을 잘 알고 있었지만, 특히나 자신들의 쿠데타가 합법적이라는 인상을 주고자 했던 쿠데타 세력이 벌건 대낮에 그런 행위를 저지를 것이라고는 생각하지 않았다. 그는 승부수를 던졌고 승리의 여신은 그의 손을 들어주었다. 인민대표대회 건물에 들어선 그는 자신의 집무실로 가 건물 주변의 움직임을 주시했다. 옐친은 러시아의 새로운 의회민주주의의 상징인 백악관이 쿠데타의 성패 여부가 달려 있는 쿠데타 세력의 활동 무대가 될 것으로 내다보았다. 옐친은 시간이 점차 흐르면서 사람들이 쿠데타군과 그들의 탱크를 무서워하지 않는다는 사실을 눈치 챘다. 예상 밖의 충격이었다. 그는 백악관에서 나와 시민들과 함께해야 하겠다고 느닷없이 결심했다. 건물을 빠져나온 옐친은 탱크 위로 기어 올라가 몸을 꼿꼿이 세웠다. 탱크 지휘관에게 손을 흔들면서 병사들과도 이야기를 나누었다. 그들의 얼굴과 눈빛에서 옐친은 그들이 공격할 뜻이 없음을 확인했다. 옐친은 군중들에게 연설을 한 뒤 백악관 집무실로 돌아왔다.

"하지만 나는 이미 완전히 다른 사람이 되어 있었다… 속에서 새로운 힘이 불끈 솟았고 안도감이 찾아들었다."

19일 저녁이 되자 모스크바 시민들이 서둘러 설치했던 바리케이드는 쿠데타에 반대하는 건설 현장의 노동자들이 크레인을 이용해 싣고 온 고물 트럭과 무거운 파이프 등으로 한층 강화되었다. 수천 명의 모스크바 시민들이 백악관을 겹겹이 둘러싼 인간 사슬을 형성했다. 쿠데타군과 그들이 모는 탱크가 의회 건물을 공격하려면 인간 사슬을 뚫고 지나가거나 그들을 깔아뭉개고 그 위를 지나가거나 둘 중 한 가지 길을 택해야 했다.

8월 19일 밤까지 그리고 다음 날 온종일 지루한 대치 상태가 계속 되었다. 거리에서는 유혈 참사가 조금 일어났지만 크게 우려할 만한 충돌은 없었다. 상당수의 병사들이 보란 듯이 백악관을 둘러싸고 있는 시민들 편을 들었으며, 쿠데타 주동 세력에게 확실한 충성을 맹세했던 병사들마저도 어떤 공격 명령이 떨어지더라도 거부할 참이었다.

8월 21일 새벽 2시 30분 경, 사격이 시작되었다. 옐친에게 방탄조끼를 입힌 보좌관들은 그에게 백악관을 탈출해 미 대사관 직원들이 제공한 안전한 은신처로 피신할 것을 권고했다.

"안전만을 고려한다면 미 대사관저로 피신하는 것이 백 번 옳지만, 정치적 관점에서 본다면 그것은 자살 행위와 다름없었다"고 옐친은 훗날 회상했다. 그는 백악관을 사수하기로 결심했다. 사격이 시작되었고, 백악관이 곧 불바다가 될 것이라는 경고에도 불구하고 옐친은 "정체 모를 기적의 힘이 우리를 돕고 있다는 확신이 밀려왔다"고 했다. 본능에 의해서건 영감에 의해서건 올바른 사람들이 올바른 때에 올바른 장소에 있었다. 옐친은 국민을 저버리지 않기로 했다.

백악관은 단 한 차례도 공격을 받지 않았다. 8월 21일 아침, 모스크바에서 철수하라는 지시가 쿠데타군에게 떨어졌다. 그날 밤 늦게, 가택 연금에서 풀려난 미하일 고르바초프와 아내 라이사가 모스크바 공항에 도착한 비행기에서 내렸다. 쿠데타는 불발로 끝났고, 고르바초프의 권력이 점차 쇠퇴하는 것과 동시에 보리스 옐친이 명성과 권력을 거머쥐면서 공산당은 와해되었다. 러시아와 대다수 공화국들은 '소비에트 사회주의공화국 연방'을 해체하고 새로이 '독립국가연합'을 결성했다. 그 결과 고르바초프는 당도 국가도 장악할 수 없게 되었다. 그는 소비에트연방이 공식적으로 해체되던 날인 1991년 12월 25일 권좌에서 물러났다. 옐친이 영도하는 러시아 공화국 정부는 새로운 독립국가연합을 좌지우지할 만큼 막강한 영향력을 행사하게 되었다.

옐친은 소비에트연방의 해체와 민주주의 독립국가연합의 탄생보다 쿠데타에 대한 승리를 더욱 위미심장하게 받아들였다. 그의 말을 들어보자.

역사가들은 20세기가 본질적으로 1991년 8월 19일에서 21일 사이에 그 막을 내렸다고 기록할 것이다. 20세기는 공포로 얼룩진 시대였다. 20세기 이전의 사람들에게 전체주의, 파시즘, 공산주의, 정치범 수용소, 대량 학살, 원자탄으로 인한 재앙 등은 낯선 개념이었다. 하지만 이처럼 짧은 3일 동안에 20세기는 사라졌고 새로운 시대가 시작되었다. 내 주장이 지나치게 장밋빛이라고 생각할 사람이 있을지도 모르겠지만, 지난 8월의 며칠 사이에 마지막 제국이 무너져 내렸기 때문에 나는 그것이 사실이라고 확신한다. 20세기 초반의 제국주의적 사고방식과 제국의 정책들은 인간을 현혹해 악의 구렁텅이로 처넣었지만 결과적으로는 현대에 일어나는 모든 혁명의 촉매제 역할을 했다.

꼭 필요한 기술은
반드시 손에 넣는다

위험요소가 따르기는 하지만 시장을 창출하고,
산업의 틀을 짜고, 세계를 재편할 수 있는 기회가 지금 주어졌다.
게이츠는 그 기회를 붙잡기로 결심했다.

Bill Gates

　　브리테니커 백과사전에 생존 인물의 이름이 실리는 것은 유례가
드문 일이다. 마이크로소프트사의 설립자 빌 게이츠[1955~]에 대해 브
리태니커 백과사전은 이렇게 쓰고 있다.

　　"그가 일군 뛰어난 업적으로 인해 빌 게이츠가 위대한 미국인들
　　을 기리는 신전에 영구히 자리를 잡게 될 것인지는 지켜봐야겠지만,
　　적어도 역사가들이 그를 묘사할 때는 석유하면 존 록펠러가 떠오르
　　듯 컴퓨터 하면 게이츠라는 식이 되지 않을까."

　　비록 이런저런 논란의 대상이 되기도 했지만 록펠러 없는 석유

산업은 상상할 수 없으며 석유가 문명에 끼친 영향 또한 엄청나다. 록펠러와 마찬가지로 빌 게이츠 역시 언짢게 생각하는 사람들이 있었고 온갖 논란의 중심에 서 있기도 했지만 빌 게이츠 없는 컴퓨터를 생각할 수 없으며 컴퓨터가 진화하면서 그가 문명에 끼친 영향 또한 지대하다. 한마디로 빌 게이츠는 현대문명을 창조하는 데 커다란 기여를 했다.

빌 게이츠는 열세 살에 처음으로 컴퓨터 프로그램을 짰다. 고등학교 재학 중에는 학교의 임금대장 시스템을 컴퓨터로 운영하는 프로그래머들 모임에 속해 있었다. 그리고 고등학교를 졸업하기 전에 첫 번째 소프트웨어 회사를 차렸다. '트라프-오-데이터'라는 이름의 이 회사는 1971년 파트타임으로 참여했던 데이터 처리 작업의 산물이었다. 그 작업이란 전략적으로 배치된 계수 상자를 이용해 워싱턴 주 켄트의 도로 교통 상황을 조사하는 것이었다. 각각의 상자는 도로를 가로지르는 호스에 연결되어 있었고 자동차가 호스 위를 지나갈 때마다 계수 상자에 숫자가 입력되어 종이테이프에 구멍이 뚫리면서 결과가 산출되었다. 당시에는 주로 이런 식으로 데이터를 저장했다. 구멍의 숫자를 헤아려 그 결과를 펀치 카드에 옮겨 적은 뒤 리포트를 작성하여 펀치 카드를 읽는 컴퓨터에 그 데이터를 이송하는 작업이 게이츠는 따분하게만 느껴졌다. 이에 꾀가 난 게이츠는 몇몇 친구들을 고용해 지루한 작업을 맡겼다. 그중에는 졸업한 지 얼마 안 된 폴 알렌이라는 친구도 있었다. 친구들끼리의 협동 작업이 규모가 커지면서 트라프-오-데이터라는 회사로 발전했는데, 본사는 워싱턴 주립 대학에 다니던 알렌의 기숙사 방으로 정했다.

게이츠와 알렌은 국방부 계약 업체인 TRW사로부터 프로그래밍 관련 프로젝트를 수주하는 한편 트라프-오-데이터에서 개발한 컴퓨터 하드웨어와 소프트웨어를 통해 교통량을 효율적으로 조사할 수 있는 시스템을 완성하여 지방 정부에 판매하였다. 고등학교를 졸업한 게이츠는 1973년 하버드대에 진학했다. 그는 1, 2학년 내내 폴 알렌과 함께 또 다시 소프트웨어 개발에 몰두해 마이크로컴퓨터에서 사용할 중요한 프로그래밍 언어인 베이직BASIC을 개발하는 데 성공했다. 이에 게이츠는 더 이상 학교를 다닐 필요가 없다고 판단, 2학년이 되던 1975년 하버드대를 중퇴하고 알렌과 함께 마이크로소프트사를 차렸다.

마이크로소프트는 곧 소기업 성공 사례로 유명세를 타기 시작했다. 빌 게이츠의 인생에서 커다란 전환점이 된 세 가지 결정 중 첫 번째 결정이 바로 이때 내려졌다. 첫 번째 결정은 그의 주요 고객들의 신분과 관련된 것이었다. 게이츠는 이제 막 시장이 형성된 신흥산업인 컴퓨터 업계에서 자신이 어느 정도 영향력 있는 인물이 되었다고 판단했다. 게이츠는 '최종 사용자'인 개별 고객들의 요구를 일일이 충족시키기보다 다수의 신흥 컴퓨터 제조업지들을 주요 고객으로 삼아 자신의 제품을 선보여야겠다고 생각했다. 그는 기존의 프로그래밍 언어인 베이직, 코볼COBOL, 포트란FORTRAN, 파스칼PASCAL 등을 새롭게 변형한 버전을 비롯하여 컴퓨터 운영에 필요한 다양한 소프트웨어를 컴퓨터 제조업체 공급하는, 이른바 주문자 상표에 의한 제품OEM 판매의 선두주자가 되겠다고 결심했다.

게이츠는 자신이 개발한 소프트웨어가 컴퓨터 제조업체에서 개발한 하드웨어와 최적의 호환성을 지닐 수 있도록 그들과 긴밀히 협조하였다. 그는 마이크로소프트와 컴퓨터 제조업체가 서로 돕는 관계에 있다고 역설하면서 앞으로 컴퓨터 산업을 주도할 주체는 소프트웨어가 될 것임을 그들에게 납득시켰다. 게이츠에게는 앞날을 내다보는 혜안이 있었다.

일은 순풍에 돛 단 듯 술술 풀려갔다. 1980년 7월 21일, 상황은 훨씬 더 유리하게 돌아갈 조짐이 보였다. 바로 그날, 게이츠는 IBM 사로부터 한 통의 전화를 받았다. 이후 컴퓨터 공룡 기업 IBM은 빌 게이츠와 회동을 갖고 앞으로 IBM이 설계하고 제조할 모든 컴퓨터에 탑재할 소프트웨어를 마이크로소프트에서 개발해달라고 요청했다. 보통 사람들에게 I-B-M이라는 세 글자는 컴퓨터와 동의어였다. 이는 빌게이츠도 잘 알고 있는 사실이었다. 그리고 게이츠는 언젠가 사무실 책상과 각 가정마다 컴퓨터가 놓이게 될 날이 올 것으로 믿었는데, IBM사도 같은 생각이었다. 하지만 게이츠는 직원이 고작 40명인 자신의 회사가 IBM이라는 골리앗에 견줄 만한 다윗조차 될 수 없다는 사실도 잘 알고 있었다. '빅 블루Big Blue-IBM사의 애칭'와 같은 기업들은 마치 점심 식사처럼 작은 기업을 먹어치우면서도 땀 한 방울 흘리지 않았다. 공룡 기업에 잡아먹힐지도 모른다는 위기뿐만 아니라, 정장 차림으로 해외 출장을 다니는 거대 기업의 경영진과 청바지에 샌들을 선호하는 마이크로소프트의 경영진 사이에는 문화적으로 커다란 간극이 존재했다. 하지만 언제까지나 소규모 기업을 운영하는 데 만족할 게이츠가 아니었다. 위험 요소가 따르기는 하지만 시장을 창출하고, 산업의 틀을 짜고, 세계를 재편할 수 있는 기회가 지금 주어졌다. 게이츠는 그 기회를 붙잡기로 결심했다. 이것이 전환점을 이룬 그의 두 번째 결정이었다.

　IBM과 맺은 첫 번째 거래의 계약서 잉크가 다 마르기도 전에 게이츠는 마이크로소프트의 포트폴리오에 무엇인가 빠져 있음을 직감했다. IBM이 원한 것은 '개인용 컴퓨터PC'라는 이름으로 세상에 선보일 기계와 소프트웨어를 세트로 판매하는 것이었다. 게이츠는 IBM이 소프트웨어를 구입하기 위해 마이크로소프트와 거래를 튼 것에 무척 고무되었지만, 머지않아 IBM과 같은 하드웨어 제조업체에 다양한 소프트웨어를 공급하는 업체들이 우후죽순처럼 일어날 것이라는 생각이 들었다. 그러나 모든 사람들에게 필수적인 소프트웨어가 하나 있었다. 그것은 바로 컴퓨터 하드웨어와 컴퓨터 사용자가 운영하고자 하는 온갖 유용한 프로그램들을 상호 연결해주는 '운영체제'였다. 운영체제는 키보드가 보낸 입력 사항을 인식하고, 모니터에 출력 사항을 띄우고, 파일과 디렉터리를 추적하며, 디스크 드라이브와 프린터 같은 주변기기의 제어를 비롯한 기본적인 과제를 수행하였다. 처음에 IBM은 단순히 마이크로소프트가 다른 회사로부터 허가를 받은 운영체제 재고품을 구입하고 싶다고 했다. 그 운영체제는 '마이크로컴퓨터 제어 프로그램CP/M, Control Program for Microcomputers이라 불렸는데, 컴퓨터 산업이 걸음마 단계에 있을 당시 표준 운영체제로 채택될 가능성이 가장 높은 후보였다. 다만 CP/M의 호환성이 다양하지 않아 당시로는 '표준'이라는 단어가 별 의미가 없기는 했지만 말이다.

　게이츠는 CP/M을 처음으로 만들어낸 디지털 리서치와 기막히게 좋은 조건으로 거래를 체결했다. 이로 인해 마이크로소프트는 보다 다양한 제품을 만들어낼 수 있었다. 하지만 당시의 CP/M은 8비트 마이크로칩으로만 작동이 가능하도록 고안되어 사용 범위가 매우 제한적이었다. 게이츠는 IBM을 설득해 곧 출시될 개인용 컴퓨터에는 한창 연구가 진행 중인 16비트 칩을 장착하도록 했다. 이는 처리 속도나 처리 용량 모두 대폭 강화시킬 수 있는 방법이었다. 그런데 문제는 16비트 칩을 겨냥한 디지털 리서치의 운영체제인 CP/M-86이 아직 기획 단계에 있는 데다 진행 속도 또한 매우 느리다는 것이었다. 그렇다 보니 아직도 개발 중에 있는 CP/M-86에 대한 거래는 제대로 궤도에 오를 수 없었다.

그사이 게이츠와 IBM의 협상은 순조롭게 진행되고 있었지만 디지털 리서치의 CP/M-86 개발 속도가 예상보다 훨씬 느려지자 게이츠는 완전한 파국과 절호의 기회라는 갈림길에 놓이게 되었다. 16비트 운영체제가 완성되지 않으면 마이크로소프트와 IBM의 거래는 물거품이 될 것이고, 그러면 컴퓨터 산업 자체가 좌초되거나 다른 누군가가 나타나 IBM과 제휴하거나 둘 중 하나가 될 터였다.

바로 이때 폴 알렌에게 떠오른 인물이 하나 있었다. 그는 컴퓨터 엔지니어인 팀 패터슨이었다. 당시 패터슨이 운영하는 시애틀 컴퓨터 프로덕트에서 만든 QDOS^{Quick and Dirty Operating System. '날림으로 만든 운영체제'}^{라는 뜻}라는 제품은 어느 정도 지명도가 있었다. 패터슨과 게이츠 사이에 선이 닿으면서 QDOS는 재빨리 16비트 운영체제인 86-DOS로 발전했다. 당시 시애틀 컴퓨터는 자사의 86-DOS 제품과 병용하기 위해 마이크로소프트의 베이직 사용허가를 받고 싶어 했다. 패터슨은 자신의 회사가 베이직을 비롯한 마이크로소프트의 모든 프로그래밍 언어 사용 허가를 얻는 대신 마이크로소프트에게는 86-DOS의 사용 허가권을 넘기겠다고 제안했다. 이제 게이츠는 마침내 IBM에 운영체제를 제공할 수 있게 되었다고 확신하면서 그들과의 협력을 지속할 수 있게 되었다.

게이츠는 단돈 1만 달러를 지불하고 최종 사용자들에게 860-DOS를 무제한으로 판매할 수 있는 비독점적 권한을 확보했다. 그는 또 1만 달러를 지불하고 OEM 고객들에게 86-DOS를 판매할 수 있는 재실시권을 확보했으며, 운영체제의 핵심인 소스코드가 완비된 96-DOS에 대한 재실시권 역시 1만 5천 달러에 손에 넣었다. 게다가 시애틀 컴퓨터사는 운영체제 향상을 위해 애쓸 뿐 아니라 마이크로소프트는 언제든 업그레이드된 운영체제를 사용할 수 있다는 데 합의했다.

마이크로소프트에 절대적으로 유리한 거래임은 분명했다. 이후 마이크로소프트는 IBM과 여타의 고객들을 상대로 재실시권을 행사하면서 대박을 터뜨렸다. 마이크로소프트는 IBM에 어학 소프트웨어에 대한 재실시권을 넘기면서 상당한 돈을 벌었다. 뿐만 아니라 DOS 프로그램 사본 하나당 1달러에서 15달러 사이의 로열티를 받으면서 단순히 DOS라 불리는 운영체제에 대해서는 대략 40만 달러라는 꽤 큰 많은 선수금을 받았다. 게다가 그 계약은 일방적으로 비독점적이었다. 즉 IBM은 제3자에게 DOS와 마이크로소프트의 다른 프로그램에 대한 허가권을 넘기는 것이 금지된 반면 마이크로소프트는 DOS와 자사의 기타 프로그램을 시간과 대상에 구애

받지 않고 판매할 수 있었다.

하지만 거래는 여기서 끝이 아니었다.

IBM과 마이크로소프트 사이의 DOS 계약이 체결되고 나서 몇 개월이 지나 IBM의 PC가 매장에 진열되기도 전에 다른 컴퓨터 제조업체들, 특히 일본 업체들이 마이크로소프트의 DOS에 관심을 보였다. IBM과 맺은 계약 조건 덕분에 게이츠는 거리낌 없이 일본 업체에 DOS 사용 허가권을 줄 수 있었다. 보다 짜릿한 소식은 최대 경쟁업체의 DOS 및 CP/M을 독립적으로 공급하는 주요 업체인 라이프보트 어소시에이츠로부터 제안이 들어온 것이었다. 라이프보트는 CP/M이 아닌 DOS를 자사의 표준 16비트 제품으로 삼을 수 있는 권리를 취득하기 위해 마이크로소프트에 수백만 불을 제공했다.

빌 게이츠는 IBM에 운영체제를 판매하는 것이 IBM의 PC를 궤도에 올리는 수단이 될 것이라고 파악하였다. 그렇게 함으로써 컴퓨터 산업의 미래를 확실히 다지고 자사의 다른 소프트웨어 제품들도 판매할 수 있는 시장을 개척할 수 있다고 생각했다. 운영체제는 더없이 소중했지만 게이츠가 이미 간파했듯이 그것은 어디까지나 목적에 이르는 수단일 뿐이었다. 그런데 여기저기서 DOS 사용 허가권을 달라는 요청이 쇄도하다 보니 게이츠는 운영체제가 목적 그 자체, 곧 컴퓨터 소프트웨어 산업을 쥐락펴락하는 열쇠가 될 수도 있겠다고 생각했다.

문득 여기에 생각이 미친 게이츠는 또 한 번의 중요한 결정을 하기에 이른다. 그와 마이크로소프트의 운영에 커다란 전환점이 된 세 번째 결정이었다. 게이츠는 알렌과 더불어 시애틀 컴퓨터로부터

무조건 DOS를 사들이기로 결심했다. 마이크로소프트의 또 다른 핵심 인물인 스티브 발머는 이렇게 설명한다.

"이렇게 함으로써 DOS가 다른 어느 누구도 손을 댈 수 없는 우리의 소유임을 확실히 하고, 그것을 이용해 우리가 원하는 것은 무엇이든 유연성 있게 시도할 수 있다고 빌은 직감적으로 판단했다."

마침내 마이크로소프트사는 단돈 7만 5천 달러를 지불하고 DOS의 소유권을 완전히 넘겨받았다.

빌 게이츠가 세계 최대 부자 가운데 한 사람이 되었고, 마이크로소프트가 세계에서 가장 영향력 있는 회사 가운데 하나가 된 오늘, 돌아보면 그러한 거래는 네덜란드의 서인도 회사 총독 피터 미누이트가 인디언들에게 단돈 24달러를 주고 맨해튼을 구입한 것과 유사해 보인다. 그러나 1981년 당시 산업계에는 이러한 거래가 지닌 의미를 명확히 깨닫는 사람이 없었다. IBM 스스로 '산업의 표준'이라 일컫는 CP/M의 개발을 포기하고 이처럼 새로운 운영체제를 채책한 것에 대해 일생일대의 실수라고 혹평하는 사람들도 많았다. IBM이 DOS를 인정하면 CP/M은 무용지물이 될 게 뻔했다. 게이츠는 IBM사를 설득해 원래는 Microsoft DOS였지만 지금은 MS-DOS라 불리는 DOS를 채택하게 함으로써 CP/M에 강펀치를 날렸다. 게이츠가 이미 예측한 대로 IBM의 PC가 컴퓨터 시장을 주도하게 되었으며, 바로 그런 IBM의 PC가 MS-DOS로 운영되기 때문에 마이크로소프트에게 매우 유리한 운영체제 시장 또한 형성되었다. 그리고 IBM에 맞서는 여러 신흥 경쟁 업체들이 자사의 제품을 선보일 준비를 하자 게이츠는 그들 모두에게 이런 질문을 던졌다.

"귀사는 별 볼 일 없는 소수가 집착하는 케케묵은 운영체제인 CP/M을 쓰시겠습니까? 아니면 IBM이 승인한 MS-DOS를 쓰시겠습니까?"

대답은 자명했다.

그 대답이 곧 마이크로소프트의 사업을 폭발적으로 확장시키는 촉진제가 되었다. 아울러 MS-DOS가 널리 채택되면서 걸음마 단계에 있던 컴퓨터 산업의 성장을 가로막았던 호환불가의 문제가 해결되었다. 게이츠는 표준 규격의 위력이 막강함을 절감했다.

> 내가 이렇게 말하기는 좀 그렇지만, 어떤 면에서 표준 규격은 자연스럽게 독점으로 이어진다. 그렇게 되면 어떤 이가 특정한 패키지에 대한 자료를 적절히 제공하고, 그 패키지를 적절히 다룰 뿐 아니라 촉진시키기도 한다. 여기에 탄력이 붙으면 사용에 따른 로열티, 명성, 영업 인력, 및 가격 등이 그 제품 안에서 매우 막강한 위치를 구축한다.

한편 '자연스런 독점'이라는 표현은 훗날 1990년대 중반 되살아나 빌 게이츠를 괴롭히게 된다. 마이크로소프트는 반독점법을 위반했다는 혐의로 연방 검찰로부터 기소되어 엄청난 희생과 비용을 치르지만, '자연스런 독점'이라는 표현은 꼭 필요한 기술을 손에 넣고야 말겠다는 빌 게이츠의 결심에서 비롯된 오늘날의 컴퓨터 산업을 가장 잘 묘사해주는 말일 것이다.

브리태니커 백과사전은 "석유 하면 록펠러가 떠오르듯 개인용 컴퓨터 하면 빌 게이츠가 떠오른다"라고 기록하고 있다. 브리태니커가 암시하듯 이러한 사실과 그것을 사실로 만든 결정에 힘입어 게이츠는 현대사회와 문명에서 으뜸가는 역할을 차지하게 되었다.

Profiles
in
Audacity

내일을 위한 결정

희망을 향해 한 걸음

세월이 흐르면서 제가 깨달은 것이 있습니다.
결단을 내리면 두려움은 사라진다는 사실입니다.
어떤 행동을 취해야 할지 알고 나면 두려움은 없어지는 법이지요.

—로사 팍스와 시민권 운동—

*Profiles
in
Audacity*

조 지 프   추 장 과   전 쟁 의   끝

뼈아픈 항복

우리 아이들이 대체 어디에 있는지 수소문해야겠소.
어쩌면 널브러져 있는 시체 가운데서 그 아이들을 찾게 될지도 모르겠소.
나는 이제 지쳤고, 내 마음은 비탄에 잠겨 있소.
지금 이 시간부터 나는 더 이상 투쟁하지 않을 것이오.
죽을 때까지 말이오.

Chief Joseph

　1943년 1월 16일, 콜럼버스는 최초의 신대륙 항해를 끝내고 자신이 히스파뇰라라고 이름 붙였던 카리브해 섬을 떠나 스페인 귀국길에 올랐다. 그는 서른아홉 명으로 구성된 주둔군을 뒤에 남겨두었다. 콜럼버스가 출항하자 주둔병들은 이때다 싶어 그 원주민 여성들을 성폭행하고, 식량과 온갖 물건을 약탈했다. 원주민들은 주둔병 대다수가 잠에 곯아 떨어져 있는 사이 모조리 살해함으로써 이에 앙갚음했다.

　이 전투는 그 뒤로 4백 년 동안 백인과 원주민들이 치르게 될 무수한 전투의 서막이었다. 그 숱한 전투 가운데 1877년 미국 북서부

조지프 추장 | 293

지방의 네즈퍼스 족 일부와 미 육군 병사들의 전투가 있었다.

네즈퍼스 족은 지금의 오리건 주 왈로와 계곡과 그 주변에 흩어져 살고 있었다. 1863년 서부에서 금광이 발견되었다는 소식을 듣고 사람들이 우르르 몰려들자 미국 정부는 네즈퍼스 족의 보호 거주지에서 금광을 분리시키기 위해 그들과 맺은 기존의 조약을 서둘러 갱신했다. 새로 바뀐 경계선 안에 집이 있던 원주민들은 새 조약에 서명했고 제외된 땅을 정부에 팔기로 합의했다. 그러나 수정된 조약으로 인해 삶의 터전을 빼앗긴 원주민들은 서명을 거부했다. 정부가 '조약에 서명하지 않은 원주민들'이라고 이름 붙인 이들 가운데 가장 눈에 띄는 인물이 조지프 추장이었다. 나이가 지긋한 그는 부족들의 존경을 한 몸에 받고 있었다. 서명을 거부한 그는 새로운 조약으로 인해 재산을 빼앗길 처지가 된 왈로와 계곡의 부족들을 선동해 정부의 방침에 항의하게 했다.

사람들이 광산을 채굴하던 몇 년간 별 다른 일은 없었다. 그리고 조지프 추장이 세상을 떠나고 2년 뒤인 1873년, 율리시스 그랜트 대통령은 왈로와 계곡의 일부를 합법적인 보호 거주지로 별도 관리한다고 선언했다. 하지만 그 직후 워싱턴 주와 오리건 주에 정착하는 사람들이 점차 늘어나자 그 지역의 이해관계가 얽히면서 그랜트 정부는 왈로와 지역을 백인 정착민들에게 다시 개방하라는 압력을 받았다. 이리하여 네즈퍼스 족은 또다시 계곡을 떠나라는 명령을 받기에 이르렀다. 아버지가 세상을 떠난 뒤 대를 이어 추장이 된 어린 조지프는 아버지가 그랬듯이 논쟁에 휘말린 그 땅을 떠나지 않기로 결심했다. 1877년 5월, 북서부를 책임지는 군 지휘자 올리버 하워드는 조지프와 그 부족민들에게 한 달 안에 보호 거주지로 이주하지 않으면 강제 추방하겠다고 으름장을 놓았다.

조지프는 자부심이 강하고 도전적이었지만 전쟁에 능한 추장은 아니었다. 그는 미국 군대를 상대로 무장 투쟁을 벌여봤자 궁극적으로는 헛수고로 돌아갈 것임을 알고 있었다. 조지프 추장은 할 수 없이 부족민들을 이끌고 왈로와 계곡을 떠나 보호 거주지로 발걸음을 옮겼다. 그러나 길을 가던 중 분노와 충동을 억제하지 못한 일단의 젊은 전사들이 원주민들을 학대하는 것으로 악명 높았던 네 명의 백인을 살해했다. 조지프와 그의 동생 올리콧은 이에 소스라치게 놀랐다. 하지만 당시로서는 백인 당국에 도움을 청하고 살인 행위는 부족회의에서 승인한 것이 아님을 그들에게 설명하는 것이 최선의 방책이라면서 부족민들의 이해를 구했다. 그러나 조약에 완고하기 이를 데 없는 일단의 부족민들이 갑자기 화를 벌컥 내더니 새먼 강을 향해 남쪽으로 냅다 뛰어갔다. 강에 도착한 그들은 정착민 열다섯 명을 살해했다.

하워드는 네즈퍼스 살인자들이 새먼 강을 건너 산에 이르기 전에 그들의 진로를 차단하기 위해 데이비드 페리 대위의 지휘 하에 기병대원 백 명을 보냈다. 6월 17일 동이 틀 무렵, 무리한 행군으로 파김치가 된 페리의 병사들이 화이트 버드 협곡에 다다랐다. 조지프는 평화회담을 제의하기 위해 휴전의 백기를 든 사절단을 협곡으로 보냈다. 이 무렵 일단의 민간인들이 페리 부대에 자원입대했는데, 조지프의 사절단과 처음으로 맞닥뜨린 사람은 공교롭게도 훈련이라고는 받아본 적이 없는 이들이었다. 그들은 사절단의 백기는 아랑곳하지 않은 채 총을 발사했고 사절단도 이에 질세라 응수했다. 네즈퍼스 족은 노련한 사냥꾼이자 뛰어난 사격수들이었다. 그들은 페리 기병대의 전방과 측면을 향해 총을 쏴 서른세 명의 병사들과 한 명의 장교를 사살했다. 기병대는 쓰라린 패배를 맛보았다.

네즈퍼스의 전쟁은 여기서 끝나지 않았다.

6월 22일, 하워드는 대략 400명의 병사들을 동원해 화이트 버드 협곡을 봉쇄했다. 지역 주민들은 클리어워터의 분기分岐 근처에 있는 네즈퍼스 족의 한 추장인 룩킹 글래스가 마을사람들을 규합해 조지프 추장의 무리에 합류할 계획을 세웠다고 하워드에게 알렸다. 이에 따라 하워드는 스티븐 휘플 대위에게 그 지역에서 자원한 일단의 민간인들과 더불어 기병 2개 중대와 개틀링 기관총 2정을 딸려 보내며 룩킹 글래스를 기습 공격하도록 지시했다. 그러나 휘플은 곧 룩킹 글래스가 전투를 벌일 생각이 없다는 것을 곧 눈치 챘다. 그래서 그는 추장과 허심탄회하게 대화를 나누어야겠다고 생각했다. 하지만 민간인 자원자들이 싸움을 벌여야 한다고 소란스럽게 주장했다. 7월 1일, 쌍방 간에 피 튀기는 싸움이 전개되면서 룩킹 글래스는 전사들의 캠프로 내몰렸다. 그와 그의 추종자들은 7월 9일과 10일 사이에 백인들이 마운트 미저리라고 일컫은 곳에서 자원자 세력을 포위 공격했다. 클리어워터 전투는 이틀 동안 지속되었다. 하워드의 병사들은 원주민들을 들판에서 내몰았지만 이미 녹초가 된 병사들은 그들을 추격하지는 않았다.

네즈퍼스 족과 미 육군이 또다시 맞닥뜨리게 된 것은 8월 9일 빅 호울 강가에서였다. 기습 공격을 받은 룩킹 글래스는 서둘러 전사들을 규합해 두 명의 기병장교, 스물두 명의 병사, 그리고 여섯 명의 민간인들 살해했다. 그 외에도 많은 병사들이 부상을 입었다. 병사들은 절뚝거리며 후퇴했고 의기양양해진 네즈퍼스 족은 여세를 몰아 황급히 말을 타고 시골길을 지나면서 열 명의 정착민을 살해하고, 250필의 말을 빼앗았으며, 포장마차 대열을 급습했다. 그런 후에 새로 단장된 옐로스톤 국립공원으로 들어가 관광객들을 공포의 도가니로 몰아넣었다. 하워드가 새뮤얼 D. 스터지스 대령이 지휘하는 제7기병대를 이끌고 추격했지만 허사였다.

8월 19일에 또다시 작은 충돌이 있었고, 9월 13일에는 보다 큰 규모의 전투가 치러졌다. 여기서 밀린 네즈퍼스 족은 크로 족에게 가서 피신하려 했지만 크로 족 정찰병들이 하워드 편을 들고 있다는 사실을 알았다. 결국 룩킹 글래스와 조지프 추장은 국경을 지나 캐나다로 도망치는 것이 현명한 선택이라고 판단했다. 그곳에서 망명 생활을 해온 시팅 불스와 그의 추종자들과 합류할 수 있을 터였다.

캐나다 국경에서 남쪽으로 약 40마일 떨어진, 몬태나 주의 베어 포 마운틴의 북쪽 끝자락에서 800명가량의 남자, 여자 및 아이들로 구성된 집단과 합류한 룩킹 글래스와 조지프 추장의 추종자들은 잠시 멈춰 휴식을 취했다. 그러고 나서 다시 한 번 접전이 이어졌고, 그로부터 석 달 가량 북미 대륙 중 지세가 가장 험난한 지역을 1,700마일이나 이동했다.

대략 400명에 이르는 병사들을 이끈 넬슨 마일즈 대령이 그들의 위치를 파악하고 공격을 감행한 것은 9월 30일이었다. 베어 포 마운틴 전투는 살을 에는 듯한 폭풍우 속에서 6일 가량 지속되었다.

첫 공격이 시작되자 네즈퍼스 족은 얼떨떨했다. 그들은 서둘러 참호를 팠으며 일부는 양쪽을 깎아지른 듯한 협곡으로 피신하거나 북쪽으로 내빼기도 했다. 총구가 불길을 뿜자 조랑말들이 깜짝 놀라 우르르 도망쳤다. 조지프는 가까스로 말 한 필을 붙잡아 자신의 딸을 태워 그곳을 빠져나가게 했다. 아울러 몇 사람 더 딸려 보냈다. 그는 이제 가족과 떨어진 처지가 되었다.

지금쯤 병사들에 둘러싸여 있을 아내와 자식들 생각이 났다. 그들에게로 가든지 죽든지 해야겠다.

우주를 다스리시는 주신主神께 읊조리듯 기도하면서 나는 병사들을 헤치고 잽싸게 빠져나갔다. 총구가 사방에서 나를 겨냥하는 것처럼 보였다. 옷은 갈기갈기 찢어졌고 말은 부상을 입었지만 나는 다치지 않았다. 내 오두막집 문에 이르렀을 때 아내가 내게 총을 건넸다.

"여보, 총 여기 있어요. 가서 싸우세요!"

원주민들과 병사들은 엎드리면 코 닿을 만큼 가까운 거리에서 전투를 벌였고, 조지프와 그의 부족민들은 가까스로 병사들을 쫓아냈다. 그들 앞에는 병사들의 시체가 즐비했다. 네즈퍼스 족은 그들이 쓰던 무기와 탄약을 수거했다.

그 다음 며칠 간 치른 전투는 병사들에게도 힘겨웠지만 네즈퍼스 족에게는 재앙과도 같았다. 조지프의 동생 올리콧이 살해되었고, 이름을 날리던 전사 추장들인 클라우스의 파일, 투훌훌조트, 및 하탈레킨도 비명에 갔다. 원주민들이 타고 다니던 대다수의 조랑말들이 희생되는 비극도 이에 못지않았다. 조랑말이 없으면 원주민들은 캐나다로 갈 수 없었다.

이제 네즈퍼스 족에게 남은 단 하나의 희망은 시팅 불스의 수족이 캐나다 국경을 넘어 그들을 도우러 오는 것이었다. 며칠 동안 활기차게 전투에 임할 수 있었던 것은 바로 이 같은 소망 때문이었다. 원주민들뿐 아니라 병사들에게도 무척 고된 날들이 이어졌다. 그러나 한 가지 큰 차이가 있었다. 최전선에 배치된 병사들은 이따금씩 후방으로 돌아와 시설이 훌륭한 막사에서 편안히 휴식을 취할 수 있었다. 하지만 네즈퍼스 족은 백합과의 식물 카마시아를 이용해 만든 갈고리와 도살용 칼을 이용해 도랑을 파는 것 외에는 달리 할 일이 없었다.

우리는 납작한 냄비로 도랑의 오물들을 위로 퍼냈다. 나는 3일째 굶고 있었다. 아이들은 기아와 추위로 엉엉 울었고, 노인들은 조용히 고통을 감내하고 있었다. 모든 것이 비참했다. 사방은 온통 추위와 습기뿐이었다. 가까스로 선잠을 자거나, 도랑의 구덩이에 앉거나, 더러운 벽의 이쪽저쪽에 몸을 기댔다.

올리콧의 미망인은 당시 상황을 이렇게 묘사했다.

날이 갈수록 전투의 양상이 바뀌었다. 전사 옐로 울프는 셋째 날 아침을 이렇게 회상했다.

사방에서 총탄이 날아들었다. 대포는 연신 포탄을 쏟아냈다. 폭풍우가 거세게 몰아치면서 눈발까지 휘날렸다. 화약 냄새가 코를 찔렀다. 포탄이 발사될 때마다 섬광이 번득였다. 숨어 있던 태양이 위로 모습을 드러냈지만 전투는 조금도 수그러들지 않았다. 들소 가죽으로 만든 옷 위에 드러누워 있던 나이 어린 부상병 하나가 한마디 불평 없이 죽어가고 있었다. 아이들은 살을 에는 듯한 추위에 엉엉 울기만 했다. 무엇으로 몸을 따뜻하게 할 수 있을까? 불빛도 없다. 사방을 둘러봐도 죽음의 통곡 소리뿐이었다. 우리는 밤새도록 구덩이에 처박혀 있었다. 기온이 점점 더 떨어졌다. 눈발이 휘날리고 있었다. 이러다가 죽는 게 아닌가 하는 공포가 밀려왔다.

전투 개시 넷째 날인 10월 3일, 저 멀리서 원주민이 우리를 구하러 오는 것 같다고 누군가가 말했다. 순간 희망의 기운이 감돌았다. 시팅 불스 족의 전사들일까? 룩킹 글래스 추장은 그 말을 듣고 빌어먹을 협곡의 구덩이에서 몸을 일으켰다. 그 순간 탄환이 이마를 관통했고 그는 그 자리에서 쓰러졌다. 눈 깜짝할 새의 일이었다. 느닷없이 끔찍한 일격을 당한 것이다. 룩킹 글래스는 미국 병사들과 싸우다가 전사한 네즈퍼스의 다섯 번째 추장이 되었다. 추장들이 하나둘씩 쓰러지면서 부족의 전통, 유산, 그리고 리더십 또한 함께 사라져갔다. 수족이 네즈퍼스를 구하러 말을 타고 온 게 아니었음이 이제 분명해졌다. 구원을 학수고대하던 사람들의 눈에 말 탄 전사들처럼 보였던 것은 떼 지어 지나가던 들소들이었다.

비참하고 따분한 상황이었다. 게다가 터널 끝이 보이지 않았다. 아직 살아 있는 추장이라곤 달랑 화이트 버드와 조지프뿐이었다.

그들은 다짐하고 또 다짐했다. 죽는 한이 있어도 백인들에게 무릎 꿇지 말자고.

네즈퍼스의 부족 체제는 어느 특정 추장이 내리는 결정에 따라 부족민 전체가 속박되는 것을 금하고 있었다. 화이트 버드와 조지 프 추장은 각각 자기 식대로 행동할 수 있었다. 조지프는 자신이 전 투에 능한 추장이 아니라 부족민들을 지켜주는 사람이라고 여겼기 에, 어떻게 하면 그들로 하여금 명예롭게 무릎을 꿇게 할 수 있을 까 고심했다. 부상당한 노파들과 아이들을 뒤에 내팽겨 둔 채 베어 포 마운틴에서 탈출할 수도 있었지만 부족민의 보호자를 자처하는 그로서는 상상조차 할 수 없는 일이었다. 부상을 입은 원주민이 백 인의 도움으로 회복되었다는 얘기는 단 한 번도 들은 적이 없었기 때문이다. 10월 4일, 조지프와 화이트 버드는 각자 알아서 적절하 게 처신하기로 공식 합의했다. 화이트 버드는 "조지프가 하는 일은 온당하다. 그것에 대해 이러쿵저러쿵할 생각이 없다"고 단언했다.

10월 5일, 마일즈 대령의 캠프에 도착한 하워드 장군은 두 명의 네즈퍼스 정찰병인 캡틴 존과 올드 조지 대위를 고용해 휴전의 백 기를 들게 하고 조지프와 화이트 버드에게 보냈다.

캡틴 존이 큰 소리로 외쳤다.

"친애하는 형제들이여, 여러분이 아직 생존해 있으니 얼마나 다 행인지 모르겠소! 더 이상 전쟁을 원치 않고, 싸울 생각도 없다고 하 니 기쁘기만 하오. 피차 얼마나 다행스러운 일이오?"

올드 조지도 가만히 있지 않았다.

"우리는 고향을 떠나 멀리 이곳까지 왔소. 여러분도 알다시피,

많은 병사들이 죽어 나란히 누워 있소. 우리 동족들도 마찬가지라오. 이제 여러분과 악수하게 되어 기쁘기 그지없소. 우리가 다 정신이 돈 게 아니오. 우리 모두는 조지프 추장과 부족민들 생각뿐이라오. 여러분의 자녀들과 친척들이 시체가 되어 널브러져 있는 것을 모르는바 아니오. 아무튼 오늘 이렇게 악수하게 되어 기쁘다오."

적군을 맞이하는 방식치고는 예의까지 갖춘 셈이다. 조지프와 화이트 버드는 두 명의 정찰병을 캠프로 안내했다.

캡틴 존과 올드 조지는 하워드 장군이 추장들과 나머지 네즈퍼스 부족민들을 해치지 않을 것이며, 그들을 정중히 대하고, 그들에게서 빼앗은 말과 무기를 되돌려주고, 또한 안락한 보호 거주지로 보내줄 것임을 약속했다. 귀가 솔깃한 제안이 아닐 수 없었다. 조지프는 달리 희망이 없다고 생각했다. 하지만 몇몇 사람들은 하워드의 제안에 속아 넘어가 백기를 들면 교수형이나 총살형에 처하게 될 것이 뻔하다고 말했다.

두 명의 정찰병이 떠나자 이 문제를 놓고 갑론을박이 계속 이어졌다. 잠시 후 다시 돌아온 정찰병들은 장군들의 인내심이 한계를 보이고 있다고 경고했다. 조지프는 한 걸음도 물러서지 않았다.

"우리는 이 문제를 토의에 붙일 것이오. 그런 다음에 결정을 내립시다!"

일이 이렇게 되자 두 명의 정찰병들은 전략을 바꿨다.

"우리 장군들께서는 여러분들에게 '더 이상 전쟁은 없을 것이다!'라고 이르도록 말씀하셨습니다."

이 메시지는 조지프가 바라던 돌파구를 마련해주었다. 장군들은 더 이상 전쟁을 하지 않을 것이다. 포기한다는 인상을 주지 않고서도 전투를 끝낼 수 있는 기회가 마침내 찾아온 것이다.

조지프는 화이트 버드와 주위의 전사들을 향해 이렇게 말했다.

"알다시피, 내가 '항복합시다'라고 말하지 않은 것은 분명하지 않소. 그건 부인할 수 없는 사실이오! 난 말이오, '항복합시다'라고 말한 적이 없소."

옐로 울프는 훗날, 사람들이 조지프의 말을 듣고 더 이상 싸우지 말아야겠다는 생각을 했다고 말했다. 그들은 한 목소리로 "그렇습니다. 우리는 추장님을 믿습니다. 우리는 생포된 것이 아닙니다"라고 말했다. "그건 비긴 싸움이오"라며 옐로 울프도 가세했다.

하지만 화이트 버드는 물러서지 않았다. 그는 항복할 생각이 없었다. 그날 밤 늦게, 그는 심경의 변화가 일어나 항복하지 않기로 마음먹은 옐로 울프와 함께 몰래 빠져나와 캐나다로 내뺐다. 거기서 그들은 시팅 불스의 캠프에 합류했다. 조지프는 부상당한 전사들뿐 아니라 뱃속에서 꼬르륵 소리가 나는 여자들과 아이들을 어떻게든 먹여 살려야 한다고 생각하니 어깨가 무거웠다.

"그들을 위해서라면 내가 항복하는 수밖에 없을 것이다."

그는 혼자서 중얼거렸다.

항복하면 독립국가로서의 네즈퍼스는 역사 속으로 사라지게 될 것임을 조지프가 모를 리 없었다. 그는 이 점을 자신의 추종자들에게 이야기했고, 그들에게 약속된 보호 거주지는 낙원에 버금간다는 말도 빼놓지 않았다. 지금 상황이라면 굶주림에 허덕이고 추위에 벌벌 떨다가 조용히 눈을 감을 수밖에 없었다. 지금이야말로 전쟁을 끝낼 적기라고 조지프는 판단했다.

조지프는 하워드와 마일즈 앞에 모습을 드러냈다. 그는 말에서 내리면서 안장주머니에 있던 총을 꺼내 하워드에게 건넸다. 하워드는 마일즈 대령에게 그것을 받으라고 눈짓을 보냈다. 조지프가 입을 열었다.

하워드 장군에게 이르시오. 그분의 심정이 어떨지 내가 이해하고도 남음이 있다고. 그분이 전에 내게 하신 말씀을 나는 가슴 깊이 간직하고 있소. 난 이제 싸우는 일에 진력이 났소. 우리 추장들은 전사했소. 룩킹 글래스도, 투훌훌조트도 그렇소. 노인네들도 모조리 세상을 떠났소. 이제 좋다, 나쁘다를 말할 수 있는 것은 젊은이들뿐이오. 젊은이들의 정신적 지주였던 올리콧도 세상을 떠났소. 추위는 기승을 부리는데 우리에겐 덮을 담요가 없소. 어린 아이들은 얼어 죽고 있다오. 우리 부족민들 중 몇몇은 산으로 도망쳤지만 그곳도 담요나 먹을 것이 없기는 매일반이오. 이제는 그들의 행방조차 묘연하오. 모르긴 해도 추위에 떨다가 죽었을 테지요. 내게 시간을 좀 주시오. 우리 아이들이 대체 어디에 있는지 수소문해야겠소. 어쩌면 널브러져 있는 시체 가운데서 그 아이들을 찾게 될지도 모르겠소. 사랑하는 추장들이여, 내 말 좀 들으시오. 나는 이제 지쳤고, 내 마음은 비탄에 잠겨 있소. 지금 이 시간부터 나는 더 이상 투쟁하지 않을 것이오. 죽을 때까지 말이오.

하워드 장군은 용기가 무엇인지, 패배가 무엇인지를 누구보다도 잘 아는 사람이었다. 그는 조지프의 연설에 감동받은 것이 분명했다.

"당신은 이렇게 살아 있소. 나도 이렇게 살아 있고. 난 형제들을 잃었다오. 당신들 가운데 형제를 잃은 사람들이 많을 것이오. 어쩌면 우리 쪽보다 더 많을지도 모르오. 자세히는 모르겠소. 더 이상 걱정하지 않았으면 좋겠소."

옆에 있던 마일즈 대령이 한 마디 거들었다.

"더 이상 피 흘리는 싸움은 없을 것입니다. 이 시간부터 여러분과 우리는 화목하게 지내게 될 것입니다."

조지프는 가망 없는 전쟁에 종지부를 찍겠다는 뼈아픈 결정을 내렸다. 하워드와 마일즈가 최대한 협조하겠다고 약속했고 조지프와 그의 부족민들 다수는 왈로와 보호 거주지가 아닌 캔자스 동부 지역으로, 그 후에는 인디언 테리토리^{지금의 오클라호마}주로 이송되었고 그곳에서 장수했다. 환경과 분위기가 바뀌자 병을 앓거나 죽는 사람들도 생겨났다. 조지프는 하워드와 마일즈의 주선으로 1879년 러더포드 헤이스 대통령을 접견했다. 하지만 1885년이 되어서야 비로소 그들은 퍼시픽 노스웨스트로 돌아갈 수 있었다. 조지프를 비롯한 생존자들 중 절반이 워싱턴 북부의 비非네즈퍼스 콜빌 보호 거주지로 거처를 옮긴 반면 다른 부족민들은 아이다호와 왈로와 계곡에 정착했다. 조지프는 1904년에 생을 마감했다.

앤드류 카네기와 부富의 복음

위대한 유산

공공의 유익을 위해 자신의 재산을 흔쾌히 나누는 것은
일시적인 부의 불공평한 분배라는 독을
치유하는 진정한 해독제 역할을 하며
부자와 빈자 사이의 막힌 담을 무너뜨린다.

Andrew Carnegie

미국 기업 역사상 앤드루 카네기만큼 두드러진 인물은 찾아보기 어려울 것이다. 그는 1835년 스코틀랜드에서 태어났다. 모든 것이 궁핍하기만 한 시절이었다. 수직기手織機 직공이었던 아버지는 누구도 갖지 못한 기술을 보유하고 있었다. 하지만 앤드루가 아직 어렸을 때 고향인 던펌라인에 기계 직기가 도입되고 경제가 극심한 불황에 빠지면서 아버지는 졸지에 실업자 신세가 됐다. 살기 위해 발버둥 치던 카네기 일가는 1848년 미국 이민 길에 올라 펜실베이니아 주 앨리게니지금의 피츠버그의 일부의 스코틀랜드 마을에 둥지를 틀었다. 앤드루는 열두 살이 되면서 당시 그 또래 아이들이 흔히 그랬듯 면화 공장에서 얼레 감는 일을 시작했다. 하지만 그는 여느 아이들과 달리 지칠 줄 모르는 열정이 있었다. 어린 카네기는 얼레나 돌리다 세상을 떠나지는 않겠다고 결심했다. 하루 열두 시간씩의 고된 일을 마친 후에도 앤드루는 무섭게 책을 파고들었고 야간학교에 등록하기도 했다.

공장에서 1년을 보낸 카네기는 기술 진보가 급속히 이루어지는 분야의 미래가 더 밝다고 판단, 전신국에 사환으로 들어갔다. 전신국에서 최고의 사환이 되겠다는 목표를 세운 카네기가 탁월한 능력을 발휘하자 펜실베이니아 철도국장 토머스 스콧이 그를 눈여겨보았다. 1853년 스콧은 카네기를 자신의 개인 비서 겸 전신기사로 승진시켰다. 그래봤자 여전히 별 볼일 없는 자리였지만 카네기는 권력과 권한의 중심부에 한 걸음 다가간 셈이었다. 마침내 그는 스콧의 뒤를 이어 펜실베이니아 철도국장이 되었다.

카네기는 봉급을 두둑하게 받았지만 단순히 부자가 되는 것에 만족하지 않고 더 큰 야망을 품었다. 이에 따라 그는 살림을 빠듯하게 꾸려나갔고 남은 돈을 특허를 소지하고 있던 우드러프 침대차 회사에 투자했다. 그런 뒤 펜실베이니아 철도국장이라는 자신의 지위를 이용해 미국 철로 위를 달리는 실용적인 침대차를 최초로 선보였다. 그의 시도는 선풍적인 인기를 끌었고 펜실베이니아 철도 전 구간 뿐 아니라 다른 주에서도 앞 다투어 침대차를 도입했다. 카네기는 투자액을 늘리면서 거기서 얻은 수익금으로 자신의 회사와 관련이 있는 분야의 회사로 투자를 확대했다. 서른 살 무렵에는 연간 5만 달러 이상의 투자 수익을 올렸다. 소득세가 도입되기 이전이고 당시 미국 근로자들의 평균 일급이 1달러 남짓했음을 감안한다면 엄청난 액수였다.

카네기는 영국으로 투자 관련 여행을 하던 중 철강 산업에 눈을 뜨게 되었다. 그는 19세기가 막을 내리기 전에 철강이 국가의 미래를 좌우할 핵심자원이 될 것으로 내다보았다. 이에 따라 카네기는 미래 문명의 핵심이라고 생각되는 바로 그 분야에 투자하기로 마음을 굳혔다. 그는 1865년 펜실베이니아 철도국에 과감히 사표를 던지고 자신이 대주주로 있던 키스톤 브리지 컴퍼니의 경영을 맡았다. 이를 계기로 카네기는 1870년대 초반 피츠버그 근교에 훗날 카네기 스틸 컴퍼니가 될, J. 에드거 톰슨 스틸 웍스를 설립하면서 서서히 철강 산업으로 진출할 수 있는 기반을 다졌다.

자신이 미래를 구축할 자원을 창출하고 있다고 여긴 카네기는 자신의 철강 회사에서 최신식 공법을 사용해 철강을 제조해야겠다고 결심했다. 그는 주철鑄鐵에서 철강을 대량 생산할 수 있는 베세머 제강법을 영국에서 도입했다. 당시로서는 최신 공법이었다. 뿐만 아니라 자신이 직접 제반 비용을 관리하고 통제함으로써 최대의 효율을 기할 수 있는 혁신적인 경영 기법을 다수 활용했다. 어떠한 특정 기술에 얽매이는 것을 싫어했던 카네기는 가히 혁명적이라 할 평로平爐의 효율성이 입증되자 1890년대 중반 주저하지 않고 그 기술을 도입했다. 그는 또한 철강 제조에 필요한 원료를 원활히 조달하기 위해 코크스 매장 지대와 철광석 광상의 소유권을 취득함으로써 보다 큰 규모의 수직적 통합을 실현하고자 했다. 그는 여기서 그치지 않고 원자재를 공장으로 수송하는 선박 및 철도 회사의 주식을 사들여 영향력을 행사했다. 1890년이 되었을 때 미국의 철강 생산은 영국을 능가했다. 이는 전적으로 카네기의 공이었다.

아버지가 노동운동에 전념하는 것을 보고 자란 카네기는 노동자와 노동조합의 권리를 위해 죽을 때까지 지원을 아끼지 않겠다고 공언했다. 카네기는 많은 사람들이 악덕 기업가들이 판치는 시대라고 비아냥거리던 그 시절 마음만 먹으면 산업을 좌지우지하는 여느 거물들처럼 냉혈한이 될 수도 있었다. 하지만 그는 권력과 부를 거머쥘 대로 거머쥐었음에도 남다른 면모를 보여주었다.

엄청난 소유 주권株券을 카네기 스틸 컴퍼니에 합병해 미국 철강 산업의 최강자로 떠오른 1889년, 그는 《노스 아메리칸 리뷰》 6월호에 주목할 만한 글을 실었다. 자신이 놀랄 만한 결정을 내리기까지의 과정을 소상히 밝힌 이 글의 제목은 싱겁게도 '부富'였다.

"이 시대의 당면 과제는 부를 적절히 관리해 부자나 빈자 모두 형제애라는 끈끈한 정으로 화목한 관계를 이루도록 하는 데 있다."

이 첫 문장을 보면 카네기가 앞으로 어떤 일을 하면서 여생을 보낼 것인지 가늠할 수 있다. 그것은 부를 축적하겠다는 결정일 뿐 아니라, "형제애라는 끈끈한 정"을 아낌없이 나눔으로써 보다 나은 사회를 만들 요량으로 부를 관리하겠다는 결정이기도 했다. 즉 이타적으로 살겠다는 선택이었다.

카네기는 문명의 진보가 이루어지면서 없는 자들과 있는 자들 사이의 격차가 점차적으로 벌어질 수밖에 없었던 이유를 설명했다.

예전에는 사람들의 신분에 따라 재산, 의복, 음식 및 주거환경이 달라지는 경우가 별로 없었다. 인디언들이 오늘날 사는 모습은 문명인들이 예전에 살았던 모습과 비슷하다. 한 번은 인디언 수족을 방문했는데 사람들이 나를 추장의 오두막으로 안내했다. 겉모습은 여느 오두막과 별 차이가 없었고, 내부 역시 그 마을에서 가장 가난한 용사들이 사는 오두막의 내부와 쉽게 구분이 되지 않았다. 오늘날 백만장자들이 사는 으리으리한 저택과 우리 주변의 가난한 노동자들이 사는 판잣집 사이의 극명한 대조는 문명이 진보하면서 변화가 일어났음을 보여준다.

마르크스나 엥겔스와는 달리 카네기는 이 같은 역사적 변화를 개탄하기보다는 더없이 유익한 것으로 받아들였다. 어떤 이들의 저택이 문학과 예술의 측면에서 더없이 고상하고, 더없이 아름다워야 한다는 것은 그런 저택이 하나도 없는 것보다 오히려 인류의 진보를 위해 바람직하며, 아니, 꼭 필요한 일이라고 생각했다. 그것은 문명의 고급화를 위해서도 그렇다. 너나 할 것 없이 꾀죄죄하게 사는 것보다는 이처럼 격차가 크게 벌어지는 편이 백번 낫다고 보았다. 카네기는 '좋았던 그 시절'이란 실상과 다르며, 또한 주인이나 하인이나 처지가 좋지 않기는 지금이나 예전이나 매일반이라고 믿었다. 그 시절로 돌아간다면 두 부류의 사람 모두 비참해질 것이며, 그렇게 되면 문명은 자취도 없이 사라질 것이라고 생각했다. 카네기는 어쩌면 이 모든 것이 사회적 불평등을 합리화하고자 하는 수단일지도 모른다고 말하는 사람들과 논쟁을 벌이지는 않았다. 오히려 그는 이렇게 말을 이었다.

변화가 바람직하든 그렇지 않든, 우리의 변화 능력을 뛰어넘어 그러한 변화를 수용하고 최대한 활용하는 것은 우리에게 주어진 몫이다. 사회적 불균형을 최대한 활용하기 위해서는 무엇이 필요했나? 부유한 사람은 자신의 재산을 어떻게 처분해야 하는지를 알고, 또 그에 따른 결정을 내린다. 그 부자가 내릴 수 있는 선택은 세 가지 뿐이다. 세상을 떠난 후 가족에게 물려주거나, 죽은 후 공공의 목적을 위해 사회에 환원하거나, 아니면 살아 있는 동안 관리하는 것이다.

한편 가족에게 재산을 상속하는 첫 번째 대안에 대해 카네기는 "자식에게 왜 엄청난 재산을 물려주어야 하는가?"라는 질문을 던졌다.

재산상속이 곧 자식 사랑이라면 그건 잘못된 사랑이 아닐까? 경험에 비추어 보건대, 아이들에게 그처럼 엄청난 부담을 안긴다면 그것은 썩 바람직한 일이 아니다. 나라를 위해서도 그리 좋은 것이 아니다. 사람들이 아내와 자식들에게 선뜻 적절한 액수의 수입원과 적절한 액수의 용돈보다 더 많이 주지 못하는 것은 조금도 이상하지 않다. 떼돈을 물려받은 자식들이 잘되기보다는 패가망신하는 경우가 더 많다는 것은 더 이상 의심의 여지가 없기 때문이다. 진정으로 가족을 위하고 나라를 위하고자 한다면 재산상속과 같은 방식으로 돈 관리를 해서는 안 된다고 현명한 사람들은 주저 없이 결론내릴 것이다.

실제로 카네기는 국가가 사회의 유익을 위해 개인이 사후에 남긴 재산 중 일부에 대해 보상을 요구하는 수단인 상속세를 지지했다. 그는 사후에 재산을 사회에 돌려주는 두 번째 대안에 대해, "죽은 다음에야 비로소 자신의 선행이 세상에 큰 유익을 끼치더라도 이에 만족한다면 이것은 재산을 처분하는 유일한 수단이 될 수 있다"는 결론을 내렸다. 나아가 힘 있는 사람이 죽으면 그것으로 끝이다. 그가 남긴 재산은 그의 손을 떠나 다른 사람들에게 위임된다.

이제 마지막으로 살펴볼 대안은 공공의 유익을 위해 자신의 재산을 흔쾌히 나누는 것이다. 이는 카네기의 말대로 "일시적인 부의 불공정한 분배라는 독을 치유하는 진정한 해독제 역할을 하며 부자와 빈자 사이의 막힌 담을 무너뜨린다. 비로소 상생이 이루어진다." 부를 이런 방식으로 재분배하겠다는 결정은 "현대인의 도도하기 이를 데 없는 개인주의를 토대로 구축된다. 그러한 결정이 구체화될 때 가장 좋은 의미에서 소수가 지닌 잉여 재물이 공공선을 위해 관리되기 때문에 다수를 위한 재산으로 변모되는 이상적인 국가가 탄생한다. 그리고 소수의 부자에게서 나온 이러한 부가 여러 사람들에게 소액으로 분배된다면 인류의 발전을 위해 나름대로 한몫 톡톡히 할 수 있을 것이다." 카네기는 자선을 옹호하지 않았다. 대신 그는 부자들에게 "스스로 돕는 자를 돕고, 사람들이 자립할 수 있는 기반을 보다 공고히 다질" 결심을 촉구했다. 그러면서 카네기는 몇몇 부유한 자선가가 좋은 본을 보인 사례를 들었다.

그러므로 부자는 볼티모어의 피터 쿠퍼나 에녹 프랫과 같은 사람들이 보인 좋은 본을 따라야 할 것이다. 예컨대 부자는 큰 뜻을 품은 사람들이 그 위로 오를 수 있는 사다리, 사람들이 몸과 마음을 살찌우는 공원과 레크리에이션, 대중들에게 확실히 기쁨을 주고 그들의 미적 감각을 고양시키는 예술 작품들을 제공하며 사람들의 전반적인 상황을 지금보다 낫게 개선해줄 다양한 공적 기관들을 설립해야 한다. 부자는 동시대 사람들 다수에게 오랫동안 지속될 유익을 제공하기 위해 치밀하게 계산된 방식으로 그들의 잉여 부를 환원해야 한다.

분명한 사실은 바로 카네기 본인이 이러한 사례들을 본받았다는 점이다. 살아생전에 그는 35억 달러를 기부했다. 가령 스코틀랜드의 대학들을 위해 카네기재단과 같은 주요 재단을 설립해 재정을 지원했으며, 카네기 던펌라인 재단을 설립해 고향 마을의 교육기관 후원했다. 카네기 영국 재단을 통해서는 도서관, 영화관, 아동보육센터 및 기타 시설들을 세웠고, 카네기 피츠버그 협회를 통해 피츠버그 시의 문화 및 교육기관의 수준을 높였다. 카네기 워싱턴 협회는 과학 분야를 후원했으며, 그의 기념비적인 업적이랄 수 있는 카네기 뉴욕 재단을 세워 미국인들에게 지식을 보급하고 이해를 증진시켰다. 그리고 훗날 캐나다와 영국 식민지에서도 이와 비슷한 사업을 펼쳤다.

카네기가 모은 재산 대부분은 이러한 기부 활동에 사용되었다.

그는 가치 있는 대안이 달리 없다고 믿었으며, 기부 결정을 내리지 않으면 더없이 비극적인 결과가 일어날 것이라고 생각했다.

우리가 이 땅에서 활용할 수 있는 기회는 보잘 것 없고 한정되어 있다. 우리는 멀리 내다보지 못한다. 우리가 무진 애를 써도 결과는 미미할 뿐이다. 하지만 부자들은 이루 다 헤아릴 수 없는 혜택을 받은 것에 감사해야 한다. 그들은 살아 있는 동안 자신의 부를 마음껏 활용해 선행을 베푸는 일에 전념할 수 있다. 그렇게 되면 많은 사람들이 오랫동안 혜택을 누리고 그로 인해 자신의 삶이 존귀해진다. 살아생전에 임의로 선한 일에 쓸 수도 있었을 수백만 달러의 재산을 그냥 남기고 떠나는 사람에게 세상 사람들은 연민도 존경도 애도도 표하지 않을 것이다. 설사 자신이 짊어지고 갈 수도 없는 쓰레기를 어떤 용도로 쓰려고 남겼더라도 말이다. 그런 수전노들을 향해 세상 사람들은 이런 평결을 내릴 것이다. "부자로 살다가 죽었지만 그 삶은 부끄럽기만 하구나!"

이런 까닭에 가네기는 자신이 '부에 관한 참된 복음'이라고 일컬은 것에 따라 평생 모은 재산을 사회에 환원하는 데 일생의 대부분을 보냈다. 카네기는 이 복음에 순종하면 언젠가는 빈부 격차가 해결되고 이 땅에 평화가 실현되어 사람들 사이에 온정이 꽃을 피우게 되리라고 믿었다

브랜치 리키와 재키 로빈슨의 배짱

나의 일 전부가
나보다 더 중요했다

"그 모습을 본 심판이 '아웃!' 이라고 소릴 지르겠지.
내 코앞에는 자네의 시커먼 얼굴이 있고,
그래서 나는 한 발짝 뒤로 물러나 자네 오른뺨을 후려친다네!
그러면 자넨 어떻게 할 셈인가?"
"리키 단장님, 저는 왼뺨도 있거든요." 잠시 침묵이 흘렀다.
"이제 됐습니까?"

Wesley: Branch Rickey & Jackie Robinson

브랜치 리키[1881~1965]는 오하이오 웨슬리안대학 재학 중 프로야구
에 입문해 1905년에서 1907년 사이 세 시즌 동안 아메리칸리그의
포수로 활약했다. 대학 졸업 후에는 미시건대 법과대학원에 진학해
야구팀 코치로 일하면서 학비를 조달했다. 리키는 1910년 팀을 인
솔해 인디애나 주 사우스벤드로 원정 경기를 떠났는데 그곳의 호텔
매니저가 팀의 흑인 선수인 찰리 토머스에게 방을 내줄 수 없다고
했다. 리키는 매니저에게 사정사정해 자신의 방을 토머스와 함께 써
도 좋다는 허락을 겨우 받아냈다. 그로부터 몇 년 뒤까지도 리키는
찰리 토머스가 어떻게든 자신의 검은 손을 닦아내려는 듯 문지르고

또 문지르던 모습을 잊을 수가 없었다. 그 모습을 본 리키는 토머스의 손을 가리키면서 말했다.

"찰리, 자네가 굳이 손을 하얗게 만들려고 애쓰지 않아도 되는 때가 올 걸세."

리키는 1911년 대학원을 졸업했지만 변호사 일보다는 야구가 더 좋아 구장으로 돌아가기로 작정했다. 그는 1913년부터 1915년까지 아메리칸리그의 세인트루이스 브라운즈 팀 필드 매니저를 역임했다. 이후 내셔널리그의 세인트루이스 카디널즈로 자리를 옮겨 1917년부터 1919년까지는 구단주를, 1919년부터 1925년까지는 필드 매니저를, 그리고 1925년부터 1942년까지는 단장을 역임했다. 그리고 카디널즈 팀을 떠나 1943년 브루클린 다저스 팀의 사장이자 단장이 되었다.

리키가 구단 사장이 되어 내린 최초의 결정 중 하나는 흑인 선수를 영입하는 계약서에 서명함으로써 백인과 흑인의 차별 장벽을 넘기로 한 것이었다. 리키가 그러한 결정을 내리게 된 동기는 두 가지였다. 하나는 개인적 윤리의 문제였다. 리키는 인종적 편견으로 인해 가슴에 지울 수 없는 상처를 입은 찰리 토머스를 한시도 잊은 적이 없었다. 다른 하나는 아주 현실적인 이유에서였다. 리키는 흑인 일색인 니그로리그에 장래가 촉망되는 뛰어난 선수들이 포진하고 있음을 잘 알고 있었다. 그러한 재능을 썩힌다는 것은 리키로서는 안타까운 일이었다. 어떤 면에서 바야흐로 흑백의 차별 장벽이 무너질 때가 되었다고 리키는 확신했다. 1943년 말, 오랫동안 야구 커미셔너commissioner. 프로야구의 품위와 질서 유지를 위한 권한이 위임된 최고 책임자로 일했던 키네소 마운틴 랜디스가 흑인출판협회 회원들과 사회 활동가이자 가수인 폴 로비슨, 그리고 양대 리그의 사장단과 열여섯 팀의 구단주들을 한 자리에 초대했다. 랜디스에게 마이크를 넘겨받은 로비슨이 입을 열었다.

"야구는 온 국민이 즐겨하는 게임이기 때문에 인종차별이 미국에 뿌리내리지 않도록 할 책임이 야구에 있습니다."

리키는 감동을 받았지만, 그 자리를 주선했던 랜디스는 야구 통합에 반대한다는 의사를 공개적으로 천명했다.

이듬해 랜디스가 세상을 떠나자 전 켄터키 주지사였던 앨버트 챈들러가 후임 커미셔너가 되었다. 리키는 챈들러에게 다시 자신의 계획을 이야기했지만 역시 소용없는 일이었다. 반면 뉴욕시는 채용 시 인종차별을 금하는 '퀸 아이브스' 법령을 막 통과시켰고 뉴욕 시장 피오렐로 라과르디나는 '야구계에서 인종차별을 추방하기 위원회'를 새로이 발족했다. 리키는 뉴욕시의 일련의 조치들에 열렬한 지지 의사를 표명했다. 하지만 구단주들의 투표 결과는 15:1로 부결이었다.

리키는 커미셔너 챈들러에게 투표 결과를 뒤엎을 수 있는 도덕적 용기가 있어서 커미셔너의 허락이 떨어진다 해도 흑인 선수를 영입하는 것은 온갖 추악한 저항에 부딪힐 것임을 너무도 잘 알고 있었다. 그리하여 그는 자기 나름대로의 은밀한 방식을 통해 흑인 선수 영입을 추진하기로 결심했다.

1945년 봄이 되자 브랜치 리키는 아메리칸리그에 '니그로리그'를 신설했다. 이에 충격 받은 사회 활동가들은 격렬한 비난을 쏟아냈으며, 리키가 스포츠에 만연한 인종차별을 조장할 리그를 신설함으로써 흑백 화합의 정신을 손상시켰다면서 그를 고발했다. 하지만 그것은 실제로는 위장 전술, 즉 리키가 공개적이면서도 드러나지 않게 흑인 선수들을 영입할 수 있는 명분을 얻기 위한 묘책이었다. 1945년 8월 28일 리키는 니그로리그의 백 명 남짓한 선수들 중 재키 로빈슨¹⁹¹⁹⁻¹⁹⁷²이라는 선수에게 만나자고 요청했다.

"자네는 캔자스시 모나크 팀과 계약을 맺었나?"

리키는 당시 스물여섯 살이었던 로빈슨이 선수로 활약했던 원래의 팀을 언급하면서 물었다.

"아닙니다. 우리는 계약서 같은 거 잘 모릅니다…. 경기가 있을 때마다 돈을 받는데요."

"자네는, 왜 여기 오게 됐는지 알고 있나?"

"잘 모릅니다. 에벳 야구장에 흑인 선수들로 구성된 팀이 있다는 말은 들은 적이 있습니다. 그게 전부인데요."

"아닐세… 그게 전부가 아닐세. 재키, 자네는 브루클린 협회를 위해 경기를 하러 온 거야. 어쩌면 몬트리올에서 먼저 뛰게 될지도 모르지."

"제가요? 제가 몬트리올에서 뛴다고요?"

재키는 숨이 막힐 것 같았다.

리키의 구상은 로빈슨을 미국보다는 인종차별이 거의 이슈가 되지 않는 캐나다 마이너리그에서 우선 뛰게 하는 것이었다. 그러면 선수로서의 로빈슨의 장점이 드러날 뿐 아니라 나중에 미국 메이저리그로 이적하기도 훨씬 쉬워 보였다.

"자네가 캐나다에 가서 성공만 하면, 나중에 성공만 하면 브루클린 다저스 팀에서 뛸 기회도 올 걸세."

로빈슨은 어안이 벙벙한 나머지 할 말을 잊었다.

마침내 리키가 침묵을 깼다.

"나도 우승 한번 해보고 싶어. 그렇게 하려면 자네 같은 선수들이 필요하다네."

세 시간 가까이 이야기가 지속되는 가운데 리키는 자신이 로빈슨을 이미 스카우트했을 뿐 아니라 사설탐정을 시켜 그의 과거 행적을 조사했다고 털어놓았다. 리키는 로빈슨이 매 주일 교회에 출석하고, 술이나 담배는 입에 대지도 않으며, 또한 범죄 사실이 없다는 것도 알아냈다. UCLA를 다니던 로빈슨은 가사를 돕기 위해 3학년 때 중퇴했다. 리키는 1942년 로빈슨이 미 육군에 입대해 장교 사관후보생 학교에 적을 두었으며 1943년에 소위 계급장을 달았다는 것도 알아냈다. 그는 또한 로빈슨과 권투선수 조 루이스가 군용 버스 뒤 칸에 앉으라는 지시를 거부해 군법회의에 소환되었다는 사실도 알고 있었다. 나중에 고소가 취하되었고, 전쟁이 끝날 무렵 로빈슨은 명예 제대했다.

"자네, 해낼 수 있겠나? 조직력이 탄탄한 팀에서 해낼 수 있겠나?"

"기회만 주신다면…."

"재키, 거기 가면 경기에 참가하는 것으로 그쳐서는 안 되네. 실책도 하겠지만 안타도 치고 홈런도 날렸으면 해… 할 수 있겠나?"

리키는 상황이 호락호락하지는 않을 것이라고 겁을 주었다. 팬들은 욕지거리와 비방, 그리고 협박을 늘어놓을 것이다. 주자들은 야구화의 스파이크를 먼저 들이밀 것이며, 투수들은 타자의 머리를 향해 공을 던질 것이다.

"리키 단장님, 저는 투수들이 던진 공에 머리를 맞은 적이 한두 번이 아닙니다."

리키는 뜬구름 잡는 식의 얘기에서 좀 더 실감 나는 얘기로 화제를 돌렸다.

"내가 선수라고 가정해보세…. 내가 자네와 2루에서 부딪혀 넘어졌다고 상상해보게. 내가 손을 툭툭 털고 일어서면서 '이 더러운 흑인 xx야.'라고 욕지거리를 퍼붓는다면… 자넨 어쩔 셈인가?"

마침내 리키의 말이 로빈슨의 결심을 뒤흔든 듯했다.

"리키 단장님, 설마 저항하는 것을 두려워하는 선수를 찾으시는 것은 아니겠지요?"

"오히려 저항하지 않고 받아넘길 만큼 배포가 두둑한 선수를 원한다네! 자네가 그렇게 하면서 안타도 치고, 도루도 하고, 땅볼도 잘 처리해야 하네. 그 뿐일세!"

그러면서 리키는 남부의 호텔 종업원, 인종차별주의자인 스포츠 기자, 편견에 사로잡힌 웨이터 흉내를 냈다.

"이제 내가 자네와 월드 시리즈에서 맞붙었다고 가정하게! 나는 성미가 불같은 선수야. 나는 경기에서 꼭 이기고 싶은 마음에 베이스에 발을 먼저 들이미는데 자네 또한 물러설 기색이 없어. 자네는 베이스에 서서 질주하는 나의 갈빗대에 공을 들이대지. 그 모습을 본 심판이 '아웃!'이라고 소릴 지르겠지. 내 코앞에는 자네의 시커먼 얼굴이 있고. 그래서 나는 한 발짝 뒤로 물러나 자네 오른뺨을 후려친다네! 그러면 자넨 어떻게 할 셈인가?"

"리키 단장님, 저는 왼뺨도 있거든요."

잠시 침묵이 흘렀다.

"이제 됐습니까?"

브랜치 리키는 재키 로빈슨이 자신의 말뜻을 깨달았다고 확신했다. 그리고 보다 중요한 것은 로빈슨이 리키의 요청이 그리 만만치 않은 것임을 간파했다는 사실이다. 로빈슨은 그 순간 리키가 자신에게 두 가지 기회를 제공하고 있음을 깨달았다고 훗날 설명했다. 하나는 메이저리그에서 선수로 뛰는 것이며, 다른 하나는 세상을 변화시키는 일을 시작하는 것이었다. 재키 로빈슨은 어떤 굴욕도 감수해야겠다고 결심했다. 그는 인내해야 했고, 경기를 치를 때마다 억척스럽게 뛰어야 했다.

리키는 재키 로빈슨과 계약을 체결했다. 매달 6백 달러를 지급하되 몬트리올 로열즈 팀과 경기할 경우에는 3천5백 달러의 보너스를 지급하기로 했다. 그 후 1947년 초 리키는 로빈슨을 브루클린 다저스 팀으로 이적시켰다.

브랜치 리키의 스카우트 작업은 경제적인 측면에서 현명한 선택이었다. 다저스로 이적한 지 얼마 안 되어 로빈슨은 괄목할 만한 성과를 일궈냈다. 내셔널리그에서 '최고 도루상'과 '올해의 신인선수' 타이틀을 거머쥔 것이다. 1947년에는 타율 0.342로 타격상을 수상했고 리그의 MVP로 뽑혔다. 그가 선수를 그만둘 때까지의 평균 타율은 0.311이었고, 브루클린 팀이 리그전에서 여섯 차례, 월드 시리즈에서 한 차례 우승하는 데 결정적인 기여를 했다.

리키는 로빈슨에게 그의 생애가 "실책도 하겠지만, 안타도 치고, 홈런도 날리는 것" 그 이상의 의미를 지니게 될 것이라고 말했을 때, 그의 판단 역시 옳은 것이었다. 팬들은 재키 로빈슨에게 욕지거리를 해대고 빈 병을 던지곤 했다. 심지어는 일부 동료 선수들이 로빈슨과는 같이 경기를 할 수 없다고 항의하기도 했다. 로빈슨을 탐탁지 않게 여긴 투수들은 이따금씩 그의 머리를 향해 공을 날리기도 했으며, 주자들은 베이스로 질주하면서 발을 확 들이밀어 그를 골탕 먹이기도 했다. 남부에서 경기를 할 때면 로빈슨은 팀 동료들과 한 호텔에 투숙하거나 같은 식당에서 식사하기도 힘들었다.

로빈슨은 훗날 이렇게 털어놓았다.

"내 피부색에 대해 누군가가 비아냥거릴 때마다 모든 걸 포기하고 싶었지만 그래도 나는 꿋꿋이 버텨야 했다. 내가 일종의 실험 대상이 되었음을 알았다. 내가 하는 일 전부가 나 자신보다 더 중요했다."

로사 팍스와 시민권 운동

버스에 앉을 권리

세월이 흐르면서 제가 깨달은 것이 있습니다.
결단을 내리면 두려움은 사라진다는 사실입니다.
어떤 행동을 취해야 할지 알고 나면 두려움은 없어지는 법이지요.

Rosa Parks

　　1955년 12월 1일 백화점의 재봉사로 일하던 흑인 여성 로사 팍스[1913-2005]는 고된 하루 일과를 끝내고 앨라배마 주 몽고메리 시내버스에 올라탔다. 그녀는 '백인 전용'이라는 표지가 붙은 자리를 지나 다른 흑인 세 명과 함께 다섯 번째 줄에 앉았다. 첫 번째 줄은 몽고메리시의 법령에 따라 서서 가는 백인이 없을 경우에 한해 흑인들이 앉을 수 있었다. 몇 정거장 지나자 앞의 네 줄은 백인 승객들로 가득 찼다. 백인 한 명은 서서 가고 있었다.

　　아프리카계 미국인들이 앞의 네 줄에 앉는 것을 금한 시의 법령은 흑인과 백인이 같은 줄에 앉는 것 또한 금하고 있었다. 이 법령에 따라 버스 기사는 다섯째 줄에 앉은 승객 네 명에게 자리를 비켜달라고 했다.

세 명은 자리에서 일어났지만 팍스는 거부했다.

순간 그녀의 머릿속에 어떤 생각이 스치고 지나갔을까?

운전사가 냅다 소리를 지르자 팍스는 바로 이 운전사가 12년 전에 자신을 버스에서 강제로 내리게 했다가 뒷문으로 다시 타게 했던 사람이라는 게 떠올랐다. 이러한 기억이 떠오르자 팍스는 계속거부 의사를 표현하며 자리에서 꿈쩍도 하지 않았다. 화가 머리끝까지 난 운전사는 버스에서 내리더니 잠시 후 경찰 한 명을 데리고왔다. 경찰은 흑백분리법을 위반한 혐의로 로사 팍스를 체포했다.

그 뒤 이런저런 일이 생길 때마다 팍스는 당시 자신이 어떤 생각으로 그랬는지 떠올리곤 했다. 팍스는 "고된 하루 일과가 끝난 저로서는 집에 갈 생각만 했지요"라고 말했다. 그리고 이런 말도 했다. "저는 버스 요금을 지불하고 나서 뒷문 주위를 어슬렁거리는 게 싫었습니다. 뒷문으로 내리면 버스를 다시 못 타게 되는 일이 한두 번이 아니었거든요. 아마 당신도 예외가 아닐 겁니다. 어쩌면 운전사가 문을 확 닫고 떠나버려 정거장에 우두커니 서 있게 될지도 모릅니다. 저는 제 자리를 백인들에게 양보하는 게 정말 싫었습니다." 이런 말도 잊지 않았다. "우리를 심하게 차별 대우하는 것은 누가보더라도 잘못된 일입니다. 그리고 저는 그런 차별에 넌더리가 납니다. 누군가 먼저 조치를 취해야 한다고 생각했습니다. 그리고 저는 한 발자국도 움직이지 않겠다고 결심했습니다."

운전사나 경찰 둘 다 팍스를 위협하지는 않았다.

"세월이 흐르면서 제가 깨달은 것이 있습니다. 결단을 내리면 두려움이 사라진다는 사실입니다. 어떤 행동을 취해야 할지 알고 나면 두려움은 없어지는 법이지요."

팍스의 버스 사태는 계획된 것은 아니었지만 그 자리에서 체포되도록 일을 만들어간 결정 또한 우연은 아니었다. 그녀에게는 행동주의를 실천에 옮긴 전례가 있었다. 스코츠보로 보이즈 사건Scottsboro Boys. 1931년 열세 살에서 열아홉 살에 이르는 아홉 명의 아프리카계 미국 소년들이 증거가 매우 희박했음에도 백인 여성 두 명을 강간했다는 혐의로 온통 백인 일색인 앨라배마 배심원단에 의해 서둘러 기소된 악명 높은 사건에서 소년들을 지지했던 그녀는 1943년 전미 흑인지위향상협회NAACP에 가입했고, 그 협회의 몽고메리 지부장인 E. D. 닉슨의 비서로 활동했다. 팍스는 유권자 등록 운동을 후원한 몽고메리 유권자 연맹과 손을 잡았다. 1955년 여름에는 테네시 주 하이랜더 민속학교에서 개최된 인권 워크숍에 참석했다. 그녀가 그날 저녁 버스에 올라탄 것은 부도덕한 법에 이의를 제기하는 일을 준비하기 위해서였다.

몽고메리의 행동주의자 공동체 또한 준비가 되어 있었다. 그 공동체는 버스의 좌석 차별을 의도적으로 무시함으로써 시의 차별 법령을 시험대에 올려놓을 생각을 오래전부터 해왔다. 심지어 몽고메리의 버스 탑승을 조직적으로 거부함으로써 법령을 고치도록 압력을 가하자는 논의도 있었다. 팍스의 체포 소식을 들은 닉슨과 전미 흑인지위향상협회는 그녀의 체포를 좋은 기회로 삼기로 했다.

닉슨은 그녀의 석방을 위해 보석금을 보냈으며, 탑승 거부 운동을 조직적으로 결성했다. 전미 흑인지위향상협회 또 다른 활동가인 조앤 로빈슨은 팍스 사건을 심리하는 바로 그날 하루 동안 버스 탑승을 거부할 것을 호소하는 전단지를 인쇄해 곳곳에 돌렸으며, 마틴

루터 킹 2세 목사를 비롯한 몽고메리의 흑인 성직자들은 주일 예배 시간에 버스 탑승을 거부하자는 취지의 설교를 하는 데 의견을 모았다. 킹 목사는 몽고메리의 흑인 공동체 중 60퍼센트 정도가 탑승 거부 운동에 동참할 것으로 낙관했다. 놀랍게도 심리가 열린 1955년 12월 5일 월요일, 몽고메리를 운행하는 버스들은 텅 비었다.

팍스는 지역 치안판사 앞에 섰다. 판사는 시의 차별 법령을 위반한 혐의로 그녀에게 유죄 판결을 내리면서 벌금 14달러를 부과했다. 팍스의 변호사는 연방 대법원에 상고하겠다고 했다. 그날 저녁, 수천 명의 군중들이 탑승 거부에 대한 킹 목사의 연설을 듣기 위해 몽고메리의 한 교회에 모였다. 그는 탑승 거부가 계속되어야 한다고 말하면서 그 이유를 다음과 같이 설명했다.

> 인내심에도 한계가 있습니다. 우리가 오늘 저녁 이 자리에 모인 것은 오랫동안 우리를 괴롭힌 사람들에게 우리가 차별 대우받고, 굴욕당하는 것에 진짜 넌더리가 난다고, 야만적인 압제자의 발에 차이는 것이 넌더리난다고 말하기 위해서입니다. 민주주의의 위대한 영광 중 하나는 성의를 위해 항기할 수 있는 권리입니다.

탑승 거부가 시작된 넷째 날인 12월 8일, '몽고메리개선협회'를 조직한 킹 목사와 몇몇 사람들은 버스 회사 대표들과 시의원들을 만났다. 개선협회에서는 차별 철폐안을 제시했지만 버스 회사는 그 자리에서 거부했다. 시의원들 또한 시에서 정한 최저요금인 45센트 이하를 받는 몽고메리시의 택시 운전사는 누구를 막론하고 기소될 것이라고 킹 목사와 그 일행에게 으름장을 놓았다. 아프리카계 미국인 택시 운전사들은 택시요금으로 버스요금과 동일한 10센트를 받았다. 개선협회에서는 조직을 잘 갖춘 카풀 시스템의 형태로 이른바 '개인택시'서비스라는 것을 고안해내 이에 대응했다.

로사 팍스의 저항으로 촉발된 거부 운동은 몹시 버겁고 위험한 과정이었다. 킹 목사의 집은 1956년 1월 30일에, 닉슨의 집은 2월 1일에 폭탄을 맞았다. 그런 위협에도 거부 운동이 중단되지 않자 공무원들은 케케묵은 법령을 끄집어내 흑인 활동가 89명을 기소했다. 첫 번째로 심문받은 킹 목사는 유죄 판결이 내려져 벌금 500달러와 법정 비용 500달러를 합친 금액을 지불하거나 386일 동안 주 교도소에 구금되거나 둘 중 하나를 택해야 했다. 그는 감옥행을 택했다. 킹 목사가 구금되어 있는 동안 백인 보험회사들은 교회 소유의 스테이션왜건들을 보상해주는 책임보험을 취소함으로써 '개인택시'들을 공격했다. 애틀랜타에서 보험대리점을 경영하는 한 아프리카계 미국인은 런던의 로이드 보험회사로부터 직접 지불승인을 받아냄으로써 이에 응수했다. 경찰은 경미한 교통 위반에 대해 흑인 운전사들을 가차 없이 처벌했으며, 심지어는 교통 위반을 조작하여 그들을 괴롭히기까지 했다. 그럼에도 거부 운동은 멈추지 않았다.

아프리카계 미국인들이 버스 탑승을 거부하면서 버스 이용자 수는 75퍼센트나 감소했고 그 결과 그들이 단골로 다니던 상점들에도 자연스레 발길이 뚝 끊겼다. 시내 중심가의 상점들도 영업에 큰 타격을 받았다. 발등에 불이 떨어진 가게 주인들은 '몽고메리의 고용인들'이라는 단체를 구성해 개선협회에 직접 담판을 요청했다. 협상은 곧 결렬되었지만, 거부 운동을 주도한 사람들은 그사이 연방 법원에 시 당국과 버스 회사를 고소해 버스에서의 좌석 차별이 위헌이라는 재정裁定을 이끌어냈다. 시 당국이 항소하자 연방 대법원은 1956년 12월 21일 재정을 확정했다. 직무 집행 영장이 효력을 발휘하는 1956년 12월 21일까지 흑인 탑승객들은 여전히 버스 탑승을 거부하기는 했지만 연방 대법원에서의 확정 판결로 인해 마침내 몽고메리 버스 탑승 거부 운동은 공식적으로 그 막을 내렸다. 그때까지도 협박과 폭력 행사는 그치지 않았다. 버스에서 소매치기들이 기승을 부리자 잠정적으로 오후 다섯 시 이후에는 버스 운행을 중단해야 했다. 개인의 후원을 받아 백인 전용 버스 운행을 시도하는 백인 집단도 있었다. 침례교회 네 곳, 주유소 한 곳, 그리고 택시 승차장이 흑인 가정 세 집과 더불어 폭탄 세례를 받았다. 킹 목사 자택 앞 현관에서는 불발탄이 발견돼 제거되기도 했다. 폭탄 투척 혐의로 체포된 백인 일곱 명 중 다섯 명이 기소되었다. 이들 가운데 두 명은 진술서에 서명했음에도 무죄로 판명되었고, 거부 운동 금지 법안을 위반한 혐의로 체포된 흑인들에 대한 고소를 취하하기로 타협이 이루어져 백인 관련 다른 두 사건은 기각되었다. 폭력과 위협에도 불구하고 거부 운동은 승리를 거두었고 시민권 운동이 본격적으로 발을 내디뎠다. 미국의 백인들뿐 아니라 흑인들의 삶에 커다란 변화를 가져올 첫걸음이었다.

메나헴 베긴과 안와르 엘 사다트의 상생

차이 속의 공통분모

두 사람 모두 둘째가라면 서러워할 열렬한 민족주의자였다.
두 사람 모두 영국의 지배에 맞서 싸웠다.
두 사람 모두 국제사회로부터 조국의 합법성을 인정받고자 했다.

　　1978년 9월 17일 메릴랜드 주 캠프 데이비드. 이스라엘 수상 메나헴 베긴[1913-1992]과 이집트 대통령 안와르 엘 사다트[1918-1981]는 미국 대통령 지미 카터[1924-]가 중재자로 나선 13일간의 회담 끝에 마침내 캠프 데이비드 협정에 서명했다. 이로써 이스라엘과 이집트가 공식적으로 평화조약을 체결할 수 있는 길이 열렸다. 이 협정이 얼마나 획기적인 성과인지는 협정 전문의 두 번째 단락을 보면 알 수 있다.

　　인간의 집요한 노력을 비웃기라도 하듯 지난 30년간의 네 차례 전쟁으로 문명의 요람이자 세계 3대 종교의 발상지인 중동은 평화가 주는 축복을 누리지 못했다. 중동 사람들은 이 지역의 엄청난 인적

자원 및 천연 자원을 활용해 평화를 추구하며 이곳이 국가 간의 공존
과 협력을 증진시키는 모델이 될 수 있도록 평화를 애타게 갈구한다.

20세기로 접어들면서 인간의 노력으로 많은 분야에서 획기적이
면서도 지속적인 변화가 일어났지만 구약성경 시대부터 뿌리내린
이스라엘과 이집트 간의 견원지간 같은 극단적 관계는 도무지 개선
될 기미가 보이지 않았다. 캠프 데이비드 협정은 이러한 뿌리 깊은
적대의식에 결정타를 날렸다. 협정 조인 자체도 놀랍지만, 더더욱
놀라운 사실은 양국의 두 지도자가 기꺼이 협정에 응하기로 결정했
다는 점이다. 두 사람 모두 열렬한 애국자이자 민족주의자였으며,
성격이나 지나온 이력을 볼 때 평화와는 거리가 먼 사람들이었다.
오랫동안 타협을 배신행위와 동의어로 간주했던 사람들이기에 평
화는 꿈조차 꿀 수 없었다.

안와르 엘 사다트는 1918년 성탄절에 나일 강 어귀의 삼각주에
있는 미트 아불 콤이라는 조그만 마을에서 태어났다. 1925년 가족
과 함께 카이로로 이주한 어린 사다트는 제국주의 영국의 억압 정
책 아래서 성장했다. 그리다 보니 그의 마음속에는 영국에 대한 증
오심이 싹텄다. 사다트는 이집트를 영국의 압제로부터 해방하고 조
국을 든든히 지켜내겠다는 야망으로 불탔다.

1938년 카이로 왕립 사관학교를 졸업한 사다트는 2차 대전 중
독일과 손잡고 영국을 이집트에서 추방시킬 계획을 세우기도 했다.
1942년 영국 당국에 체포되어 투옥되었지만 나중에 탈출에 성공했
다. 2차 대전이 끝난 1950년, 사다트는 가말 압델 나세르가 이끄

는 '자유 장교단'에 가입했다. 1952년 자유 장교단은 이집트 군주에 대한 군사 쿠데타를 일으켜 성공을 거두었다. 사다트는 1956년 나세르가 대통령에 선출되는 데 기여한 공로로 내각에 발탁되어 요직을 두루 거쳤고 1964-66년과 1969-70년 두 차례에 걸쳐 부통령을 지냈다.

국민들이 보기에 사다트는 나세르의 기세에 눌려 힘을 쓰지 못하는 것 같았다. 하지만 그는 부통령 자리에 연연하기보다 더욱 원대하고 구체적인 비전을 품었다. 나세르가 이집트의 경제를 살리고 국방을 튼튼히 한다는 명분으로 소비에트의 내정 간섭을 상당 부분 수용할 용의가 있었던 반면 사다트는 이집트의 진정한 독립을 원했다. 나세르가 이집트를 아랍 제국의 일부로 간주한 반면 사다트는 이집트라는 국가가 우선이었고 아랍 세계와의 관계는 그 다음이었다. 만약 아랍 제국의 일부라는 정체성과 이집트라는 한 국가로서의 정체성 사이에서 택일을 해야 한다면 사다트는 서슴지 않고 후자를 선택할 사람이었다. 비록 사다트가 나세르 정권 내내 막후 권력자로 활동하긴 했지만 그에게는 언제나 이집트를 소비에트의 지배로부터 해방시키고 시나이 반도를 되찾아 이집트에 편입시키겠다는 목표가 있었다. 다만 나세르와 사다트가 한 목소리를 내는 사안이 있었다면 바로 이스라엘이 이집트의 숙명적인 원수라는 점이었다.

1970년 9월 28일, 나세르가 세상을 떠나자 사다트가 이집트의 대통령 권한대행이 되었고, 2주 뒤 투표를 거쳐 정식으로 대통령이 되었다. 사다트는 이를 당연하게 받아들였다. 사다트는 스스로 이집트의 정치 지도자이자 국부國父라고 생각했다. 이후 그는 이집트의 경제를 과감히 다변화하고 경직된 정치 체제를 완화했다. 여기서 그치지 않고 1972년에는 수천 명에 달하는 소비에트 기술자들과 고문들을 서둘러 추방했다.

이스라엘과 교전 중인 이집트에 대해 소비에트 연방이 적절한 지원을 하지 않았다는 것을 추방의 이유로 내세웠지만 사실은 그게 아니었다. 자신의 조국이 외국의 지배를 받는 것이 싫었기 때문이다. 소비에트 연방과의 결별은 나세르 시대 정책과의 과감한 단절을 뜻했지만, 시리아의 지원 아래 1973년 10월에 시작된 이스라엘 침공은 구시대의 가치를 그대로 존속시키려는 의도가 강했다. 적어도 겉으로는 그랬다. 이스라엘과 맞붙은 1967년의 전쟁에서 비참한 패배를 맛본 것과 달리 이집트군은 시나이 반도를 기습 공격해 이스라엘의 기를 완전히 꺾어놓았다. 이스라엘이 병력을 집결해 반격에 나서 성공을 거두긴 했지만 사다트는 이 전쟁을 계기로 이집트 국민뿐 아니라 아랍 세계 사람들 사이에서 일약 영웅으로 떠올랐다. 비록 그가 이스라엘 점령하의 시나이 반도를 되찾지는 못했지만 아랍 세계의 지도자로는 처음으로 이스라엘의 영토 일부를 빼앗는 쾌거를 거두었다. 하지만 사다트는 더 이상 이스라엘에 대한 새로운 공격을 시도하지는 않았다. 오히려 상황이 급변하면서 이스라엘과의 평화 협상이라는 길고도 지루한 장정에 올랐다.

돌이켜보면 1973년 10월 사다트가 이스라엘과 한판 승부를 벌이기로 결정한 것은 이스라엘을 파멸시키려는 새로운 시도라기보다는 오히려 군사적으로나 정치적으로 대등한 입장에서 이스라엘과 협상을 시도하려는 움직임이었다.

게다가 상대는 이스라엘만이 아니었다. 사다트는 이스라엘을 공격하기에 앞서 소비에트 연방과 결별함으로써 당당한 입장에서 미국에 외교적, 경제적 지원을 호소할 수 있었다. 그는 미국과의 관계를 재조정하겠다고 제안하면서 이에 대한 구체적인 증거로 미국의 우방인 이스라엘과의 평화 협상을 진지하게 고려할 의향이 있음을 내비쳤다. 사다트는 미국의 도움이 절실했지만, 소비에트 연방의 지배와는 대조적으로 그들의 지배가 두렵지는 않았다. 그래서 그는 어느 모로 보나 미국과의 관계를 재설정하는 일이 이스라엘과의 평화 조약을 맺는 일보다 더 시급하다고 보았다. 1973년 말, 일련의 상황을 분석한 사다트는 그러한 조약 체결이 미국과의 관계 개선에 진일보하는 것이라고 판단했다. 그렇게 되면 미국과 이스라엘의 밀월 관계도 더 이상 존속되기 어려울 것이다. 따라서 이스라엘과의 평화 공존을 모색하겠다는 그의 결정은 사실상 미국이라는 세계 초강국과 강력한 동맹 관계를 이루겠다는 결정인 셈이었다.

1973년 말의 상황이 말해주듯 안와르 엘 사다트는 느닷없이 이스라엘의 친구가 된 것은 아니었다. 그는 자나 깨나 어떻게 하면 이집트를 선진국의 대열에 올려놓을 수 있을까를 생각했다. 그 와중에 불현 듯 깨닫게 된 사실이 이스라엘과 늘 으르렁거리는 사이가 되어 봤자 이집트가 발전하는 데는 전혀 도움이 되지 않는다는 점이었다.

사다트의 대화 상대인 이스라엘의 메나헴 베긴은 여러 면에서 그와 닮았다. 두 사람 모두 둘째가라면 서러워할 열렬한 민족주의자로서 자신의 조국이 독립을 이루는 데 큰 공을 세웠다는 자부심을 갖고 있었다. 두 사람 모두 영국의 지배에 맞서 싸웠다. 두 사람 모두 정부의 요직을 거치면서 마침내 정상에 올랐다. 두 사람 모두 소비에트를 두려워했고 증오했다. 두 사람 모두 국제사회로부터 조국의 합법성을 인정받고자 했다. 두 사람 모두 미국의 동반자가 되어 워싱턴의 인정을 받고자 했다. 두 사람 모두 조국의 앞날이 달린 일이라면 발 벗고 나섰다.

베긴 민족주의는 사다트의 민족주의와 마찬가지로 중동의 정치 판도에서 우파를 대변했다. 베긴과 사다트 모두에게 '타협'은 낯선 단어였다. 한편 베긴은 홀로코스트 세대였다. 그의 가까운 친척 모두가 나치에 의해 살해되었다. 조국 없이 떠돌이 신세가 된 유대인들은 바람 앞의 촛불과도 같은 신세였다. 한때 베긴은 이스라엘에 유대 국가를 세워야겠다는 일념에 사로잡혔지만 지금은 어떻게 하면 조국이 영구히 존속하고 번영할 수 있을까를 궁리했다. 때문에 이스라엘의 희생을 감수하고라도 어떻게든 나라를 세워야겠다는 팔레스타인의 주장에 베긴은 핏발을 세웠다. 팔레스타인 해방기구의 극단주의자들이 이스라엘인들을 공격하자 베긴은 나치의 망령이 되살아났다면서 몹시 분노했다. 사다트가 앉으나 서나 이집트의 운명을 걱정했듯이 베긴 역시 언제나 입버릇처럼 던지는 질문이 있었다.

"그것은 유대인들에게 이로운가, 해로운가?"

언뜻 보기에 사다트와 베긴은 하늘이 두 쪽 나도 화해할 것 같지 않은 두 나라의 관계를 상징적으로 드러내준다. 두 사람 모두 조국이 존속되기를 바랐지만 세월이 흐르면서 두 나라의 생존 문제는 '너 죽고 나 살자' 식이 되었다. 그러다가 사다트와 베긴 모두 이집트와 이스라엘의 생존과 번영이 미국과의 강력한 우호관계에 달려 있음을 서서히 깨달았다. 리처드 닉슨 대통령의 국무장관인 헨리 키신저와 그 뒤를 이은 지미 카터 대통령이 양자택일하지 않겠다는 미국의 입장을 천명한 것은 이집트와 이스라엘 양국의 정상들에게 시사하는 바가 컸다. 두 사람 모두 미국과의 강력한 우호 관계야말로 그들이 만날 수 있고, 또한 만나야 하는 공통 기반임을 간파했다. 그들은 얼굴을 맞댄 자리에서 평화 협상을 타결하고 싶은 생각은 없었지만, 또는 그럴 능력이 없었는지도 모르지만, 미국과의 관계 개선을 위해서라면 협상 테이블에 나서는 것이 불가피하다고 보았다.

1977년이 되자 두 사람은 각각 국민들에게 상대방에 대한 비방을 중단하게 하고, 민족주의와 애국심이라는 케케묵은 사상을 벗어던지고, 절대적 정치 질서라는 낡은 관념을 타파할 뿐 아니라 상대방에게 화해의 손길을 내밀기로 했다. 주변에서는 그들에 대해 극적인 제스처를 취할 수 있는 영화배우의 끼가 다분하다고 한 목소리로 말했다. 이스라엘 수상 골라 메이어는 사다트와 베긴이 노벨평화상 공동수상자로 선정되었다는 소식을 접하자 우스갯소리로 "두 사람이 노벨상 수상자감인지는 모르겠지만 오스카상을 받을 자격은 충분하다"고 말했다.

사다트가 먼저 무대에 올랐다. 1977년 11월 9일, 이집트 의회에서 연설하던 사다트는 연설 원고를 돌연 옆으로 밀어놓더니 이스라엘과 화해할 수만 있다면 "지구 끝까지라도 가겠다"고 선언했다. 예루살렘을 방문해 이스라엘의 국회 크네셋Knesset에 평화 정착 방안을 제시하겠다는 결심을 밝힌 것이다. 이집트 의원들은 자신의 귀를 의심했다. 이 소식을 접한 이스라엘의 어느 누구도 그의 말을 믿지 않았다.

사다트는 구걸하듯 이스라엘을 방문할 생각은 없었다. 그는 이스라엘이 미국의 채널을 통해 초청 의사를 표시해야 한다고 생각했다. 이집트에서의 반대가 너무 거세다 보니 사다트는 베긴의 직접 초청을 수락할 수가 없었다. 베긴이 11월 11일과 14일 양일에 걸쳐 언론을 통해 구두로 초청 의사를 밝히자 사다트는 문서로 된 초청장을 보냈으면 좋겠다고 말했다. 크네셋은 그 정도면 사다트의 진의가 충분히 드러났다고 판단했다. 서명이 담긴 베긴의 공식 초청장이 미 국무부 외교관 허먼 일츠를 통해 사다트에게 전달되었고, 1977년 11월 19일 초저녁 안와르 엘 사다트를 태운 전용기가 텔아비브 외곽의 벤구리온 공항에 미끄러지듯 착륙했다.

사다트의 이스라엘 방문 그 자체도 역사적으로 위대하고 극적인 순간이었지만, 사다트가 크네셋에서 행한 연설이야말로 신기원을 이루는 사건이었다. 그의 연설은 한 치 앞도 내다볼 수 없는 불확실성과 원대한 희망 즉 최초의 정상회담이 교착 상태에 빠지면서 시들해진 희망을 동시에 표출했다. 이에 지미 카터 대통령은 캠프 데이비드에서 미국·이스라엘·이집트 3자 회담을 열자고 제안했고 양국의 정상들은 이를 수락했다. 숲이 우거진 메릴랜드 주의 캠프 데이비드에서 역사의 물줄기를 바꿔놓을 두 가지 합의가 이루어졌다. 하나는 중동의 평화 정착을 위한 커다란 틀을 짜는 것이며, 다른 하나는 보다 구체적으로 이집트와 이스라엘 사이의 평화 조약을 체결하기 위한 청사진을 마련하는 것이었다. 첫 번째 합의안에 따르면 이스라엘은 그들이 점령하고 있는 요르단 강 서안과 가자 지구의 팔레스타인 주민들에게 점차적으로 자치권을 부여하고 그들의 최종 지위에 관한 협상의 서막으로 이 지역 병력 일부를 철수하기로 했다. 이스라엘로서는 엄청난 양보를 한 셈이었다.

두 번째 합의안은 이스라엘이 시나이 반도에서 단계적으로 병력을 철수시키고 평화 협정에 서명한 날로부터 3년 안에 그 지역을 이집트에게 넘겨주기로 한 것이다. 캠프 데이비드 협정은 이스라엘 선박들이 이집트 관할 수에즈 운하를 안심하고 통과할 수 있도록 보장했을 뿐 아니라 나세르와 사다트가 하늘이 두 쪽 나도 절대 합의할 수 없다던 양보까지도 이끌어냈다. 그것은 바로 이스라엘을 국가로 인정한다는 것이었다.

협정이 마무리되고 뒤이어 이집트 · 이스라엘 평화 조약이 체결된 이래 중동은 한시도 잠잠할 날이 없었다. 사다트는 중동 폭력 사태의 희생자가 되었다. 1973년 10월의 아랍 · 이스라엘 전쟁을 기념하는 군대행진을 사열하던 중 이집트의 한 이슬람교 극단주의자의 총탄에 쓰러진 것이다. 1981년 10월 6일의 일이었다.

그리고 오늘날 중동의 정세가 격변할 때마다 이 지역을 비롯한 전 세계 사람들은 도저히 화해할 수 없는 원수지간이라도 평화를 정착시킬 공통분모를 찾을 수 있을 것이라고 생각하고 한 발씩 양보했던 안와르 엘 사다트와 메나헴 베긴이 내린 결정을 주시하게 된다.

OK! 행동 개시!

분명한 사실은 토드 비머, 제레미 글릭, 톰 버넷
이렇게 세 사람이 몇몇 다른 승객,
그리고 커피포트에 물을 팔팔 끓여 여차하면 납치범들의 얼굴에
휙 끼얹을 준비를 하고 있던 승무원들과 똘똘 뭉쳐
비행기를 되찾을 방안에 대해 논의하고 있었다는 점이다.

Todd Beamer

휴일이나 특별한 날의 아침은 아니었다. 여느 때와 다름없는 아침이었다. 다만 특별한 점이라면 비행하기에 더없이 좋은 가을 아침이었다는 것이다. 쾌청한 하늘을 보니 비행기는 예정대로 순탄하게 이륙할 수 있을 듯했다. 뉴어크 공항을 떠나 샌프란시스코로 향하는 유나이티드 항공 93편의 탑승권을 헐값으로 구입한 서른일곱 명의 승객들에게는 모든 것이 순조로워 보였다. 오전 8시에 이륙하기로 예정된 보잉 757은 8시 1분에 게이트 A-17에서 서서히 후진했다. 그런데 그때 뉴어크의 지상과 공중에서 교통 체증이 생기면서 모든 출발이 지연되었고, 93편 비행기는 활주로에서 가다 서다

를 번갈아 반복했다.

탑승객 중에는 휴가를 떠나는 사람이 한둘 있었고, 샌프란시스코에 위치한 대학으로 돌아가는 학생들이 여럿 있었다. 그리고 나머지 탑승객은 대부분 사업가들, 가족을 부양하기 위해 이런 저런 일로 길을 떠나는 보통 사람들이었다.

물론 절로 탄성이 나올 만큼 아름다운 가을 아침, 93편 비행기에 탑승한 승객들을 모두 다 평범하다고 말할 수는 없을 것이다. 탑승객들의 아내, 남편, 부모, 자녀, 친구 및 직장 동료들에게 그들은 결코 평범한 사람이 아니었다. 그리고 그들 중에는 옆 자리에 앉으면 시간가는 줄 모르고 대화를 나눌 수 있을 만큼 흥미로운 이력을 지닌 사람들도 있었다. 가령 전前 미국대학체육협회NCAA의 유도 챔피언이었던 제레미 클릭은 수상스키라면 자다가도 벌떡 일어나는 사람이었다. 고등학교 시절 미식축구의 쿼터백으로 뛰었던 톰 버넷은 건강 관련 회사의 임원이었다. 키가 6피트 5인치나 되는 또 다른 거구인 마크 빙엄은 전국 대회에서 우승컵을 거머쥔 럭비 팀의 선수였다. 버넷의 가족들은 그가 팜플로나에서 황소와 달리기 시합을 했고, 샌프란시스코에서는 무장한 노상강도에게 으름장을 놓았던 이야기를 들려주었다. 클릭, 버넷, 빙엄과는 대조적으로 루 내키는 작은 키에 비해 몸무게가 많이 나갔다. 장난감 소매점의 직원이었던 그는 역기를 드는 것이 취미였다. 내키는 슈퍼맨의 팬이기도 해서 슈퍼맨에 나오는 '강철의 사나이Man of Steel'라는 문구를 어깨에 문신으로 하고 있었다.

캘리포니아 주 어류 및 야생동물국의 단속반원인 리치 과다뇨라는 사람도 있었다. 그는 야외스포츠 애호가로서 경찰에서 실시하는 개인 격투 훈련을 받기도 했다. 빌 캐시맨도 빼놓을 수 없다. 예순이라는 나이가 믿기지 않을 정도로 몸이 다부진 그는 101공수여단의 낙하산병이었다. 또 다른 유명한 단체의 일원이자 전직 런던 경찰이었던 앨런 비븐은 시간만 나면 암벽 등반에 나서는 사람이었다.

여자 탑승객들은 어떤가? 린다 그론런드라는 변호사는 가라데^태_{권도와 비슷한 일본의 호신술} 유단자였고 비행 승무원인 씨씨 로스 라일스는 전직 도로 순시 경찰이었다. 돈 그린과 앤드루 가르시아라는 탑승객은 비행기에 대한 지식이 해박했다. 비행기 부품 회사의 임원인 그린은 노련한 민간 항공기 조종사였고, 가르시아는 주_州 공군의 항공 교통 관제관이었다.

이에 비해 토드 비머는 평범하기 이를 데 없는 사람이었다. 전직 운동선수였던 토드 비머는 데이터베이스 소프트웨어 회사인 오라클의 경리부장이었다. 나이는 서른둘이었고 아내와 두 자녀와 함께 뉴저지에 살고 있었으며 셋째 아이의 출산을 앞두고 있었다. 그는 매우 성실했고 동료 직원들이 '해결사'라고 부를 만큼 동료들과 호흡이 잘 맞는 팀원이었다. 여느 회사원 탑승객들처럼 그는 이륙이 45분가량 지체되자 노트북 컴퓨터를 꺼내 작업도 하고 이동전화로 여기저기 업무와 관련된 전화를 걸며 시간을 보냈다.

그 밖에도 결코 평범하다고는 할 수 없는 네 명의 탑승객들이 있었다. 분명 그들도 스스로는 매우 특별한 존재, 어쩌면 하나님이 택하신 존재로 간주했을 것이다. 나머지 서른세 명과 다른 점이라면 이들은 천국행 비행기에 몸을 실었다는 확신에 차 있었다. 스물여섯 살의 레바논 청년 지아드 사미르 자라는 조종실문 옆의 좌석 번호 1B에 앉아 있었다. 조종사 면허증이 있는 그는 플로리다에 살고 있었으며 호신술 강좌에 등록한 바 있었다. 알카에다 테러리스트의 기초 조직의 일원인 지아드는 플로리다로 오기 전에는 독일 함부르크에 살았다. 나머지 셋은 일등석에 앉아 있었다. 사우디아라비아 시골 출신이었던 사에드 알 감디와 스물세 살의 아흐메드 알 하즈나위는 비행기에 오르기 전 각각 고별 비디오를 촬영했다. 그리고 또 한 명, 스물세 살의 아흐메트 알 나미는 사우디에서 대학 교육을 받았으며 아프가니스탄에서 알카에다 테러리스트 훈련을 받았다. 세 명의 사우디 출신 청년들은 동일한 장소에서 입회의식을 치렀으며 네 명 모두 미국을 상대로 지하드성전聖戰를 일으키고 알라신의 이름으로 순교할 각오가 되어 있었다. 그들 중 적어도 한 명은 모하메드 아타가 손으로 쓴 지령을 소지하고 있었다. 이집트인이었던 모하메드는 이들 네 명과 이슬람교도 청년들로 구성된 다른 세 조직들을 파송했다. 그들은 모두 승객으로 가장해 곧 운이 다할 세 대의 비행기에 분산 탑승했다. 아타의 지령은 "칼, 각자의 유언장, 각자의 신분증, 각자의 여권, 각자의 모든 서류들"을 챙기라는 실제적인 지침뿐 아니라 "천국이 여러분에게 어서 오라고 손짓한다. 여러분은 머지않아 가장 행복한 삶, 영원한 삶을 만끽하게 될 것이다"라는 위로도 담고 있었다.

오전 8시 42분. 93편 비행기는 이륙 지연 끝에 뉴어크 공항의 활주로를 벗어나 해안 위로 힘차게 솟아올랐다. 이로부터 4분 40초 후, 보스턴을 벗어난 아메리칸항공 11편 비행기의 맨해튼 남쪽 끝에 위치한 세계무역센터의 북쪽 건물과 충돌했다. 93편 비행의 조종사 하나가 청명한 하늘로 연기구름이 솟아오르는 것을 이상히 여겼다. 그는 지상 관제탑을 불렀다.

"지상은 아무 이상 없습니까?"

"여긴 아무 이상이 없습니다."

오전 9시 3분. TV 카메라가 북쪽 건물의 참혹한 현장에 초점을 맞추는 순간 유나이티드항공 175편 비행기가 남쪽 건물에 충돌했다.

93편 비행기가 펜실베이니아 주의 해리스버그 상공 위를 날고 있을 즈음 유나이티드항공은 자사 소속의 모든 항공기 조종실의 컴퓨터 스크린에 신속히 "괴한의 조종실 난입을 조심하라"는 경고 메시지를 띄웠다.

오전 9시 25분. 조종실에서 클리블랜드 항공관제센터와 일상적인 교신을 하고 있을 무렵 비행기는 기수를 서쪽으로 돌렸다. 뉴욕의 상황이 심상치 않다고 판단한 조종사 하나가 클리블랜드 관제센터에 문의를 했고 바로 이때 클리블랜드 관제센터를 폭파하겠다는 협박전화가 걸려왔다. 더 이상의 정보 제공은 곤란한 상황이었다. 오전 9시 28분. 클리블랜드의 항공 관제관들은 폭파 위협보다 더 심각한 상황에 직면했다. 93편 비행기의 조종실에 설치된 마이크에서 비명 소리가 들린 것이다. 관제관들은 비행기와의 연락을 시도했다. 하지만 응답이 없었다. 45초가량 침묵이 지속되었을까. 이번에는 비명 소리가 더 많이 들렸는데 수건으로 입을 틀어막은 것 같았다. 그러더니 목소리가 들려왔다.

"여기서 당장 꺼져! 어서 꺼지지 못해!"

누구의 목소리일까? 상대방은 누구일까? 잠시 후, 부산하게 떠들어대는 소리가 잡음과 함께 클리블랜드 관제관의 헤드폰에 들렸다. 이어 누군가가 숨을 헐떡거리며 중동 지역의 악센트로 말했다.

"신사, 숙녀 여러분. 저는 기장입니다. 모두들 자리에 앉으세요. 자리에서 움직이면 안 됩니다. 기내에 폭발물이 있습니다."

비행기 납치범들이 깜빡하고 마이크를 끄지 않은 것이 분명했다. 몇 초가 지나 진짜 기장의 목소리가 다시 들려왔다.

"제가 기장입니다. 자리에서 꼼짝하지 마세요. 기내에 폭발물이 있습니다. 우리는, 우리의 요구 사항을 관철시키기 위해 공항으로 기수를 돌립니다. 움직이면 안 됩니다."

바로 그때 납치범들이 서둘러 마이크를 껐다. 클리블랜드 관제관들은 93편 비행기로부터 더 이상 소식을 듣지 못했다. 그러나 소식을 들은 사람들이 있었다.

전직 고등학교 쿼터백인 톰 버넷은 휴대전화로 아내인 디나를 불렀다.

"당신 괜찮으세요?"

아내가 물었다.

"큰일 났어. 내가 탑승한 비행기가 납치됐어. 놈들이 어떤 승객에게 칼을 들이대면서 죽이려고 해. 기내에는 폭발물이 있어. 디나, 통화 끝나는 대로 당국에 신고해."

비행기에서 걸려온 첫 번째 전화였다.

두 번째 전화는 토드 비머에게서 걸려왔다. 그는 앞좌석 뒤편에 설치되어 있는 GTE사의 전화로 다급히 교환원을 찾았다. 교환원은 즉시 상사인 리사 제퍼슨에게 연결하면서 납치된 비행기의 탑승객에게서 걸려온 전화인데 어떻게 해야 할지 모르겠다고 말했다. 제퍼슨은 전화를 받는 동시에 연방 수사국에 이 사실을 알렸다. 자신을 미시즈 제퍼슨이라 밝힌 그녀는 토드 비머에게 이렇게 말했다.

"선생님께서 탑승한 비행기가 납치된 것으로 알고 있습니다. 상황이 어떻게 전개되고 있는지 자세히 좀 말씀해 주시겠습니까?"

제퍼슨은 훗날 비머가 매우 차분하면서도 부드러운 목소리로 상황을 자세히 설명하면서 그녀의 질문에 일일이 답했다고 말했다. 비머의 설명에 따르면, 납치범들은 세 명이었다. 두 명은 칼을 들고 있었고, 한 명은 폭탄이 장착된 붉은 색 벨트를 허리에 차고 있었다. 칼을 손에 쥔 두 명은 조종실에 들어가 문을 잠근 채 마이크로 탑승객들에게 자리에 앉으라고 위협했다. 납치범 중 한 명이 일등석과 이등석을 가르는 커튼을 내렸기 때문에 비머는 기내 복도에 두 사람이 있었다는 사실 말고는 일등석과 조종실의 상황이 어떤지 알 수 없었다.

이처럼 끔찍한 일이 벌어지는 와중에 토드 비머는 조심스러우면서도 신중한 결정을 내렸다. 비머가 목소리를 최대한 낮추자 제퍼슨은 그가 납치범들에게 들키지 않으려 애쓰고 있다는 생각이 들었다. 제퍼슨은 자신과 통화하느라 목숨이 위태롭다면 전화기를 내려놓되 전원은 끄지 않았으면 좋겠다고 비머에게 말했다. 상황이 어떻게 돌아가는지를 자신이 알고 있어야겠다는 생각에서였다. 비머는 자신이 무사하다고 제퍼슨에게 말했다. 그는 아내에게 전화를 걸어야 할 것 같다고 말했지만 "여기서 벌어지는 일을 차라리 다른 사람에게 알리는 편이 낫겠다"고 이내 생각을 바꾸었다. 훗날 제퍼슨은 리사 비머와 이야기하면서 "댁의 남편은 당신에게 전화를 걸어 불길한 소식을 전하고 싶지 않았던 것 같습니다. 그래도 저는 남편을 설득해 당신에게 전화하라고 했습니다. 남편은 몇 번이나 망설이더니 저의 제안을 거절하더군요"라고 말했다.

리사 비머는 남편이 자신에게 전화를 걸지 않겠다고 한 것이 현명한 선택이라고 보았다. 설령 전화를 걸어왔더라도 자신으로서는 손을 쓸 수 없었기 때문이다. 그녀는 남편의 결정이 자신을 보호하기 위한 것이라고 믿었다.

그날, 납치된 비행기에서 걸려온 전화를 받았던 여러 가족들과 친구들에게 머리 숙여 존경을 표합니다. 하지만 남편이 전화를 걸어왔을 때 제가 마음의 평정을 잃지 않고 통화를 할 수 있었을지, 저로서는 의문입니다. 토드도 제 마음을 헤아렸을 겁니다. 남편은 저를 위해 어떻게든 주의를 딴 데로 돌리려 했지요.

리사 비머는 2002년에 펴낸 자신의 회고록에서 이렇게 토로했다. 어쩌면 토드는 관계 당국과 선이 닿아 있는 그 누군가와 계속 연락을 취하는 편이 훨씬 더 중요하다고 판단했는지도 모른다.

오전 9시 36분. 93편 비행기는 남쪽으로 급선회한 뒤 동쪽으로 기수를 돌렸다. 납치범들은 이 시점에 비행기에서 항공 관제관들에게 신호를 보내는 장치인 트랜스폰더의 전원을 차단했다. 바로 이즈음, 버넷은 아내에게 두 번째로 전화를 걸었다. 휴대 전화로 여기저기 전화를 걸던 몇몇 탑승객들은 그제야 세계무역센터가 잿더미로 변했다는 비보를 접했다.

오전 9시 37분. 아메리칸항공 77편이 워싱턴 D.C. 외곽에 있는 국방성 건물을 향해 돌진했다.

버넷이 아내와 통화하는 사이 제레미 글릭도 아내와 이야기를 나누고 있었다.

"납치범들은 세 놈인데 이란인처럼 생겼어. 머리에는 붉은 색 띠를 동여맸고. 한 놈은 주머니가 여럿 달려 있는 붉은 색 벨트를 허리춤에 찼어. 여차하면 폭발물을 터뜨리겠다고 으름장을 놓더군. 자기네가 비행기를 장악했다고 떠들더군."

20분가량 통화한 후 글릭이 아내에게 물었다.

"리즈, 궁금한 게 하나 있어. 어떤 승객이 자기 마누라와 통화하는 걸 우연히 엿들었는데, 비행기가 세계무역센터에 충돌했다더군. 그게 사실이야?"

"여보, 놀라지 말아요. 사실이에요."

"내가 탄 비행기도 그렇게 될까?"

글릭은 떨리는 목소리로 아내에게 물었다. 그녀는 세계무역센터 건물이 자취를 감췄다고 말했다. 그 무렵, 남쪽 건물은 충돌에 따른 충격과 화재로 인해 붕괴되었고, 북쪽 건물은 화염에 휩싸이면서 붕괴 직전에 이르렀다.

버넷은 아내와 세 번째로 통화하면서 납치범들이 과연 폭탄을 소지하고 있는지 수상쩍다고 말했다. 아울러 승객들이 가만히 보고만 있지는 않을 것이라는 소식을 전했다. 거의 이와 동시에 글릭 역시 몇몇 승객들이 납치범들과 육탄전을 벌일 생각을 하고 있다고 아내에게 이야기했다. 이 무렵 비머는 GTE 항공전화회사의 간부인 제퍼슨에게 제레미 글릭 얘기를 꺼냈다. 두 사람은 비행기의 통제권을 되찾기 위한 대책을 논의하고 있는 것이 분명했다.

물론, 일이 실제로 어떻게 진행되었는지는 알 턱이 없다. 그러나 이런저런 대화를 종합해보면 우리는 많은 승객들이 다른 비행기 납치사건과 자살 공격 소식을 이미 접했음을 알 수 있다. 또한 분명한 사실은 토드 비머, 제레미 글릭, 톰 버넷, 이렇게 세 사람이 몇몇 다른 승객 그리고 커피포트에 물을 팔팔 끓여 여차하면 납치범들의 얼굴에 휙 끼얹을 준비를 하고 있던 승무원들과 똘똘 뭉쳐 비행기를 되찾을 방안에 대해 논의하고 있었다는 점이다.

자칫 물거품이 될 수도 있는 시도였다. 하지만 93편 비행기 탑승객들의 평범하지만 특별한 면면 즉 운동선수, 전직 경찰, 노련한 조종사, 전직 낙하산병, 가라데 유단자, 슈퍼맨을 꿈꿨던 사람들임을 고려한다면 한번 해봄직한 시도가 아니었을까?

제레미 글릭은 탑승객들이 대책을 논의 중이며 곧 찬반 투표가 이루어질 것이라고 아내에게 말했다. 그는 아내의 조언을 구했다.

"밀고 나가세요."

리즈 글릭은 명쾌하게 답했다. 그녀는 TV에서 한시도 눈을 떼지 않고 있었다. 달리 대안이 없음을 그녀라고 모를 리 없었다.

톰 버넷이 "우리는 곧 어떤 조치를 취할 거야"라고 말하자 전직 비행기 승무원이었던 아내는 남편을 말렸다.

"여보, 섣불리 행동하지 마세요! 차분히 생각하는 게 좋을 것 같아요. 너무 당신 생각만 하지 마세요. 당국에서 무슨 조치를 취할 때까지 좀 더 기다려보세요."

이러한 대화가 오가는 동안 토드 비머는 휴대 전화를 계속 켜두어 전화교환원 제퍼슨이 비행기 안의 상황을 들을 수 있게 했다.

"이번 일이 실패로 끝나면 집에 전화를 걸어 내가 가족을 얼마나 사랑하는지 대신 전해주세요. 부탁합니다."

비머는 제퍼슨에게 이렇게 당부했다.

"우리는 곧 행동을 개시할 작정입니다. 하지만 이 위기에서 벗어나게 될 것 같지는 않군요. 아무튼 믿음을 갖고 밀고 나갈 생각입니다."

제퍼슨은 훗날, 그들이 납치범들로 하여금 폭발물을 들고 뛰어내리게 하는 방안에 대해 논의하고 있었다는 비머의 말을 전했다.

"토드 씨, 정말 그렇게 하실 작정인가요?"

제퍼슨은 믿기지 않는다는 듯이 물었다.

"네, 어떤 일이 있어도 그렇게 할 겁니다."

토드 비머의 목소리에는 단호함이 배어 있었다. 그리고 그는 주기도문을 같이 암송하자고 제퍼슨에게 요청했다. 주기도문 암송이 끝나자 비머는 시편 23편을 암송했다. 제퍼슨은 다른 몇몇 사람들도 자리를 함께하는 것 같았다고 했다.

그런 후에 제퍼슨은 비머가 한숨을 쉬었다고 회상했다. 그가 심호흡하는 소리도 들려왔다. 비머는 아직도 휴대전화를 들고 있었는데 아마도 다른 누군가와 말하기 위해 잠시 전화기에서 입을 뗀 것 같았다.

"준비됐습니까?"

그녀의 귀에 비머의 목소리가 들려왔다.

"행동 개시!"

결단의 순간이었다.

제레미 글릭은 "수화기 들고 있어. 조금 있다 다시 통화할게. 지금 행동 개시에 들어갔어"라고 아내에게 말했다. 승무원 샌디 브래드쇼는 "나, 얼른 가야 해. 다들 일등석으로 서둘러 가고 있어"라고 남편에게 말했다. 탑승객 중 하나인 엘리자베스 와이니오는 자신의 의붓어머니에게 "엄마, 이제 가봐야 할 것 같아요. 사람들이 조종실 문을 박차고 들어가고 있어요. 사랑해요, 엄마 안녕!"이라고 말했다. 전직 경찰이자 지금은 승무원인 씨씨 로스라일스는 "여보, 모두들 행동에 나섰어요!"라고 소리쳤다. 그리고 수화기를 귀에 대고 있던 제퍼슨, 남편들, 아내들, 친구들, 그리고 엄마들에게는 더 이상 어떤 소리도 들리지 않았다.

10시 3분쯤 됐을까. 93편 비행기는 펜실베이니아 주 피츠버그에서 멀지않은, 서머싯 카운티의 섕크스빌 근처 들판에 추락했다. 기체는 충격으로 인해 산산이 부서졌다. 훗날 비행기 잔해에서 찾아낸 비행음성녹음장치에는 전화 통화가 끊긴 시점에 접시 깨지는 소리 등이 입력되어 있었다. 탑승객들은 무게가 꽤 나가는 서비스 카트를 이용해 조종실 문을 부수려 했던 게 분명했다. 소지품을 세게 내던진 흔적도 보였다. 납치범들은 아랍어로 "조종실 문을 꼭 붙잡아"라고 소리 질렀다. 누군가가 "안으로 들어가 놈들을 생포하자!"라고 영어로 말했다. 조종실 문을 쾅쾅 두드리는 소리도 들렸다. 외치는 소리. 비명 소리. "비행기가 급강하한다" "알라후 아크바르! _{알라신은 위대하다!}" 등의 말들이 또렷이 기록되어 있었다. 서로 주도권을 쥐겠다고 납치범들끼리 티격태격 싸우는 소리도 있었다. 누군가가 아랍어로 소리친다. 그것이 녹음장치에 입력된 마지막 말이었다.

리사 비머는 녹음장치에 남은 목소리 "행동 개시!Let's Roll!"를 듣고는 단박에 토드 비머라고 직감했다. 그것은 비머가 아이들과 놀 때 즐겨 사용한 표현이었다. 토드 비머가 마지막으로 남긴 그 말이 모르긴 해도 93편 비행기로부터 들려온 마지막 말이었을 것이다.

사람들은 한 '평범한' 사람이 다른 '평범한' 사람들과 똘똘 뭉쳐 내린 비범한 결정에 대해 이야기했다. 우리는 결정의 자초지종을 알 길이 없다. 아는 것이라곤 굴복하지 않겠다는 결정, '다음에 할 일을 준비'하겠다는 결정, 그리고 그에 따라 행동하겠다는 결정뿐이다. 구체적으로 그것이 어떤 행동이었든, 비머의 구호에 따라 행동을 취했음에도 탑승객들을 구하지는 못했다. 하지만 훗날 증거자료를 분석한 결과 납치범들은 보잉 757에 연료를 가득 채우고 미국 민주주의의 심장부인 의사당 건물에 자살 공격을 감행하겠다는 계획을 세웠던 것으로 밝혀졌다. 토드 비머와 몇몇 사람들이 애쓴 결과, 유난히도 쾌청했던 2001년 9월 11일 아침, 다행히도 그런 비극은 일어나지 않았다.

Profiles
in
Audacity

옮긴이의 말

"결정하지 않으면,
얻는 게 없다"

　우리는 살아가면서 크고 작은 선택이나 결정을 한다. 작게는 음식점에서 메뉴를 고르는 일에서부터, 크게는 대학을 선택하거나 배우자를 정하기까지 늘 무언가 선택하고 결정한다. 작은 결정은 내리기 쉽다. 결과를 쉽게 예측할 수 있고 여파가 크지 않을 것이기 때문이다. 하지만 삶을 좌지우지하거나 역사의 흐름을 바꿀 수도 있는 중차대한 결정을 내려야 할 때면 망설이고 고민하게 된다. 밤잠을 설치고 숱한 고뇌의 나날들을 보낸다. 결과 예측이 어려울 뿐더러, 실패할 경우 그 후유증을 감당할 수 없을지도 모른다는 불안감 때문이다.

　삶의 기로에 섰을 때 혹은 위기의 순간에 처했을 때 우리는 원하던 원치 않던 결정을 내려야 한다. 문제는 어떤 결정을 내려야 실패

가능성은 줄이고 성공 가능성을 높일 수 있느냐이다. 쉽지 않은 일이다. 그렇기에 우리는 그동안 쌓아온 경험과 지식, 온갖 정보를 총동원한다. 현인들에게 자문을 구하기도 하고 홀로 밤을 지새우면서 번민하고 고뇌하다가 마침내 결정을 내린다. 결과가 어떠하든 기꺼이 감수하겠다고 다짐하면서 말이다. 실패의 위험은 늘 도사리고 있다. 중요한 것은 우리가 어떻게든 결정을 내려야 한다는 사실이다.

이 책의 원제를 직역하면 "담대함에 대한 프로필―위대한 결정들 그리고 그런 결정들은 어떻게 내려졌나Profiles in Audacity-Great Decisions and How They Were Made"이다. 저자는 고대와 중세, 근현대를 넘나들면서 역사에 뚜렷한 발자취를 남긴 위인 34명을 우리에게 선보인다. 그들은 정치, 군사, 박애, 경제, 인권, 과학 등의 분야에서 큰 획을 그은 사람들로서 크리스토퍼 콜럼버스와 토머스 에디슨, 존 F. 케네디처럼 우리에게 친숙한 인물들이 있는가 하면, 부디카 여왕과 클라라 바튼, 제임스 버크와 같이 다소 낯설게 느껴지는 위인들도 있다.

이 책은 5부로 구성되어 있다. 제1부 「모험을 향한 결정」에서 저자는 결정의 시급성을 강조한다. 결정을 내릴 적기는 다른 때가 아닌 바로 "지금"이라는 것이다. 제2부 「비밀과 거짓말」은 양심에 따른 결정을 이야기한다. 자신의 안위를 위해 거짓말로 일관할 수 있었음에도 불구하고 내면의 소리에 귀를 기울인 사람들을 선보인다. "위기 속의 결정"이라는 부제가 붙은 제3부 「운명의 목을 조르고야 말겠어!」에서는 위기 상황에서 어떻게 하면 현명한 결정을 내릴 수 있는지를 보여준다. 제4부 「실패한 가능성이 성공을 부른다」는 위험을 무릅쓴 결정이 가져온 달콤한 성공에 대해 이야기한다. 마지막 제5부 「희망을 향해 한 걸음」은 내일을 위해 내린 결정의 다양한 사례를 들려준다.

이 책을 관통하는 키워드는 "루비콘 요소Rubicon Factor"이다. 이 키워드는 율리우스 카이사르가 고뇌 끝에 루비콘 강을 건넌 것에 착안한 것이다. 저자에 따르면 루비콘 요소는 "리더십의 한 자질이다. 루비콘 요소를 가진 사람은 어떤 결정을 앞에 두었을 때 그 결정의 본질을 꿰뚫어 본다. 그는 고도의 위험을 감수하는 결정을 내리며, 무엇보다도 자신이 내린 결정에 따라 행동에 착수한다. 한마디로, 루비콘 요소는 우리로 하여금 장애와 난관을 돌파하게 하되, 초지일관 그렇게 할 수 있도록 우리를 몰아붙이는 힘이다."

이처럼 루비콘 요소는 결정에 따른 행동을 촉진시키는 통찰력과 결단의 원천이다. 그렇다면 루비콘 요소는 선천적인 것인가, 후천적인 것인가? 저자는 이러한 자질이 유전적으로 타고나기도 하지만 후천적으로 터득하고 계발하고 적용하며 훈련할 수 있는 것이라고 말한다. 그러니까 위대한 결정을 내린 훌륭한 개인이나 리더들은 하나같이 루비콘 요소를 지녔다고 볼 수 있다.

"모험하지 않으면 얻는 게 없다Nothing ventured, nothing gained"라는 속담이 있다. 번역하는 내내 이 속담이 머릿속에서 맴돌았다. 여기서 '모험'이라는 단어를 '결정'으로 바꿔도 괜찮겠다는 생각이 든다. 이 책에 등장하는 위인들은 난관에 처하거나 실패할 가능성이 예상됨에도 불구하고 모험을 감행했다. 어려운 결정을 내린 것이다. 그리하여 삶을 바꾸고 사회를 변화시키고 역사의 물줄기를 되돌려놓았다. 그들이 힘든 결정을 내리기까지 겪어야 했던 수많은 번민과 고뇌, 갈등이 가슴에 와 닿는다. 그리고 삶의 거센 파도가 몰아칠 때마다 다시 도전할 힘과 용기를 얻는다.

요즘 같이 한 치 앞도 내다볼 수 없는 상황에서 흔히 하는 말이 있다. "가장 확실한 것은 모든 것이 불확실하다는 사실이다." 현실은 안개 속이고 미래는 불투명할 때 우리는 어떻게 해야 할까? 과거로 눈을 돌려야 한다. 우리보다 앞서 살았던 사람들에게서 지혜와 경험을 구해야 한다. 그들이 우리와 비슷한 상황에 처했을 때 어떤 선택을 하고 어떤 결정을 내렸는지, 그런 선택과 결정을 내리기까지 어떤 고민과 갈등을 겪었는지 살펴보아야 한다. 어차피 우리는 무에서 유가 아닌, 유에서 유를 창조할 수밖에 없기 때문이다.

미국의 IT회사를 이끈 레이 누다는 "변화를 야기하면 리더가 되고, 변화를 받아들이면 생존자가 되지만, 변화를 거부하면 죽음을 맞이하게 될 뿐이다"라고 말했다. 번역의 일부를 새로 고치고 다듬어 개정판으로 새로 출간된 이 책이 변화를 갈망하는 혹은 어려운 결정을 내려야 하는 상황에 처한 개인 혹은 리더에게 어둠의 바다를 밝히는 등대, 올바른 방향을 가리키는 나침반이 되기를 간절히 소망한다.

2016년 10월
강봉재

PROFILES
위대한 결정
IN
AUDACITY

초판 1쇄 인쇄	2016년 10월 24일
초판 1쇄 발행	2016년 11월 15일

지은이	앨런 액셀로드
옮긴이	강봉재
발행인	우정식
기획총괄	우세웅
책임편집	김선우
홍보 · 마케팅	정태연 · 송여울
북디자인	신은경

펴낸곳	슬로디미디어
출판등록	제306-2015-6호(2015년 4월 7일)
주소	서울시 중랑구 용마산로 209, 307호 (면목동, 제3층)광명빌딩
전화	02) 493-7780
팩스	0303) 3442-7780
전자우편	wsw2525@gmail.com(원고 투고 · 사업 제휴)
홈페이지	http://slodymedia.modoo.at
블로그	http://slodymedia.me
페이스북 · 인스타그램	slodymedia

ISBN 979-11-955479-6-8 03900

이 도서의 국립중앙도서관 출판예정도서목록(CIP)은 서지정보유통지원시스템 홈페이지(http://seoji.nl.go.kr)와 국가자료공동목록시스템(http://www.nl.go.kr/kolisnet)에서 이용하실 수 있습니다.
(CIP제어번호 : CIP2016024890)